教育部人文社会科学重点研究基地重庆工商大学长江上游经济研究中心

"三峡库区百万移民安稳致富国家战略"服务国家特殊需求博士人才培养项目

国家社会科学基金青年项目"财税政策支持下我国养老保障资源配置优化研究"（项目批准号：19CSH072）

"一带一路"背景下
中国养老基金
投资基础设施研究

袁中美◎著

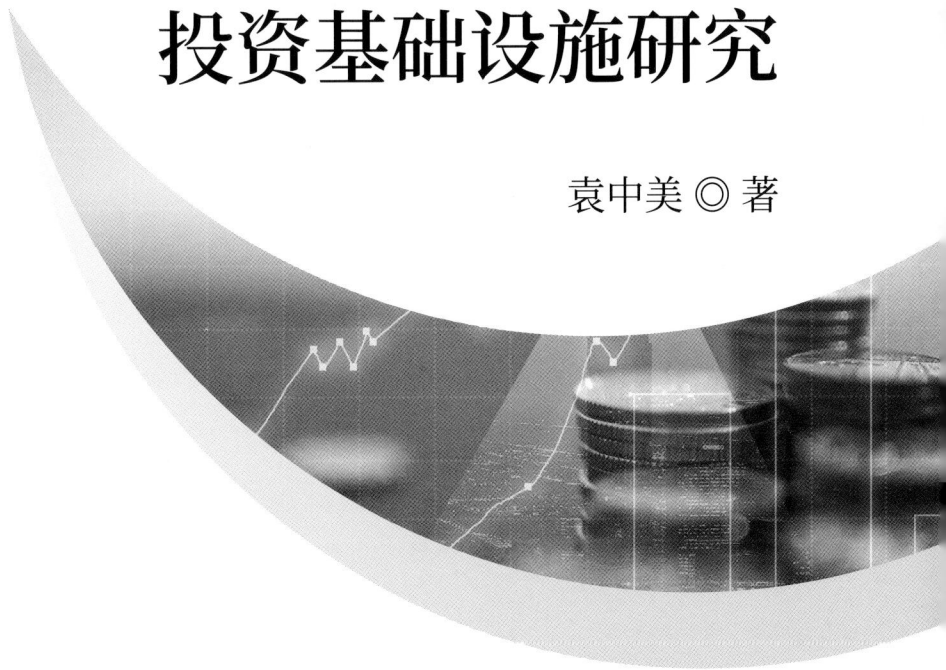

中国财经出版传媒集团

经济科学出版社

Economic Science Press

图书在版编目（CIP）数据

"一带一路"背景下中国养老基金投资基础设施研究/
袁中美著 . —北京：经济科学出版社，2020.8
ISBN 978 - 7 - 5218 - 1619 - 8

Ⅰ.①一…　Ⅱ.①袁…　Ⅲ.①养老保险基金 - 投资 -
研究 - 中国　Ⅳ.①F832. 21②F832. 48

中国版本图书馆 CIP 数据核字（2020）第 095386 号

责任编辑：周国强
责任校对：杨晓莹
责任印制：邱　天

"一带一路"背景下中国养老基金投资基础设施研究

袁中美　著
经济科学出版社出版、发行　新华书店经销
社址：北京市海淀区阜成路甲 28 号　邮编：100142
总编部电话：010 - 88191217　发行部电话：010 - 88191522
网址：www. esp. com. cn
电子邮箱：esp@ esp. com. cn
天猫网店：经济科学出版社旗舰店
网址：http：//jjkxcbs. tmall. com
固安华明印业有限公司印装
710 × 1000　16 开　17.75 印张　300000 字
2020 年 8 月第 1 版　2020 年 8 月第 1 次印刷
ISBN 978 - 7 - 5218 - 1619 - 8　定价：89.00 元
（图书出现印装问题，本社负责调换。电话：010 - 88191510）
（版权所有　侵权必究　打击盗版　举报热线：010 - 88191661
QQ：2242791300　营销中心电话：010 - 88191537
电子邮箱：dbts@ esp. com. cn）

前　言

在中国"未富先老、未备先老"的现实阶段，养老基金既是广大群众的"养命钱"，也是养老保险制度可持续发展的关键。然而，根据中国社科院发布的《中国养老金精算报告2019—2050》显示，基本养老保险制度在中长期内面临着财务不可持续的挑战。鉴于2019年我国全面降低养老保险缴费率的影响，养老基金开源节流的出路在哪里呢？养老基金投资管理创新的方向又到底在哪里呢？《基本养老保险基金投资管理办法》明确指出，养老基金投资应当坚持市场化、多元化、专业化的原则，确保资产安全，实现保值增值。特别是在我国构建多层次养老保障体系的关键窗口期，良好的投资收益不仅有利于弥补基金缺口、促进代际公平，更有利于增加制度公信力、提高养老保险待遇。

近年来，养老基金投资管理创新一直是业界和学术界讨论的热点，尤其是养老基金投资基础设施建设。这主要是因为世界经济增速放缓，金融动荡频率不断增加，养老基金的风险管理意识逐步增强，进行资产配置时更加注重长期投资、价值投资、另类投资和境外投资等。同时，政府也强调养老基金应直接或间接服务实体经济发展。

从我国的实际情况来看，一方面，随着养老基金积累规模的扩大，普通股票和债券投资已难以满足养老基金保值增值的需要。2018年，人力资源社会保障部印发了《关于加快推进城乡居民基本养老保险基金委托投资工作的通知》，促使养老基金入市全面提速。另一方面，随着"一带一路"倡议的贯彻落实和我国新型城镇化进程的加速，也必然带来基础设施服务和投融资的旺盛需求。特别是在《2020年政府工作报告》中明确提到"加强新型基础设施建设"，这预示着我国"新基建"在未来的广阔前景。然而，目前"一带一路"沿线国家基础设施建设和国内新型基础设施建设均存在巨大的资金缺口。因此，从未来的发展方向看，应该积极构建多元化的投融资平台，创新基础设施的投资工具，开辟长期资本（如养老基金、保险基金、养老储备基金等）进入基础设施投资的渠道，从而推动经济社会的可持续发展。由此可见，在我国积极推进"新型工业化、信息化、城镇化和农业现代化"同步发展的时代，以基础设施为首的另类投资将逐渐成为养老基金降低风险暴露、提高投资收益的次优选择。

尽管国外养老基金在基础设施投资领域已进行了近二十年的实践探索，对基础设施在提高养老基金投资收益率和促进经济长期可持续增长方面也基本形成了共识。但我国养老基金在该领域的探索尚处于起步阶段，研究内容多以定性描述为主，且观点分散、方法单一，没有形成系统的理论体系和完整的分析框架。受到数据资料的限制，在其投资绩效的实证检验方面也几乎是一片空白。因此，本书作为国家社会科学基金青年项目"财税政策支持下我国养老保障资源配置优化研究"（19CSH072）的中期研究成果，将社会总产出作为养老基金的物质基础，以索洛的宏观经济增长模型为出发点，以养老基金、基础设施、经济增长之间的长期互动为分析思路，探索养老基金投资基础设施的必要性、可行性、运作机理、风险管控和投资工具创新。

具体而言，在理论研究方面，本书分析了基础设施信托贷款、专项债券、有限合伙私募基金、公私合作（PPP）① 模式、全资子公司模式等养老基金投资基础设施主要渠道的交易结构和比较优势，并结合基础设施项目的生命周

---

① PPP为"public-private partnership"缩写形式，学术界一般译为"公共私营合作制"，简称"公私合作"，在实务中也被称为"政府和社会资本合作"。本书依循了相关文献的不同表达，并未统一。——编者注

期和常见基础设施投资指数，分析了养老基金投资基础设施的决策评估过程。同时，从宏观、中观、微观三个层面，分析养老基金投资基础设施的整体投资环境风险、基础设施项目风险、投资工具特有风险及其特征，构建了养老基金投资基础设施的风险管理流程，并从直接投资和间接投资两方面提出了相应的风险管理策略。然后，比较分析加拿大、澳大利亚和智利等国家的养老基金投资基础设施的实践探索经验，总结归纳了驱动养老基金投资基础设施的主要因素及其所面临的主要障碍。在实证研究方面，分别从微观和宏观视角检验了我国养老基金投资基础设施的经济效益。其中，微观层面主要是从养老基金投资组合优化的角度，将基础设施作为单独的资产类别纳入其投资组合，通过条件风险价值模型明确各类别资产的最优配置比例。宏观层面则主要是从长期经济增长的角度，将基础设施作为单独的生产要素纳入索洛的经济增长模型，通过计量经济学分析各要素的产出贡献。并在此基础上将养老基金对基础设施的投资纳入基础设施资本存量中，从而预测未来养老基金按不同比例投资基础设施对社会总产出增长的贡献。最后，在"一带一路"倡议的背景下，提出我国养老基金投资保障性住房建设、PPP基础设施和绿色基础设施项目等领域的新思路，并从各国政府、养老基金、基础设施和金融市场等四个层面提出相关政策建议。

当然，养老基金投资基础设施在国内外都是极具创新性和挑战性的研究领域，投资时间短、政策限制多、文献和数据资料匮乏。受研究能力所限，本论著的理论分析中难免有所疏漏，实证检验结果或许略有偏差。特别是随着公私合作模式（PPP）的日益成熟、基础设施领域不动产投资信托基金（REITs）的试点推广和养老基金逐渐践行ESG（环境、社会和治理）投资理念，关于养老基金投资基础设施的问题在研究方法、研究内容和研究结论上还有进一步提升的空间，有待在后续研究中逐一加以完善。

袁中美

2020 年 6 月

目　录

第一章

导　论

第一节　选题背景和研究意义

一、选题背景

（一）老龄化严重威胁养老保险体系可持续发展

随着人口出生率下降和预期寿命延长，人口老龄化对消费、储蓄、劳动力供给、生产率提高及社会保障等都将带来严重的负面影响，尤其是对养老保障可持续发展的威胁已成为世界各国必须共同关注的重大课题。人口结构的老龄化和高龄化不仅将减少养老保障制度的缴费收入，影响养老基金的投资收益，更重要的是延长养老基金给付期限。在福利刚性约束和少收多支的情况下，养老保障制度的财务可持续性将面临严峻挑战。尤其是随着养老基金缺口和隐性养老金债务规模的日益扩大，更是降低了政府的公信力和国民对养老保障制度的信心。中国作为最大的发展中国家和老年人口第一大国，未富先老对养老保障制度可持续发展的威胁更是不容小觑。据第六次人口普查结果，中国 60 岁及以上人口占 13.26%，比 2000 年上升 2.93 个百分点，其中 65 岁及以上人口占 8.87%，比 2000 年人口普查上升 1.91 个百分点，估计老年人口总量将在 2030 年左右达到峰值（约 4.41 亿），老龄化的速度和规模都堪称世界之最。另外，在 2019 年《政府工作报告》中明确指出："要降低职工基本养老保险单位缴费的比例，有条件的地区可以降到 16%"。在人口结构老化和社保降费改革的双重影响下，《中国养老金精算报告 2019—2050》预测未来 30 年制度赡养率将翻倍，2019 年全国城镇企业职工基本养老保险基金当期结余总额为 1062.9 亿元，短暂地增长到 2022 年，然后从 2023 年便开始下降，到 2028 年当期结余首次出现负数，最终到 2050 年当期结余坠落到 -11.28 万亿元（郑秉文，2019）。由此可见，基本养老保险制度在中长期内将会面临财务不可持续的挑战。如何深化多层次养老保障制度改革、推进养老基金市场化投资运营、提升制度的财务可持续性、确保养老金待遇水平稳步增长才是未来中国养老保障制度成功的关键。

（二）"一带一路" 背景下基础设施的投资前景广阔

在"一带一路"背景下，完善的基础设施是实现新型工业化和新型城镇化的基本前提，也是畅通人流、物流、信息流，降低交易成本、缓解产能过剩、改善营商环境、提高企业竞争力的必备条件。作为一项反经济周期操作，在经济疲软时加强基础设施投资也是许多国家的共同之选。首先，从国际层面来看，近几年新兴市场国家的经济增速出现了下滑趋势，经济增长动力明显不足，加快建设和完善基础设施将成为新兴市场国家在中短期内最重要的经济政策之一。以亚洲为例，亚洲开发银行预计从 2016 年至 2030 年，该区域主要新兴经济体每年基础设施投资需达到 1.7 万亿美元，以满足维持经济增长、减少贫困和应对气候变化的需求。① 而发达国家面临基础设施老化问题，也纷纷推出基础设施投资计划，试图在短期内提振实体经济发展信心，并培育长期经济增长新动能。例如，美国在 2018 年提出将投资 1.5 万亿美元

---

① Asian Development Bank. Infrastructure Financing in Asia [M/OL]. 2020. https：//doi. org/10. 1142/11688.

用于改造年久失修的公路和桥梁等基础设施。其次，从国内层面来看，我国基础设施建设未来需求潜力依然巨大，这主要体现在以下几方面：第一是新型城镇化的发展和乡村振兴战略的实施。根据国家统计局数据显示，2018年，我国常住人口城镇化率为59.58%，与发达国家超过80%~90%的城镇化率相比仍有较大上升空间。同时，我国城乡一体化发展必将带来相对欠发达地区基础设施投资的旺盛需求。据保守估计，假定今后的十年内我国年均城镇化率为1%，则我国每年的新增城镇人口将达1340万，并带来5.3万亿元的基础设施投资需求。也就表示从2013年到2020年的8年间，将有约43万亿元的基础设施投资需求（章伟东，2013）。第二是"一带一路"、京津冀协同发展、长江经济带、粤港澳大湾区建设等一系列国家重大倡议和战略的推动。特别是随着新型全球化的逐步开启和"一带一路"倡议的贯彻落实，全球基础设施市场将迎来第三次投资建设浪潮。根据相关研究报告预测，未来全球基础设施投资供需缺口每年均处于大约1万亿美元甚至更高水平。① 根据二十国集团全球基础设施中心发布的预测数据，到2040年，全球基建项目投资需求将增至94万亿美元，而全球各类基建投资缺口总额将达15万亿美元，相当于基建投资总需求的16%。② 第三是科技进步对基础设施不断提出新的要求。例如，云计算、大数据、人工智能、物联网、区块链等新兴科技的产业化发展趋势正需要一套新型基础设施做强大的支撑。但目前基础设施建设融资面临的主要问题是政府财政投入有限，银行贷款较难，没有形成专业化、市场化的融资框架。直接表现为有效投入不足和建设资金短缺，导致基础设施投资的供求矛盾十分突出。因此，未来应该积极构建多元化的投融资平台，创新基础设施投资工具，开辟长期资本（如养老基金、保险基金、养老储备基金等）进入基础设施投资领域的新渠道，进而满足养老基金保值增值的现实需要。

（三）后金融危机时代养老基金资产配置的调整

自2008年金融危机给全球养老基金带来高额损失后，各国开始重新审

---

① 裴昱. 全球基建资金缺口每年约1万亿美元 中国机遇初现［N/OL］. 中国经营报，(2019 – 06 – 15). http://finance.sina.com.cn/rou/2019 – 06 – 15/doc – ihvhiews8970509.shtml.

② 毕马威中国. 共绘"一带一路"工笔画——吸引国际私有资本参与沿线国家基础设施建设［R/OL］. (2019 – 06 – 06). http://www.chinca.org/CICA/PublicationsList/TP/19060620455411.

视养老基金的投资理念、投资战略和投资策略。养老基金作为一种长期资本，其有效地保值增值从来没有像今天这样成为全球共同关心的重大议题。在金融市场动荡频率不断增加的情况下，金融危机对全球养老基金主要产生了三方面的影响：首先，市场价格下跌导致养老基金账面资产严重缩水，长期投资和理性投资的理念重新得到重视，即重视长期平均风险回报率，而不过度关注年度损益。其次，金融市场的风险上升降低了养老基金的投资风险偏好，养老基金更偏爱委托投资和被动投资的投资策略，资金也倾向于配置到更为保守的主权债务上。最后，养老基金的风险管理意识增强。由于各类资产的相关性是不断增加的，简单地将资产类别的历史相关关系外推到未来，很可能因没有考虑到风险的动态特征而导致错误的资产配置结果。因此，养老基金更加重视动态的投资风险管理，开始采用"风险配置"的方法。

在后金融危机时代，养老基金资产配置更加重视新兴市场投资和另类投资。例如，为分享新兴市场较高的经济复苏利益和未来潜在的经济增长收益，2012年5月，日本政府养老投资基金GPIF宣布最早将在同年6月向中国、印度等新兴经济体的股市进行投资，而在此之前只投资于发达国家市场。2020年1月，加拿大养老基金投资公司CEO马勤表示，到2025年将在中国、印度、巴西等新兴市场的投资增加到2000亿元。[①] 另外，出于寻求投资组合多样化和获取超额投资回报的目的，近年来包括房地产信托基金、私募股权基金、对冲基金、基础设施建设和大宗商品等在内的另类资产逐渐成为全球养老基金不断增配的对象。特别是在2008年金融危机中，当权益类和固定收益类资产均下跌时，基础设施类投资却一枝独秀。根据OECD（2009）对欧洲100个养老金计划所做的调查报告显示，投资基础设施的平均回报率为9.5%左右，仅次于私募股权的11.3%，却高于同时期的股票类投资（9.0%）、债券（5.1%）和现金（3.7%）。[②] 它在平滑投资收益波动以及提高长期收益率方面成效显著，为减少和稳定全球养老基金的市场价值发挥了重要作用，逐渐成为养老基金投资的新宠。例如，美国加利福尼亚州公务员

---

① 马勤：到2025年在新兴市场投资增加到2千亿首选中国［EB/OL］.（2020 - 01 - 11）. http：//finance. sina. com. cn/roll/2020 - 01 - 11/doc - iihnzahk3449265. shtml.

② OECD. OECD Pensions at a Glance 2009［M/OL］.（2009 - 10 - 15）. https：//www. oecd - ilibrary. org/finance - and - investment/pensions - at - a - glance - 2009_pension_glance - 2009 - en.

退休基金（CalPERS）在 2008 年实行了一项新的投资政策，将 3%（总量约72 亿美元）的养老基金投资于基础设施。而荷兰养老基金 APG 在 2007～2009 年的战略投资规划中也将 2% 的资产约 60 亿欧元投资于基础设施领域。此外，爱尔兰养老储备基金 NPRF 也在 2008 年就宣布将 1% 的资产投资国内基础设施建设项目，并在 2009 年提高到 2%。到 2010 年，印度、巴西、尼日利亚等国纷纷修改养老金条例，允许其对基础设施进行投资。[①] 同时，南非、英国等政府也呼吁养老基金更多的投资基础设施。

经过近十年的发展演变，养老基金的资产配置也得到了显著优化。根据韦莱韬悦（Willis Towers Watson）2019 年发布的《全球养老金资产研究（2018）》（*Global Pension Assets Study 2018*）[②] 报告显示，自 1995 年到 2018 年底，全球七大养老基金在股票、债券和现金的投资比例分别从 49%、40%、6% 下降到 40%、31%、3%，但另类资产投资却从 5% 左右攀升至 26%，增加了 4 倍多。从各国具体情况看，瑞士养老基金投资的比例最高，为 31%，其次是美国和加拿大，均为 30%，而澳大利亚为 22%。由此可见，养老基金投资理念的转变将促使其进一步增加在基础设施领域的投资。

二、研究意义

在"一带一路"背景下，本研究具有一定的前瞻性，既符合国家宏观经济发展战略的要求，也是养老基金进行市场化投资、实现保值增值的迫切需求。具体而言，本研究的学术价值和实践意义在于以下几方面。

（一）明确养老保障制度的生产性功能

从现有研究来看，关于养老基金、基础设施和经济增长的研究相对分散，多从养老基金与经济增长和基础设施与经济增长两方面进行。而实际上三者之间是一个良性的互动循环体系，从基础设施作为实体经济突破口探索养老基金与经济增长的长期互动理论有助于明确养老保障制度的生产性功能。目

---

① OECD. Trends in Large Pension Fund Investment in Infrastructure［J］. OECD Working Papers on Finance, Insurance and Private Pensions, No. 29, 2012.

② Willis Towers Watson. Global Pension Assets Study-2018［R/OL］. https：//www. thinkingaheadi nstitute. org/－/media/TAI/Pdf/Research－Ideas/GPAS_2019_final. pdf, 2019.

前，人口老龄化的加剧不仅减少了养老保障制度的总体缴费、增加养老金给付，还影响宏观经济增速和养老基金的投资收益率，从金融资产和实物资产两方面降低退休生活的个人效用水平。因此，急需反思把养老保障制度仅看成消费性制度安排的合理性，转而更多从生产性制度安排的角度，以增加物质资本积累、劳动力要素投入和全要素生产率提高为中介探索其促进长期经济增长和社会发展的作用。

（二）把握国内外养老基金投资基础设施的演进脉络

在 2008 年的金融危机中，基础设施的表现可谓一枝独秀，吸引了全球大多数养老基金的投资目光。除了荷兰、加拿大、澳大利亚、英国、美国等发达的资本主义国家，智利、墨西哥、印度、肯尼亚等发展中国家的养老基金也表示将增加基础设施投资的范围和比例。本研究从典型国家基础设施市场的发展状况、养老基金投资运营状况以及养老基金在基础设施领域的实践探索入手，分析了各自的基础设施投资渠道、资产配置比例和投资收益率，并总结得出养老基金投资基础设施的驱动因素和主要障碍，为我国养老基金在该领域的投资提供宝贵经验。

（三）探索"一带一路"背景下我国养老基金投资基础设施的新思路

作为创新型投资工具，基础设施有助于养老基金在另类资产投资领域进一步寻求投资组合的多样性和稳健性。从广义的基础设施投资范围来看，我国养老基金不仅可以投资交通、水利、电力、教育、医疗等基础设施，还可以投资保障房建设、养老社区建设和新能源等项目。不仅能够拓宽养老基金的投资渠道，还能够提高养老基金的投资收益，最终通过养老基金的保值增值来增强国民对养老保障制度的信心，确保制度本身的长期可持续运营。按照"十三五"规划、推进新型城镇化和乡村振兴等国家战略要求，本研究提出了养老基金通过房地产信托投资基金（REITs）投资保障性住房建设，通过 PPP + REITs 模式投资"一带一路"沿线国家基础设施建设，通过绿色债券或者基金投资绿色基础设施等新思路。

第二节 文献综述

一、养老基金与经济增长的文献综述

在养老金制度的长期发展过程中，关于养老基金与经济增长的研究主要分为三种路径：一是以储蓄为中间变量，从物质资本积累的角度探寻其对经济增长的影响；二是以资本市场为中介，从资源配置的角度研究其对经济增长的影响；三是以养老金财富为视角，从劳动力供给和退休决策的角度研究其对经济增长的影响。

首先，以储蓄为中间变量的研究并未得出一致结论。第一，关于现收现付制与储蓄的关系。马丁（Martin，1974）最早通过构建扩展的生命周期模型，分析得出现收现付的养老金制度对私人储蓄具有明显的挤出效应。科特利克夫（Kotlikoff，1996）使用一般均衡的 AK 模型进行数值模拟，得出现收现付制养老金制度显著地减少了个人储蓄。但若考虑到个人的遗产动机，戴蒙德（Diamond，1998）认为并不是所有的现收现付养老金制度都会产生挤出效应。第二，关于基金积累制与储蓄的关系。戴蒙德（Diamond，1998）认为基金积累制养老金制度具有强制储蓄和激励缴费的特性，从而增加居民储蓄，促进物质资本的形成，进而促进经济增长。马丁（Martin，2005）也通过模型做了相关估计，得出当工资总额年增长率和资本回报率分别为7%和12%时，要保证提供同样水平的养老金，基金积累模式下个人向养老金账户的缴费率仅为现收现付制模式下的1/4。这意味着个人在就业期间拥有更多的可支配收入，将同时增加消费和储蓄。此外，霍尔茨曼（Holzmann，1996）对智利的模拟计算也得出其个人账户基金通过影响储蓄、投资、就业等因素对经济增长具有明显的推动作用。然而，戴维斯（Davis，1995）利用生命周期理论分析12个 OECD 国家及智利、新加坡等国的养老金制度，得出基金积累制对私人储蓄的影响效应并无明确规律可循，要依各个经济体的具体状况而定。第三，关于养老金制度与预防性储蓄的关系。哈巴德和贾德（Hubbard & Judd，1987）通过一个局部均衡模型得出只要养老金制度提供年金化的养老金,不论是基金积累制还是现收现付制都会减少预防性储蓄。蔡昉(2010)却认为在人口结构老龄化的情况下,个人和家庭的未雨绸缪将增加预防性储蓄,形成第二次人口红利。新的储蓄来源不仅可在国内、国际金融市场上投资获得收益,还可产生新的经济增长源泉。然而,回顾中国养老金制度的发展演变,杨继军等(2019)构建了一个开放经济条件下包括养老金因素的 OLG 模型,并利用1997~2017年的省际数据进行回归,发现从现收现付制向部分积累制转轨对储蓄生成了显著的"挤入"效应,助长了资本过度积累的物质基础,不利于中国经济动态无效的改善。

其次,以资本市场为中介的研究一致认为养老基金对促进金融市场发展和经济增长具有积极影响。在理论研究方面,博迪(Bodie,1990)、戴维斯(Davis,1995)和林义(2005)等通过分析养老基金—资本市场—经济增长的传导机制,认为养老基金能够扩大资本市场规模,影响资本市场结构,促进金融创新、长期投资和金融体系的完善。胡秋明(2011)从全要素生产率的角度分析,认为养老基金投资资本市场有利于增加机构投资者的比重,强化公司治理,从而提高资本生产率和劳动生产率,进而提高全要素生产率。胡继晔(2012)根据美国的发展经验认为养老金是资本市场最重要的机构投资者,养老金融的发展是20世纪美国资本市场大繁荣的"秘诀",更是打通美国实体经济和金融市场的最重要通道。在实证研究方面,霍尔茨曼(Holzmann,1996)基于智利养老金制度改革和维塔斯(Vittas,1999)基于拉美国家养老金制度改革的实证检验,均得出养老基金与金融市场发展、经济增长之间存在良性互动关系。郑秉文和孙守纪(2008)利用格兰杰因果检验分析了澳大利亚和冰岛两国企业年金发展和金融发展之间的协整关系,发现强制性企业年金制度能够促进储蓄率的增加,极大地提高了金融发展水平,促进了经济增长。田存志和杨志刚(2006)利用内生经济增长模型,证明了养老基金的投资比例和经济增长呈正向相关关系,为养老基金积极地进行市场化管理和投资运作提供了有利的理论依据。

最后,从养老金财富水平来考察养老保险与劳动供给之间的研究也并未得出一致结论。马丁(Martin,1974)将劳动供给内生化,运用养老金财富现值模型发现养老保险存在引致退休效应,会诱使人们更多地消费闲暇,进而选择提前退休。但克劳福德和莉莲(Crowford & Lilien,1981)放松了完全资本市场、精算公平等假设条件,构建了更加复杂的跨期生命周期模型,发现公共养老保险计划对劳动供给的影响不确定。在跨国实证研究中，博尔施（Borsch，2000）使用期权价值模型，发现大多数欧洲养老金制度会激励人们提前退休，这些激励措施的力度与老年劳动力参与度呈显著负相关。西山（Nishiyama，2010）使用一般均衡的世代交叠模型来分析美国养老保险对夫妇共同的劳动供给决策的影响，发现取消配偶和遗属养老金会显著增加女性的工作时间，增长幅度为 4.3% ~ 4.9%。在我国，张川川等（2014）通过对新型农村社会养老保险（简称"新农保"）的政策效果进行多维度评价，发现新农保减少了老年人的劳动供给。刘子兰、郑茜文和周成（2019）却认为不同类型养老保险对劳动供给的影响具有异质性。对于参保农民而言，养老金财富的增加对整体的劳动时间没有显著影响。而对于参保职工而言，养老金财富每增加 1%，职工预计退休年龄将平均提早 1.2 个月。同时，养老金财富的增加在一定程度上抑制农民无休止劳动的意愿；城镇职工养老保险制度对劳动供给产生的收入效应大于替代效应，它不仅会影响个体全职劳动时间，也会影响兼职的劳动时间。

二、养老基金资产配置的文献综述

在养老基金的市场化投资运作过程中，战略资产配置是最重要的决策，也是决定养老基金收益变化的重要因素。布林森和胡德等（Brinson & Hood et al.，1986）以美国 91 家大型养老基金 1974 ~ 1983 年的历史数据为研究对象，发现政策性资产配置对于养老基金业绩在时间序列上变动的贡献程度为 93.6%，远远超过"市场选时"及"证券选择"对基金业绩的贡献程度，由此认为政策性资产配置是决定养老基金业绩最重要的因素。伊博森和卡普兰（Ibbotson & Kaplan，2000）的研究则认为同一基金的总投资回报中高于 100% 的比例可以完全由政策性资产配置所解释，同一基金投资回报随时间波动中 90% 的比例可以由资产配置解释，共同基金和养老基金绩效差异中 40% 的比例可以由资产配置政策解释。安德诺夫和鲍尔（Andonov & Bauer，2012）分析了美国养老基金净投资业绩中主动管理的三个组成部分（资产配置、市场时机选择和证券选择），以及它们与养老基金规模和投资流动性的联系，发现样本中养老基金每年的净 alpha 值为 89 个基点，平均分布在资产配置、市场时机和证券选择中。虽然规模较大的养老基金投资成本较低，但投资流动性不足也产生了巨大的规模不经济，建议大型养老基金更多地选择被动型投资策略，而不是频繁地进行资产类别间的再平衡。巴姆和肖特曼（Bams & Schotman，2016）分析了自低利率环境开始以来养老基金投资组合的变化，发现它们在平均水平上降低了权益资产配置比例，增加了固定收益资产配置比例，这与战略性资产配置文献的研究结论并不一致。虽然养老基金无法在其战略性资产配置中纳入预测信息，但养老基金可以对其投资组合中的资产配置权重做出积极决策，进而从时变的投资机会中获益。

从国内的实证研究来看，基于战略资产配置研究各养老基金投资组合的成果也比较丰硕。首先，在养老基金的整体资产配置方面。刘富兵和刘海龙（2008）利用鞅方法创新性地给出了最优资产配置策略，并通过1998～2008年的数据模拟分析了最低收益保证制度对最优资产配置的影响。结果表明外部机构的利润分享比例越大，保证额度越高，养老基金投资风险资产的比例越高，但随着时间的推移，其风险投资将逐步降低。随后，刘富兵和刘海龙（2012）在下边风险测度下利用鞅方法求得了缴费确定型养老基金最优资产配置的解析解，认为最优的资产配置策略分为三部分：债券保值策略、投机策略及一篮子债券卖空策略，风险资产的最优投资比例与利率水平及缴费率负相关，与设定的目标值正相关。韩立岩和王梅等（2013）以 ARMA 模型刻画和预测动态通货膨胀率，作为投资组合的目标收益率，采用 GARCH 模型描述金融资产的不确定性，建立了基于 CVaR-GARCH 方法的动态养老基金资产配置模型。陈志国等（2014）分析了养老基金进行绿色基础设施投资的动因，并利用 VaR 和 CVaR 方法构建资产配置模型，发现国外包含新能源投资的资产组合的最佳收益率高于国内收益水平，其最小方差为1.496，明显比国内波动性更低，这为养老基金投资境外绿色基础设施提供了有力的支撑。而在投资基准组合构建方面，周亮和李红权（2019）在修正 Black-Litterman 模型的框架基础上，采用投资时钟构造主观观点，并分别以战术资产配置组合、等权重组合、MV 组合、最小化方差组合、最小化 CVaR 组合及风险平价组合作为基准进行实证检验，发现不论是采用夏普比率还是 CVaR 指标调整后的夏普比率来对投资绩效进行衡量，以战术资产配置组合为基准的 BL-Faber 模型均是最优的。其次，在新农保基金的资产配置方面。薛惠元和邓大松（2012）运用投资组合理论对新农保基金资产配置比例进行模拟分析，发现新农保基金投资于银行存款的比例应不低于20%，投资于国债的比例应不低于 20%，投资于企业债的比例应是最多不超过 50%，投资于股票比例应是最多不超过 10%。最后，在企业年金基金的资产配置方面。叶燕程和高随祥（2007）利用随机控制理论研究了 DC 型企业年金的最优投资策略，分别在固定缴费和随机缴费情形下，建立基于给付损失最小化的企业年金最优投资模型，通过求解 HJB 方程得到最优投资策略和给付水平的显式解。庄新田和姜硕（2009）基于均值－CVaR 模型构建了企业年金基金投资的资产配置模型，计算出不同企业年金替代率下最优资产配置比例和相应资产配置的风险度量指标——年收益率的 CVaR 值，并在资产回报率服从正态分布假设下，分析了最优资产配置比例的变化。何林（2015）将生存者利益部分的精算规律考虑到个人年金账户余额变动满足的随机微分方程中，并将实际给付金额与预期给付中枢的二次偏差最小化作为优化目标。通过 HJB 变分方法，得到了最优的资产配置比例和最优给付方案的解析形式，并利用蒙特卡洛模拟发现个人年金账户余额对实际给付金额和无风险资产配置比例都存在正向影响。由此可见，关于养老基金资产配置的研究，已经从单期静态决策发展为多期动态决策，从确定性模型发展为随机模型，并不断融入更多的宏观市场因素和政策因素。

三、养老基金投资基础设施的文献综述

（一）国外养老基金投资基础设施的可行性研究

国外养老基金投资基础设施兴起于 20 世纪 90 年代，作为该领域的先行者，它们进行了大量的实践探索，学者们也在理论和实证方面对其展开了广泛研究和讨论。彼弗曼（Beeferman，2008）和英德斯特（Inderst，2009）认为养老基金投资基础设施的可行性是基础设施具有以下特点：投资期限长、自然垄断、营运利润高、投资规模大、需求无弹性、能产生稳定的预期现金流、与其他资产的相关性低等。因此基础设施投资与养老基金追求长期性、安全性和收益性的要求高度吻合，不仅可获得较高的投资收益，还能实现投资组合的多元化配置，优化投资结构（Peng & Newell，2008）。而且直接投资拥有更具吸引力的风险调整后投资回报，与股票和债券之间的相关系数较低，关键是这一结果在遭遇熊市或金融危机影响的情况下同样适用（Newell，

Peng & Francesco, 2011）。随后, 英德斯特（Inderst, 2010）和经济合作与发展组织（OECD, 2012）对养老基金投资基础设施进行了全面梳理, 包括投资方式选择、投资收益的确定、投资风险的类型、评估基准的选择、投资的监管限制等, 认为基础设施投资应作为单独的资产类别纳入投资组合, 且通过私募股权基金方式进行基础设施投资是养老基金的可行选择。由于全球金融市场动荡不断加剧, 阿隆索和阿雷拉诺（Alonso & Arellano, 2016）结合全球金融监管背景, 分析了影响养老基金投资基础设施的制约因素。而斯图尔特和耶莫（Stewart & Yermo, 2012）回顾了巴西、印度、智利和南非等国家的养老基金投资基础设施的实践探索, 总结了养老基金在投资新兴市场国家基础设施过程中面临的机会和挑战。

在实证检验方面, 德尚和芬肯泽勒（Dechant & Finkenzeller, 2012）利用美国的数据, 通过均值方差和均值下跌风险优化两种算法发现, 在中低风险的投资组合中, 基础设施直接投资的最大比例分别为 32% 和 28%。同时, 他们利用均值条件风险跌幅模型（CDaR）还得出, 尽管基础设施直接投资不能对冲养老金负债, 但却可对冲股票市场下跌的系统性风险, 增加投资组合价值。英德斯特和德拉（Inderst & Della, 2013）则以澳大利亚和加拿大为例进行比较分析, 总结了养老基金直接投资基础设施基金和 PPP 基础设施的成功经验, 并建议将基础设施资产的战略投资比例提高至 10%。然而, 亚历山大和罗曼（Aleksandar & Roman, 2018）发现, 尽管机构投资者在基础设施基金投资中面临的基础交易有着非常相似的项目阶段、特许权条款、所有权结构、行业和地理位置, 但美国公共养老基金的表现却比其他机构投资者差, 而且养老基金以有限合伙人身份投资创造了一种对基础设施的隐性补贴, 根据参照基准的不同, 估计补贴额度每年在 7.3 亿 ~ 31.6 亿美元之间。因此, 利普希茨和沃特（Lipshitz & Walter, 2019）认为应将基础设施作为养老基金投资组合中一个单独的资产类别, 通过开放式基金或公私合作伙伴关系（PPP）进行直接投资, 从而形成养老金资产的长期性质与基础设施建设的长期资金需求之间的良性循环。

（二）国内养老基金投资基础设施的可行性研究

由于国内养老基金投资起步较晚, 学者们大多从投资组合多元化的角度进行定性研究, 提出基础设施是拓宽养老基金投资渠道的重要选择这样一种思路（林义，2005；陈志国等，2014），认为养老保险基金投资基础设施既符合我国经济社会发展的要求，也能实现其保值增值的需要，同时能在一定程度上缓解基础设施"瓶颈"限制，促进国家经济发展，但是并未进行详细的论证和研究。陈加旭（2006）对养老基金投资基础设施和经济适用房建设的可行性进行了深入分析，并运用 AHP 层次分析方法对参与基础设施投资的三种主要方式——BOT、股票投资、ABS 资产证券化进行了定量分析与评价，提出了适合养老基金基础设施投资的主要方式。盛斌和苏卫东（2011）也认为在完善的法律、制度和政策保障下，养老金可以通过直接投资、私募房地产基金、未来上市保障房 REITs、信托计划、长期债券等多种方式参与到保障房建设的投资之中，实现保障房建设与养老基金投资的双赢。刘德浩（2010）从投资需求、投资绩效和现有的实践经验，分析了养老基金投资基础设施的可行性。虽然在养老基金投资基础设施的过程中面临创新压力、投资方式的不确定性和投资的不透明性等困难，但高顿·L.克拉克（2008）在决策评估过程中提出的三阶段项目评估模型，即功能风险评估、外部环境评估和承诺评估对我国很有借鉴意义，同时提出了我国养老基金投资基础设施可选择的方式及投资收益记账办法。庞楠楠（2012）主要分析了养老基金投资基础设施的具体方式，从风险的评估、控制、保护、监督等方面探讨了养老基金投资基础设施的风险管理策略。袁中美（2014）则对发达国家养老基金的基础设施投资实践进行比较，归纳了投资模式和成功经验，并结合我国的实际情况对投资可行性做了初步的实证检验。此外，袁中美（2016）和姚金海（2018）还对养老保险基金投资 PPP 基础设施项目的模式和路径进行了探索。总体而言，国内研究认为养老基金投资基础设施的可行性在于基础设施投资期限与养老基金积累期限相吻合，将其作为另类资产纳入养老基金的投资组合可分散投资风险，优化投资结构，获得稳定的可预期收益。

四、国内外研究现状评述

通过以上的文献梳理可知国内外学者关于养老基金的研究已十分广泛和深入，主要的研究结论有：（1）养老基金对经济增长的作用明显。尽管其带动储蓄增加的功能在理论探讨和各国实践中尚有争议，但养老基金促进资本市场的发展和完善进而推动经济增长已成为一个基础结论；（2）战略资产配置是养老基金获得良好收益率的重要因素，而投资组合多元化则是均衡风险和收益的最佳策略，当然基于风险控制的动态配置效果更佳；（3）目前养老基金投资基础设施的可行性在理论研究上已基本达成共识，基础设施与养老基金的投资特性高度匹配，不论从投资期限、投资收益、投资风险、资产配置还是经济增长的角度都具有明显优势，而且直接投资基础设施项目对于大型养老基金来说比其他股权债权投资方式更具有吸引力。但基础设施投资规模大、收益慢、管理难，其激励机制必须以制度安排为基础，需要从投资政策和市场环境等方面营造有利的氛围和条件。尽管学者们在这些方面进行了详细的探讨，但对于基础设施投资的项目评估、绩效评估和风险控制研究涉及不多，尤其对于直接投资基础设施的运作方式及其治理结构，因此其实际操作性较差。而且定量研究大多基于美国和澳大利亚的统计数据，运用现代资产投资组合理论进行相关性检验和投资组合优化，实证结果对于发展中国家的养老基金在进行基础设施项目投资的决策评估过程中参考价值有限。

根据以上存在的问题，未来的主要研究方向是：

第一，构建养老基金投资基础设施与经济增长之间互动机制的理论框架将是一个富有理论意义和现实意义的课题。养老基金的物质基础是社会总产出，在人口老龄化、城市化和工业现代化的背景下，养老基金通过投资基础设施不仅可获得良好的投资收益率，还可增加就业、减少贫困、提高劳动和资本的边际生产效率、促进国际贸易和跨境资本流动，实现经济的高质量、可持续发展。反过来，实物资产和金融资产的同步增长，将促使养老基金更好地发挥其养老的经济保障功能，最终实现养老保障制度的可持续发展。

第二，将基础设施作为单独的资产类别纳入养老基金投资组合，利用基于下方风险控制的动态投资组合理论对其进行优化是一个值得探索的方向。因为全球经济复苏出现阶段性疲软，各发展中国家也面临较大的通货膨胀压力，这可能造成各资产类别的预期收益呈现非正态的两极化分布，并且增加各资产类别间的相关性。在这样的背景下，如何构造符合长期投资者的资产配置组合是机构投资者面临的重大问题。由于现有研究养老基金资产配置策略以资本资产定价模型为基础，用方差来衡量投资风险根本不能反映另类资产中所隐藏的无法量化的风险。在历史数据匮乏的情况下，实证检验的结果也可能存在较大偏差。

第三，注重养老保障与绿色发展的融合，鼓励养老基金在"长期投资、价值投资和责任投资"的基础上引入"环境、社会责任和公司治理"（ESG）投资理念。目前，大量学术研究成果已经证明 ESG 因子可提高长期投资风险调整后收益，降低投资下行风险。因此，随着我国养老基金市场化投资的深入，可积极开展"一带一路"沿线国家的绿色低碳基础设施项目投资，并运用 ESG 评估体系实现养老基金投资组合的高效配置，进一步提升其服务实体经济的能力。当然，整个过程必须以风险管理为重点，深入探讨投资标的国的绿色低碳投资基础设施项目面临的风险类型和风险特征，研究制定有关的风险评价、风险控制、风险转移和风险补偿机制是迫切的现实需求。

第四，研究养老基金投资基础设施的基础制度体系和规范运作方式。特别是在"一带一路"基础设施投资领域，养老基金所面临的政治、经济、文化和汇率等都存在极大的不确定性。而且养老基金的资产积累规模、投资运营方式、投资监管政策以及"一带一路"沿线国家基础设施发展的成熟度和市场化程度都会影响其投资策略和投资风险。从国际经验来看，各国养老基金目前在该领域的实践探索存在较大差异，以比较制度分析方法探究各种投资运作方式的制度条件、驱动因素和政策障碍等，将为养老基金顺利进行"一带一路"基础设施投资提供更多的借鉴和指导。

第三节　研究的思路、方法及内容

一、研究思路

由于养老基金增长的物质基础是整个社会的总产出，它源于下一代就业人口的增加、物质资本的积累和生产效率的提高。在中国人口老龄化和快速城市化的背景下，养老基金投资基础设施建设可获得良好的投资收益率、促进经济长期可持续增长，而经济增长反过来又可促使养老基金更好地发挥其养老的经济保障功能。因此，本研究的基本思路是从养老基金和基础设施的概念界定出发，通过比较制度分析、定量与定性分析相结合等方法，立足理论剖析、经验总结和实证检验三个角度，论述养老基金投资基础设施的必要性、可行性、运作机理和投资障碍等。同时，为了更好地指导养老基金投资基础设施，还从微观和宏观两方面检验投资可能带来的经济效益。其中，微观层面主要是从养老基金投资组合优化的角度，将基础设施作为单独的资产类别纳入其投资组合，通过明确各类别资产的最优配置比例分析基础设施对提高养老基金投资收益和降低投资风险等方面的作用。而宏观层面主要是从长期经济增长的角度，将基础设施作为单独的生产要素纳入索洛的经济增长模型，通过计量经济学分析各生产要素的产出贡献。在此基础上，将养老基金对基础设施的投资纳入基础设施资本存量中，从而预测未来养老基金投资基础设施对社会总产出增长的贡献。最后，全面分析了养老基金投资"一带一路"基础设施的制度环境，提出相应的投资路径和政策建议。

二、研究方法

在"一带一路"背景下，养老基金投资基础设施是一个前沿而又具有创新性的研究课题，是一个涉及政治、经济、文化、人口、管理、投资等多领域的复杂决策过程。本研究从提出问题、分析问题到解决问题，综合运用了发展经济学、制度经济学、投资管理学等多学科的相关理论和分析范式对其进行系统研究。具体而言，主要采用的研究方法包括：

第一，系统分析法。本研究把养老基金投资基础设施提升到促进长期经济增长的战略性高度，将整个投资过程看作是一个涉及投资环境、投资渠道、投资组合、风险识别、衡量及控制的系统性工程。因此，理论分析以系统论的观点出发，立足于养老基金投资基础设施对物质资本积累、劳动力投入和全要素生产率的综合影响，分析它与经济增长的正向和反向互动机制。

第二，比较制度分析法。本研究将运用归纳总结的基本方法，从特殊到一般再到特殊，深入挖掘典型国家养老基金投资基础设施的运作机制、驱动因素及其有效运行的制度条件。同时，将从法律法规建设、政府宏观经济政策、金融市场的发育程度及市场中介机构的执行能力等方面全面考察"一带一路"沿线国家的制度环境，从而为我国养老基金投资基础设施的方案设计奠定坚实的制度分析基础。

第三，案例分析法。由于英国、加拿大、澳大利亚、智利等在养老基金投资基础设施方面积累了大量的成功经验，本研究以荷兰 PGGM 养老金集团投资沃尔尼海上风电场进行案例分析，探讨我国养老基金应该如何选择合适的基础设施投资渠道、如何提供政策支持、如何破解制度障碍以及如何实施风险管控等，以提高我国养老基金投资基础设施项目的可行性和收益率。

第四，定量分析法。由于养老基金投资基础设施起步较晚，数据资料在全球也仅有十多年的时间且难以搜集，而且我国各种统计年鉴中也并未提供基础设施投资的专项数据，定量分析相对比较困难。本研究一方面将尽可能收集国内基础设施指数和"一带一路"基础设施指数的历史数据，运用现代资产配置理论中的 Copula-GARCH-CVaR 模型对养老基金投资基础设施的最优比例进行了实证分析。另一方面，通过估算我国历年的基础设施资本存量，运用索洛的经济增长模型对养老基金投资基础设施将给经济增长带来的贡献度进行预测，从而提升研究结果对政策制定和现实投资的参考价值。

三、研究内容

本研究在"一带一路"倡议的大背景下，以中国养老基金投资基础设施为研究重点，具体研究的技术路线如图 1 - 1 所示。

第一章，导论。首先简要介绍选题背景，明确研究意义。同时，从养老基金与经济增长、养老基金资产配置和养老基金投资基础设施三方面对国内外相关研究文献进行了归纳、梳理和简要评述。最后，概括提出研究思路、研究方法、研究内容、主要创新点以及研究过程中存在的不足。

第二章，养老基金投资基础设施的理论基础。其中，主要介绍了宏观经济学领域的经济增长理论和可持续发展理论，养老基金投资领域的艾伦条件和帕累托效率、现代资产组合理论、现代风险度量方法和资产配置理论，基础设施投资领域的可销售性评估理论和项目融资理论。而养老基金投资基础设施与经济增长之间的互动关系和传导路径主要以索洛的宏观经济增长模型为出发点，从资本、劳动和全要素生产率入手进行详细阐述和分析。一方面，基金积累制养老金制度通过强制储蓄和自愿储蓄的方式增加物质资本积累，再通过金融市场有效地转化为投资后，提高资本的使用效率。同时，通过影响参保人的生育决策、教育决策和退休决策，从劳动力供给数量和人力资本积累的角度影响长期经济增长。而对全要素生产率的影响主要体现在劳动力和资本的配置效率以及提高收入再分配水平上。另一方面，基础设施作为生产

全书章节	研究内容	研究方法
第一章	选题背景→研究意义→文献综述→研究思路→研究方法→研究内容→研究的创新点与不足	文献调研
第二章	理论基础：宏观经济学理论 养老基金投资理论 基础设施投资理论 / 互动关系：养老基金与经济增长 基础设施与经济增长 经济增长与养老基金 三者之间的传导路径	文献调研 专家访谈
第三章	养老基金和基础设施的定义及特征→基础设施与现有投资工具的比较→投资的必要性→投资的可行性	文献调研 样本归纳
第四章	主要渠道：信托贷款→专项债券→有限合伙私募基金→公私合作→全资子公司等 / 决策评估：生命周期投资指数评估过程 / 风险控制：宏观、中观、微观风险及特征→风险管理流程→直接或间接投资的风险管理策略	文献调研 样本归纳 专家访谈
第五章	国际整体投资现状 / 加拿大的直接投资 / 澳大利亚的基础设施基金 / 智利的债权投资 / 荷兰PGGM的案例 / 驱动因素和障碍	文献调研 样本归纳 案例分析 专家访谈
第六章	实证检验 / 微观检验：基于CVaR模型的资产配置优化 / 宏观检验：（1）基于VAR和VEC模型分析动态关系（2）基于多元回归预测对经济增长的贡献	模型构建 定量分析
第七章	制度环境：包括政策、人口、经济、市场和行业环境 / 投资探索：（1）保障房建设（2）PPP基础设施（3）绿色基础设施 / 政策建议：（1）各国政府层面（2）养老基金层面（3）基础设施层面（4）金融市场层面	文献调研 制度分析 样本归纳 专家访谈

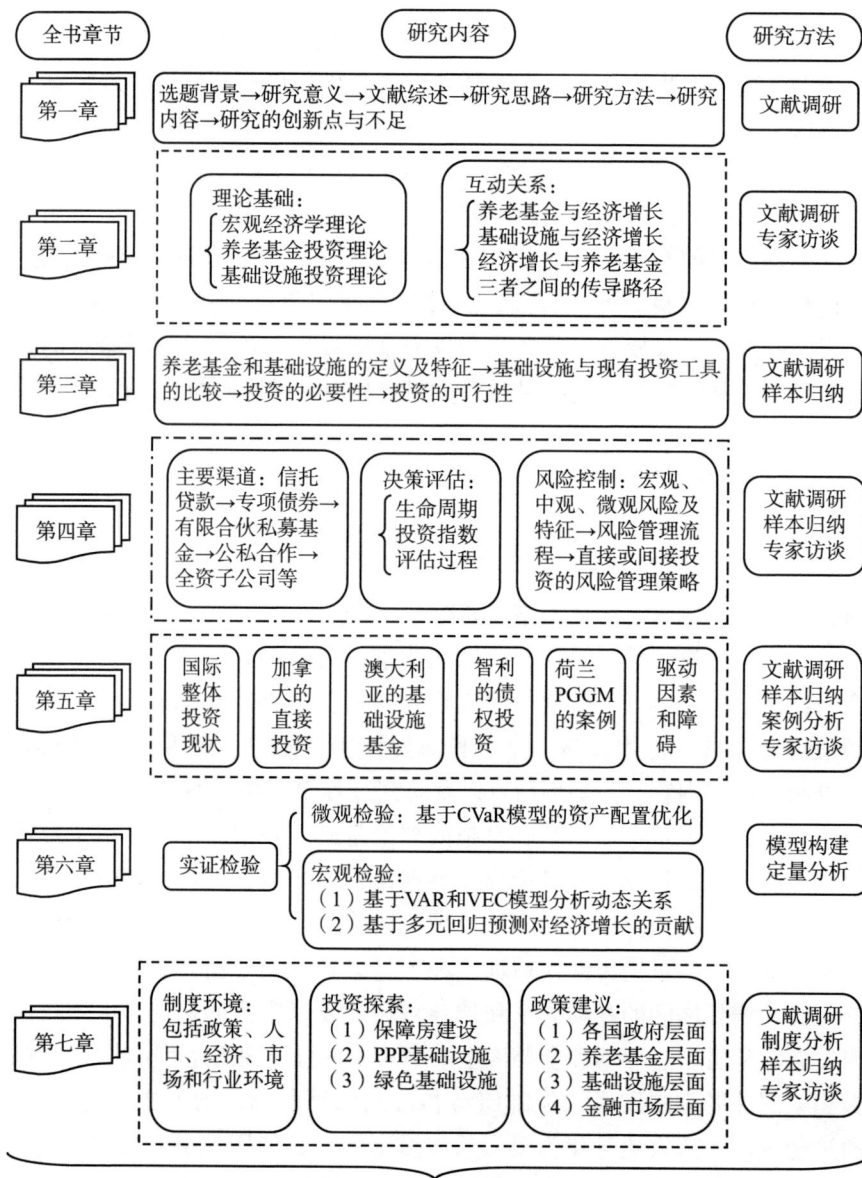

图1-1 研究的技术路线

性资本之一，将通过投资乘数效应影响劳动力需求和物质资本积累而直接促进经济增长。同时，良好的基础设施也有利于提高人口素质，增加社会福利。更重要的是，基础设施投资将通过产业聚集、扩散和结构效应、成本效应、环境效应等提高全要素生产率。因此，养老基金通过直接或间接的方式投资基础设施也将在这三方面产生正向促进作用。反过来，经济增长又通过影响养老金制度缴费、财政补贴、投资收益以及养老金购买力对养老金计划产生正效用，并在政府、企业和个人三个层面上实现养老基金、基础设施和经济增长之间的良性循环。

第三章，"一带一路"背景下养老基金投资基础设施的可行性分析。以养老基金和基础设施的定义、构成及其特征入手，认为基础设施对养老基金投资的适宜性体现在投资期限长、与其他资产的相关性低、能够提供稳定且可预期的现金流、能够抵御通货膨胀等。并将基础设施投资工具与现有的固定收益类资产投资工具、权益类资产投资工具和实物类资产投资工具进行了比较，回答了是否将基础设施作为单独资产类别的问题。然后，从实现养老基金和经济增长的同步发展和减少长期通货膨胀对养老金替代率的损耗两方面分析养老基金投资基础设施的必要性。最终，得出养老基金投资基础设施的可行性在于"一带一路"沿线国家的基础设施建设面临资金需求大、投融资难的巨大挑战，而基础设施领域的私营化改革和投资渠道的拓宽使基础设施投融资市场的开放程度和国际化程度提高。尤其是后金融危机时代养老基金的投资理念发生转变，更多地将"环境、社会和治理"融入其投资理念，日益重视长期投资和责任投资。而且历史数据显示基础设施投资的收益高、风险小，是养老基金降低风险敞口、获取正收益的有效途径。

第四章，养老基金投资基础设施的运作机理。首先，介绍了基础设施信托贷款、基础设施专项债券、有限合伙制私募基金、公私合作模式（PPP）、全资子公司等养老基金投资基础设施的主要渠道的交易结构和比较优势。基于基础设施项目的生命周期及其风险收益特征和国外常见的基础设施投资指数，详细阐述了养老基金投资基础设施项目的决策评估过程。然后，从宏观、中观和微观三个层面，分析了养老基金投资基础设施所面临的主要风险。其中，整体投资环境风险包括政治风险、法律风险、市场风险和自然风险等。基础设施项目风险包括融资风险、建造风险、经营风险和需求风险等。同时，以基础设施基金为例分析了投资工具的特有风险，具体包括流动性风险、定价风险和治理风险等，进而得出养老基金投资基础设施的风险具有多样性、阶段性和动态性的总体特征。最后，以养老基金投资基础设施的整个风险管理流程为基础，提出养老基金间接投资基础设施的风险管理策略，包括投资方式的评估、投资风险的分散和投资损失的补偿。在直接投资方面，通过归纳整理 PPP 模式的风险矩阵后（包括风险类型、频率、后果、风险减缓措施和风险承担者），从风险预防、风险分散、风险转移和风险监管四个角度提出相应的风险管理策略。

第五章，养老基金投资基础设施的国际经验。主要是根据 OECD 的调查报告，以国际养老基金投资基础设施的整体现状分析入手，挑选出加拿大、澳大利亚和智利作为直接投资、基础设施基金投资和基础设施债权投资的代表，分析它们基础设施市场的发展和养老基金的投资运营，并归纳整理了各国养老基金投资基础设施的投资工具、发展现状、历年的配置比例和投资收益、投资创新以及管理主体等。同时，以荷兰 PGGM 养老金集团投资沃尔尼海上风电场为直接股权投资的典型代表进行案例分析，详细介绍了案例背景、项目的融资结构及其成功经验。最后，通过比较分析和综合评价得出驱动养老基金投资基础设施的主要因素是投资机会的可获得性、市场的成熟度和规模、养老基金监管模式以及基础设施投资所面临的长期学习曲线，并从内外两方面总结了养老基金投资基础设施面临的主要障碍。其中，外部障碍包括专业知识和投资经验的匮乏、缺乏投资的透明性、存在政府干预和特定风险等。而内部障碍则包括资产类别的限制、上市或流动性要求、多元化投资的要求、投资业绩的要求、投资选择权的规定和风险管理制度的要求等。

第六章，"一带一路"背景下我国养老基金投资基础设施的实证检验。主要是从微观和宏观两方面检验我国养老基金投资基础设施可能获得的经济效益。首先，微观层面主要是从养老基金投资组合优化的角度，将基础设施作为单独的资产类别纳入投资组合，利用 CVaR 模型明确各类别资产的最优配置比例，并以不包含基础设施投资的组合作为参照标准，通过对比分析后得出养老基金投资基础设施的基准比例。其次，宏观层面主要是为了明确养老基金、基础设施、经济增长在长期均衡和短期波动之间的动态联系，采用多元向量自回归（VAR）模型和多元向量误差修正（VEC）模型进行了实证研究。最后，从长期经济增长的角度，将基础设施作为单独的生产要素纳入索洛的经济增长模型，通过计量经济学的多元回归分析得出各要素的产出贡献。在此基础上，将养老基金对基础设施的投资纳入基础设施资本存量中，从而预测未来个人账户养老基金分别以不同比例投资基础设施对社会总产出增长的贡献。

第七章，"一带一路"背景下我国养老基金投资基础设施的路径选择。主要是提出我国养老基金未来投资基础设施的新思路和有关的政策建议，首先从我国养老基金投资基础设施的制度环境入手，深入分析了当前的政策环境、人口环境、经济环境和市场环境等。然后，从广义基础设施投资的角度出发，将保障性住房建设、PPP 基础设施和绿色基础设施项目建设纳入我国养老基金未来可能的投资范围，并提出具体的投资路径。最后，从各国政府、养老基金、基础设施和金融市场四个层面提出促进我国养老基金投资基础设施的政策建议。

第四节　研究的创新点与不足

一、主要创新点

本研究以养老基金投资基础设施为出发点和政策落脚点，通过全面梳理和总结养老基金投资基础设施的理论基础和国际经验，进行科学合理的实证检验，可能的创新点主要有如下几点：

（1）丰富我国养老基金投资的研究内容。我国养老基金受投资政策、积累规模、市场环境和管理能力的制约，其投资组合仍然以银行存款、债券、股票、基金等传统投资工具为主，而在基础设施等另类资产投资领域却处于起步阶段。本研究从养老基金和基础设施的基本概念及其特征入手，充分合理地论证了养老基金投资基础设施的必要性和可行性。同时，全面分析了养老基金通过信托贷款、专项债券、有限合伙私募基金、公私合作模式（PPP）、全资子公司模式等渠道投资基础设施的交易结构和比较优势，以及养老基金投资基础设施的决策评估过程和风险控制策略，丰富了我国养老基金投资基础设施的理论研究内容。

（2）初步构建养老基金、基础设施与经济增长之间的理论框架。为突破以储蓄或资本市场为中间变量研究养老基金与经济增长的传统思路，弥补养老基金、基础设施与经济增长之间理论研究脱节的不足，本研究以养老保障的物质基础是整个社会产出为出发点，以索洛的宏观经济增长模型为理论基础，从资本（物质资本积累规模和资金使用效率）、劳动（劳动力供求和人力资本积累）和全要素生产率（边际资本生产率和边际劳动生产率）三个角度正向分析养老基金直接或间接投资基础设施对经济增长的影响，而经济增长又通过养老金缴费、财政补贴、投资收益、养老金购买力等反向促进这一过程，并从政府、企业和个人三个层面分析它们之间的互动传导机制。

（3）检验养老基金、基础设施与经济增长之间的互动关系。目前，关于养老基金投资基础设施促进经济增长的理论分析已基本达成共识，但它们之间的定量分析，尤其是用计量经济学方法进行系统性动态分析的文献还很少。为了明确养老基金、基础设施、经济增长在长期均衡和短期波动之间的动态联系，本研究还采用多元向量自回归（VAR）模型和多元向量误差修正（VEC）模型进行了实证研究。最终发现三个内生变量之间存在协整关系，但养老基金对经济增长的正向促进作用并未得到充分发挥。

（4）检验我国养老基金投资基础设施的经济效益。本研究结合我国GDP、就业人口、固定资产投资、基础设施投资和各类金融资产投资的历史数据，从微观和宏观两方面检验了养老基金投资基础设施的经济效益。其中，微观层面主要是从养老基金投资组合优化的角度，将基础设施作为单独的资产类别纳入其投资组合，通过条件风险价值模型（CVaR）明确各类别资产的最优配置比例，并得出养老基金投资基础设施的基准比例。而宏观层面主要是从长期经济增长的角度，将基础设施作为单独的生产要素纳入索洛的经济增长模型，通过计量经济学分析各要素的产出贡献。并在此基础上将养老基金对基础设施的投资纳入基础设施资本存量中，预测未来养老基金投资基础设施对社会总产出增长的贡献，从而弥补国内研究大多停留在政策性分析和理论性探索上的不足。

（5）探索"一带一路"背景下我国养老基金投资基础设施的新思路。本研究结合当前我国养老基金投资基础设施的制度环境，从广义的基础设施投资范围入手，将保障性住房建设、PPP基础设施和绿色基础设施项目建设纳入我国养老基金未来可能的投资范围，提出具体的投资路径，并设计出房地产信托投资基金（REITs）、PPP + REITs和绿色基础设施基金等的交易结构。

二、研究的不足

养老基金将基础设施作为单独的资产类别进行投资的时间较短，在国内外都是具有前瞻性和挑战性的研究课题，既无完整的理论研究框架，也无丰富的实践探索经验，更未出台权威的投资指引。在文献资料和历史数据相对缺乏的情况下，结合"一带一路"背景进行该项研究相当于全新的探索。因此，在理论分析过程中难免有所疏漏，在实践探索方面也可能出现以偏概全、实证检验结果不够精确等问题。具体而言，本研究的不足之处主要有：

（1）在理论分析方面，由于基础设施投资具有很强的外部性和空间溢出效应，除了可获得长期稳定的投资回报，还可能从提高整体社会福利和影响社会文化的角度促进经济增长和社会发展，而且基础设施资本存量不同也将导致影响效应各异。在"一带一路"背景下，养老基金投资跨境基础设施还将促进国际贸易的增长，但本研究并未结合开放经济下的动态一般均衡模型进行推演。同时，由于基础设施投资的各种方式和各个领域都有其特有的风险，仅从宏观角度提出的风险管理策略有可能考虑不周。因此，在今后的研究中还需要进一步细化和拓展。

（2）在实证检验方面，由于我国尚未公开养老基金和"一带一路"基础设施投资的详细数据，本研究只能采用国内现有基础设施指数作为替代指标，以此衡量"一带一路"沿线各国基础设施投资的平均收益并不精确，导致投资组合优化的结果可能存在偏差。在预测未来经济增长时，也并未将"一带一路"沿线国家的养老基金对我国基础设施的投资考虑进来。此外，创新性的基础设施投资产品需要与完美的资本市场对接，我国目前的制度环境对养老基金投资基础设施仍有一定的操作障碍。随着数据资料的丰富、制度环境的优化和相关研究的深入，利用空间计量方法和动态一般均衡模型考察养老基金投资"一带一路"基础设施对沿线各国就业率、全要素生产率和经济增长率的影响也是值得研究的方向。

第二章

养老基金投资基础设施的理论基础

第一节 宏观经济学理论基础

一、经济增长理论

新古典经济增长模型是由诺贝尔经济学奖获得者罗伯特·索洛（Robert Solow）于 1956 年创立。该模型的前提假设条件包括：（1）储蓄全部转化为投资；（2）投资的边际收益率递减，即投资的规模收益是常数；（3）采用资本和劳动可以相互替代的新古典柯布－道格拉斯生产函数，该函数的表达式为：$Y = AK^{\alpha}L^{1-\alpha} \Rightarrow y = Y/L = A \times (K/L)^{\alpha}(L/L)^{1-\alpha} = A \times k^{\alpha}$；（4）任何时候资本存量的变化都等于投资和折旧之差。若总产出中用于投资的比例和每期资本存量中用于折旧的比例都固定不变，则劳动的人均资本变化可以表示为 $\Delta k = r \times f(k) - (n + \delta) \times k$。当经济处于稳态时（劳均资本量将不会随着时间的推移而改变），资本存量的变化等于零，这就意味着 $r \times f(k) = (n + \delta) \times k$。

其中，Y 表示产出量，K 表示资本，L 表示劳动，系数 A 可视为全要素生产率的一个测定指标（给定资本数量和劳动数量时，A 值越大则国家产出越多），α 表示收入的资本份额，y 表示有效劳动投入之上的人均国内生产总值，k 表示劳均资本量，r 为储蓄率或投资率，n 为人口增长率，δ 为资本折旧率。将其代入生产函数，则稳态水平的劳均产出为 $y^{ss} = A^{1/(1-\alpha)} \left(\dfrac{r}{n+\delta} \right)^{\alpha/(1-\alpha)}$，这说明投资率与劳均产出正相关，即投资率上升会提高稳态水平的劳均产出。而人口增长率、资本折旧率与劳均产出负相关，即人口增长和资本折旧减缓时会提高稳态水平的劳均产出。[①] 具体变动情况如图 2-1 所示，人口增长率越高，劳均资本存量稀释得越快，稳态水平的劳均产出就越低。同样，折旧率增加也会降低稳态水平的劳均资本存量和劳均产出。但如果增加投资的比例，使其弥补人口增长和折旧率提高对劳均资本的稀释，则稳态水平的劳均资本存量和劳均产出就会相应的都增加。这也合理地解释了为何两个国家的收入水平相同，但投资率不同时，投资率高的那个国家将具有较高的经济增长。

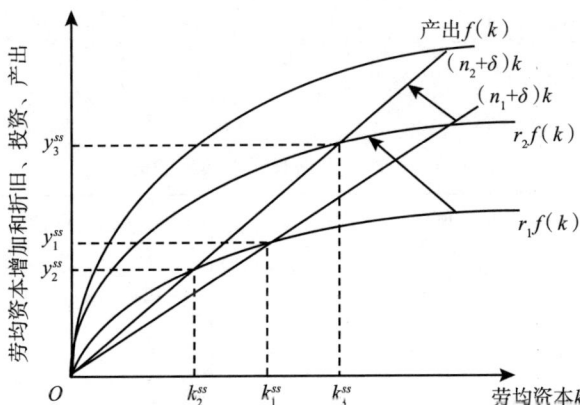

图 2-1　人口增长下降和投资增加时稳态资本和产出的变动

资料来源：根据相关理论和学者研究整理绘制。

---

① 详细的数学推导过程可以参见：戴维·N. 韦尔（David N. Weil）. 经济增长（第二版）[M]. 北京：中国人民大学出版社，2010：48-55，77-80。

　　然而，在索洛的新古典经济增长模型基础上，阿绍尔（Aschauer，1989）将基础设施投资作为一种额外的生产要素引入，构建了新的内生经济增长模型：$Y_t = A_t(K_t)^{\alpha}(L_t)^{\beta}(G_t)^{\chi} = f(c, G_t)(K_t)^{\alpha}(L_t)^{\beta}(G_t)^{\chi}$，其中 G_t 表示 t 时期的基础设施存量，χ 表示其产出弹性，而且 $\alpha + \beta + \chi = 1$。他认为基础设施投资主要通过两种机制影响经济的长期增长：一是通过增加基础设施的资本存量直接增加生产性投入；二是通过其规模效应和网络效应在提高现有生产要素的边际生产率的同时，提高全要素生产率。从这个意义上讲，发展基础设施将进一步促进私营的生产性融资项目，拓宽市场，获取更大的规模报酬。而且更好的基础设施将减缓生产性资本的折旧速度（如轮胎），减少企业成本支出，缩短生产时间，提高商品的配送效率。此外，交通和通信基础设施的改善将有助于引导合格的劳动力配置到劳动力匮乏的地区。除了从理论上探讨基础设施的正外部效应，西班牙毕尔巴鄂比斯开银行（BBVA，2009）还在关于基础设施与经济增长的研究报告中为我们提供了经验性的数据支持（如表 2 - 1 所示）。像美国这样的发达国家，其基础设施投资对经济增长的积极影响并不显著，但对发展中国家而言，基础设施在提高生产效率和促进经济增长方面却得出了非常一致的结论。因此，我们可以获得一个经验规律：基于规模报酬递减的假定，基础设施投资对经济增长的积极影响在发展中国家具有显著增长的趋势。

表 2 - 1　　　　　　　　　基础设施对经济增长影响效果的分布

研究区域	研究数量（项）	正效应（%）	无明显效应（%）	负效应（%）
发达国家	30	40	50	10
美国	41	41	54	5
西班牙	19	74	26	0
发展中国家	12	100	0	0
总的平均值	102	53	42	5

　　资料来源：BBVA. Projections of the Impact of Pension Funds on Investment in Infrastructure and Growth in Latin America ［R］. Working Paper，WP-1002，2009。

二、可持续发展理论

随着工业化和城市化进程加速，在人口膨胀、资源危机、环境污染、生态破坏等压力下，对传统经济增长和发展模式的质疑就逐步形成了可持续发展理论。它由"可持续"（sustainable）和"发展"（development）构成，但从不同的角度进行定义其内涵也不尽相同。就"可持续"而言，从经济学视角看，只有收益超过其投入时才可能持续下去；从社会学视角看，只有保持社会稳定、减少社会群体间毁灭性冲突时才可能持续下去；从生态学视角看，只有生态系统的循环保持正常稳定时才可能持续下去；从综合的视角看，经济、环境、社会是一个相互影响、相互制约的有机整体，因而衡量可持续性必须从这三方面进行系统考察（钟茂初，2006）。就"发展"而言，首先应当以人与自然的和谐为前提，与环境和资源的永续利用、生态系统的承载能力相适应，良性的发展应当是发展的价值和代价之间的理性权衡。其次，经济增长是发展的最主要内容。因为发展是以满足全人类的基本需求、提高生活质量为目标，社会总产出的增加才能有足够的资源来持续提高物质消费、教育、医疗卫生、环境保护等。而经济的长期稳定增长必须要求经济运行效率提高和社会经济结构优化。再次，发展包含一定社会发展目标的实现。例如，增加就业机会、缩小收入差距、消灭绝对贫困、实现人类价值等。最后，发展应追求代内公平，给予全体人民平等性的发展机会和权力（如公平地配置资源等），即某一群体的利益和发展不应损害其他群体的利益和发展。同时，发展也要顾及代际公平。尽管资源和环境都掌握在当代人手中，但当代人不能为满足自己的需求和发展而危害后代生存和满足需求的能力。综上所述，可持续发展理论使得"公平、效率和可持续"成为经济学讨论的三大主题，也使未来的发展更关注多元需求的协调（物质需求、人文需求和生态需求）、多层面利益的协调（私人利益、群体利益和人类整体利益）、行为关系的协调（竞争关系、均衡关系和相邻关系），以及代际关系和代内关系的协调。

对于养老保障制度而言，由于人口结构转变、经济增速放缓、国民储蓄降低，可持续性就成为其"第一要义"。世界银行（2006）将它定义为现在和将来养老金计划所应具有的财务稳定性，即不需要在将来增加制度缴费或降低待遇水平，也无须突然从财政预算中进行大规模的转移支付。因此，养老金计划在设计时，必须决定其旨在维持财务稳定性的调整计划（如对缴费率、替代率和退休年龄的规定）及能够应对各种经济冲击和需求变化的制度调整机制。在国内可利用资源有限的情况下，可持续性主要与一国的经济总量相关，由经济总产出来决定养老金计划所面临的约束条件，从而确定在未来经济总量变化时，制度改革是否有能力在不采取任何不当措施的情况下为受益人提供预先承诺的养老金待遇。结合我国社会保险法提出的"广覆盖、保基本、多层次、可持续"的方针，胡秋明（2011）认为可持续的养老金制度是在维护社会公平和制度弹性的基础上实现公平与效率的平衡，其目标定位应该是：（1）实现人人老有所养，并提供稳定、充足、可预期的老年收入保障；（2）为劳动者提供合理的养老金替代率，并有效预防和消除老年贫困；（3）维持长期的财务平衡，并提高制度自身的运行效率；（4）能够通过一定的传导机制与经济增长之间形成长期的良性互动；（5）具备动态可调整性和一定的制度弹性。而刘云龙（2011）则通过对养老保障制度"以可持续发展为纲"的研究进行梳理，主要从两个方面展开探索：一是从养老保障制度与养老保障方式的组合方面来展开，它包括养老金筹资模式、运营模式、给付模式、治理结构、税收优惠、监管方式等；二是从养老保障制度与社会经济发展环境方面来展开，它包括与人口转变、金融结构、消费模式、财政能力、社会福利、经济增长相结合等。但是无论如何，可持续发展都将是养老保障制度追求的最终目标。

第二节　养老基金投资的理论基础

一、艾伦条件和帕累托效率

从养老保障制度的分类维度看，其融资方式包括现收现付制和基金积累制，其给付方式包括待遇确定型（DB）和缴费确定型（DC），相互组合就构成了 NDB、NDC、FDB、FDC 四种制度运行机制，到底应该采用何种机制则应根据其运行条件、运行效率和是否对现有机制产生帕累托改进而定。

首先，现收现付养老保障制度的财务平衡机制是"收支平衡，略有结余"，它是由制度内的缴费人口共同负担目前退休人口的养老金。早在 1958年，保罗·萨缪尔森就通过两期世代交叠模型，从经济学角度探讨了该制度的内部收益率。他发现在技术进步的条件下，退休人口获得的养老金与工作人口缴纳的养老保险费（税）之间的比例为 $B_{t+1}/T_t = (1+g) \times (1+n) \approx (1+n+g)$，$n$ 为人口增长率，g 为劳动生产率的增长率，即现收现付养老金制度的隐性收益率接近 $(n+g)$。这说明在人口结构稳定增长的情况下，除工作人口将获得正隐性收益率外，还为第一代退休人口提供了一期的额外收益。当经济中不存在资本市场和持久的资本资产时，引入现收现付养老保障制度是一个帕累托改进的政策。然而，在小型开放经济中，现收现付制实现帕累托改进的前提条件是"人口增长率+工资增长率>市场利率"，即 $(n+g)>r$，它是由艾伦（Aaron，1966）在《社会保险悖论》中首次提出。他认为当经济处于动态无效率的情形下，如果政府每期从每个工作人口征收一定的养老保险费或税，再把它们平均转移支付给当期退休人口，则每一代都会通过下一代的缴费而获得高于市场利率的回报。

其次，完全基金积累制养老保障制度的财务平衡机制是"以收定支"，即退休时养老金积累终值＝未来养老金给付现值。相当于每一代工作人口根据其工资收入的一定比例缴费，再由公共或私营的养老基金管理机构对其进行投资运营，并按照实际的投资收益率进行逐年积累，到退休时根据养老金账户积累额确定养老金待遇水平。当经济处于黄金增长路径之上时，资本市场的毛利率应该为 $r=n+g+\delta$，而净利率为 $r=n+g$，n 为人口增长率，g 为劳动生产率增长率，δ 为资本折旧率。此时养老基金投资运作的实际收益率为 $r=n+g$，它与现收现付制的内部收益率完全一致。因此，只要经济增长的最优储蓄率能够得到保证，养老金增长的物质基础是完全一样的，即下一代就业人口的增长和他们劳动生产率的提高。郑秉文（2013）也认为产出及其增长是解决养老问题的关键，现收现付制和基金制的争论只不过是对今后产出的索取权不同而已。针对中国目前人口结构转变加速、经济增速放缓（在发展中国家仍较高）、国民储蓄率居高不下的情况，只有提高劳动生产率才能进一步增加社会总产出，提高养老基金的投资收益率，进而增强养老保障制度的稳定性和可持续性。

二、现代资产组合理论

现代资产组合理论是由诺贝尔经济学家马科维兹（Markowiz，1952）在《证券组合选择》一文中系统地提出，主要是探讨投资者在风险资产之间的选择和组合。而托宾（Tobin，1958）在《流动性偏好作为影响风险的行为》一文中将无风险资产考虑进来，讨论了无风险资产和风险资产之间的选择和组合，形成了比较完善的现代资产组合理论。该理论的基本假定是：（1）所有资产都可以无限细分；（2）各资产或投资组合的分析都仅限于单一时期；（3）以均值和方差（或标准差）代表投资组合的预期收益和风险；（4）在投资决策过程中不考虑交易费用、个人所得税等，且市场完全有效；（5）所有投资者都是理性的风险厌恶者。在不允许卖空的情况下，投资组合风险最小的均值 – 方差模型为

$$\min \sigma_p^2 = \sum_{i=1}^{n} \sum_{j=1}^{n} x_i \times x_j \times \sigma_{ij}$$

$$\text{s. t.} \begin{cases} \sum_{i=1}^{n} x_i \times \bar{r}_i = \bar{r}_p \\ \sum_{i=1}^{n} x_i = 1, \ \text{且} \ 0 \leq l_i \leq x_i \leq h_i \end{cases} \quad (2-1)$$

其中，$\bar{r}_i$ 表示资产 i 的平均收益率，x_i 表示投资于资产 i 的权重，$\bar{r}_p$ 为投资组合的收益率，σ_{ij} 为资产 i 和资产 j 的协方差，l_i 和 h_i 分别为针对资产 i 买空和卖空的限制。对于不同种类的资产，当投资者只关心投资组合的均值和方差时，该模型提供了应该如何选择的答案。马科维兹资产组合选择的原则是在既定的目标收益水平下选择风险最小的组合，或在既定的目标风险水平上选择收益最大的组合。

如图 2 – 2 所示，我们建立一个以预期收益为纵轴，风险为横轴的均值 – 标准差平面。相对于每一个预期收益，我们可以找到一个最小方差的资产组合，即曲线 AMBD，而 M 点代表最优的风险资产组合，B 点为所有组合中的最小方差组合。任何在 AMBD 及其右侧的点都是投资者可选择的风险资产组合。然而在面临相同风险（标准差）的情况下，仅 AMB 上的预期收益最大，即为有效的资产组合边界。在纳入无风险资产后（C 点表示无风险资产的收

益率），有效投资组合边界就变为 CML，即资本市场线，代表每一个标准差下由无风险资产和风险资产所能达到的最高预期收益的投资组合。我们将投资者的无差异曲线看作投资组合均值和方差的函数 $U = U(\bar{r}_p, \sigma_p)$，投资者最优的资产组合就是无差异曲线和有效投资组合边界 CML 的切点。若切点在 M 点的左侧，则说明不存在卖空行为；若切点在 M 点的右侧，则说明存在卖空行为，即投资者先介入无风险资产然后将其全部投资于最优的风险资产组合。

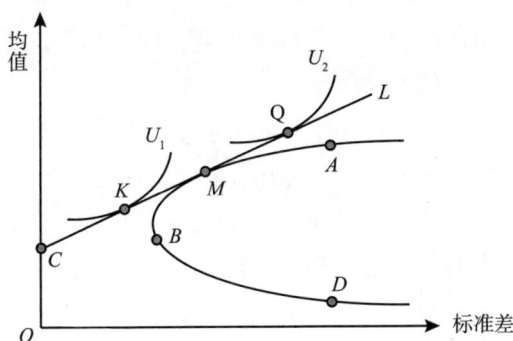

图 2 - 2　投资组合的预期收益率与风险的关系

资料来源：根据相关理论和学者研究整理绘制。

三、现代风险度量方法

在投资决策过程中，确定投资组合的核心内容就是风险和收益的权衡，科学的测算和评估风险是投资成败的关键。马科维兹的均值 – 方差模型以方差作为风险计量指标，没有反映风险的本质属性，投资者的效用假定为均值和方差的二次函数也不符合其对风险的真实心理感受，投资者实际上关注的是预期投资收益低于均值或目标值的不确定性。因此，许多学者相继提出了绝对偏差法、下偏矩方法、VaR 方法、CVaR 方法等多种度量方法。

VaR 即在险价值，是在一定的持有期和置信水平下投资组合可能遭受的最大潜在损失，它用于描述特定的时间段内投资组合损失分布的 $1 - \alpha$ 分位数。假设 $L(X, Y)$ 为投资组合的损失函数，在给定的置信水平 α 下，其统计学角度的定义为 $P[L \leqslant \text{VaR}_\alpha(r_P)] = 1 - \alpha$。假设当投资工具的收益率服从正态分布时，该资产相对均值的 VaR 可以简化为 VaR（均值）＝ － W_0 × （R － μ）＝ W_0 × c × σ × $\sqrt{\Delta t}$。其中，W_0 为初始投资金额，R 是该资产的收益率，c 是标准正态分布函数在 （1 － α）处所对应的分位数，σ 是标准差，Δt 是时间间隔。假设 x 是各资产投资比例向量，Σ 是各资产收益率的协方差矩阵，则投资组合的 VaR 可简化为 VaR_p ＝ c × σ_p × W_0 ＝ c × $\sqrt{x' \times \Sigma \times x}$。在 VaR 的计算过程中，持有期和置信水平是两个非常重要的参数。通常而言，VaR 随着持有期的增加或置信水平的增大而增大。由于 VaR 是一种下方风险度量，比方差更接近于投资者对风险的真实心理感受，而且持有期和置信度都可根据具体情况选择，使得风险度量更具可操作性，因此被国际上许多机构投资者和金融监管机构广泛采用。

然而，VaR 在理论上和应用上还存在很大缺陷。其最大的缺点是它不是一致风险度量，不满足次可加性，即用 VaR 度量的投资组合风险不一定小于各资产风险的和，这与风险分散化的市场现象不相符。同时，VaR 一般不满足凸性，对于有约束的投资组合问题只能用启发式算法求解，优化问题求解困难给模型的研究和应用带来了很大障碍。此外，它没有考虑超过临界值的尾部风险，无法预防极端事件带来的冲击。为了克服 VaR 不满足次可加性、齐次性、单调性及一致性等缺陷，诺克菲勒（Rockafellar，2000）等提出了更关注尾部损失的金融风险度量方法，即条件风险价值（conditional value-at-risk，简称 CVaR），它表示在一定的持有期和置信水平下投资组合损失大于给定 VaR 值的条件均值。

$$CVaR ＝ E\big[L(X,\ Y) \,\big|\, L(X,\ Y) > VaR_\alpha \big]$$
$$＝ VaR_\alpha + E\big[L(X,\ Y) - VaR_\alpha \,\big|\, L(X,\ Y) > VaR_\alpha \big] \qquad (2-2)$$

其中，$L(X,\ Y)$ 为投资组合的损失函数，$X = (x_1,\ x_2,\ \cdots,\ x_n)^T$ 表示投资组合中各大类资产的权重向量，$Y = (y_1,\ y_2,\ \cdots,\ y_n)^T$ 表示市场中引起投资组合发生价值变化的风险因子，即各大类资产投资收益率的随机向量。CVaR 也是一种下方风险度量，不仅继承了 VaR 方法的所有优点，还具有良好的数学特征，如满足次可加性、凸性等。以 CVaR 作为目标函数或风险约束的模型可以转化为线性规划进行求解，且求解过程还可顺便得到 VaR 值。更重要的是，它不仅对投资收益率的非对称分布和后尾现象有效，而且还可有效处理市场风险中的其他意外风险，被普遍认为是目前风险度量的最好方法。

为了对 CVaR 进行求解，假设 $r = (r_1, r_2, \cdots, r_n)^T$ 为投资组合中各大类资产的收益率，μ 和 Σ 分别为各大类资产收益率的期望和协方差矩阵，则投资组合的期望为 $r_p = r^T \times X$，$E(r_p) = \mu^T \times X$，投资组合的方差为 $\sigma^2(r_p) = X^T \times \Sigma \times X$。$L(X, Y)$ 为该投资组合的损失函数，$L(X, Y) = -r^T \times X$，其均值和方差分别为 $-E(r_p)$，$\sigma^2(r_p)$。假设投资组合收益率和损失函数均服从于正态分布，则在给定的置信水平 α 下：

$$\text{prob}\Big[\frac{L(X, Y) + E(r_p)}{\sigma(r_p)} \geqslant \frac{\text{VaR}_\alpha + E(r_p)}{\sigma(r_p)}\Big] = 1 - \alpha \qquad (2-3)$$

由此推出，$\text{VaR}_\alpha = \phi^{-1}(\alpha) \times \sigma(r_p) - E(r_p)$。

$$
\begin{aligned}
\text{CVaR} &= E\big[L \,\|\, L > \text{VaR}_\alpha(r_p)\big] \\
&= \frac{1}{1-\alpha} \int_{\text{VaR}_\alpha(r_p)}^{+\infty} \frac{L}{\sqrt{2\pi} \times \sigma(r_p)} \exp\Big\{ -\frac{[L + E(r_p)]^2}{2\sigma^2(r_p)} \Big\} d_L \\
&= \frac{\sigma(r_p)}{\sqrt{2\pi} \times (1-\alpha)} \exp\Big\{ -\frac{[\text{VaR}_\alpha(r_p) + E(r_p)]^2}{2\sigma^2(r_p)} \Big\} \\
&\quad - \frac{E(r_p)}{(1-\alpha)} \Big\{ 1 - \phi\Big[\frac{\text{VaR}_\alpha(r_p) + E(r_p)}{\sigma(r_p)}\Big] \Big\} \\
&= \frac{\varphi[\phi^{-1}(\alpha)]}{1-\alpha} \times \sigma(r_p) - E(r_p) \qquad (2-4)
\end{aligned}
$$

其中，φ 为标准正态分布的概率密度函数，ϕ 为其分布函数。

四、现代资产配置理论

现代资产配置体系大体上分为三个层次，即战略资产配置、战术资产配置和资产配置的适时管理。对于规模庞大、可投资期长的养老基金而言，合理的资产配置策略将有助于发挥养老保障制度的投资功能和经济保障功能。具体而言，养老基金战略资产配置位于投资政策的决策层次，主要任务是在控制养老基金总体风险的基础上，确定养老基金投资的资产类别及其各类资产的长期投资比例（通常 5~10 年）。在此过程中，投资者需要确定可投资的资产类别、预测各类资产的预期长期收益、长期风险及其相关关系，运用优化技术计算各类资产长期最优的投资组合集，最后在可容忍的风险水平上形成战略资产配置计划。它是养老基金的长期投资目标和风险偏好在投资政策层面的具体体现，是引导养老基金进行长期投资和价值投资的配置基准，具有预设性，它与购买股票或债券并长期持有的策略存在本质区别。在实践操作中，它主要受到投资目标和风险政策、可投资的资产类别、法律法规约束、投资期限、数量化模型局限性等因素的影响。从国外大型养老基金的战略资产配置看，其投资于股票、债券、银行存款及现金等价物的资产比例固定在60%、30%、10%附近，并且允许基金经理以该比例为基础上下浮动5%。

然而，战略资产配置所需要的信息主要参考均衡状态下资产的收益和风险特征，这与资产在短期内往往偏离均衡状态的情况明显不符，必须针对这种内在缺陷进行战术资产配置。它是一种更为短期的投资组合优化，位于市场操作层次，所需要的信息主要参考主观情景状态下资产的收益和风险特征，其主要功能是主动承担风险获取超额收益。在战略资产配置计划规定的各类资产投资范围内，通过对宏观经济形势和市场趋势的判断预测未来一年及以上时间内各类资产的收益和风险特征，为获得潜在的价值增值或超额收益，对各类资产的战略配置目标比例进行短期调整，并利用投资组合优化技术确定最优投资比例。

此外，在实践操作中投资者往往还会根据自身情况、投资环境和市场变化适时调整投资组合的头寸，这就要求对投资组合进行动态资产配置，即对各类资产的投资比例和投资期限进行动态管理。主要方法包括实施购买并持有策略、固定比例投资策略和投资组合保险策略等。其中，买入并持有策略是在较长的时间内保持既有的投资组合，不改变资产配置状态，其交易成本最小，属于典型的被动投资策略。固定比例投资策略是保持投资组合中各类资产的固定配置比例不变，当某类资产的净资产额变动时就调整其份额，以维持各类资产原定的投资比例。而投资组合保险策略是一种利用金融工具锁定资产价格下跌风险（通常是养老基金承诺的目标收益率），又不放弃资产价格上涨所带来获利机会的资产配置策略。它的一种基本思路是购入风险资产的同时相应购入一定数量的看跌期权；另一种基本思路是购入无风险资产的同时相应购入一定数量的看涨期权。由于看涨期权和看跌期权之间存在比价关系，它们的效果基本相同。因此，可以将其视为一种复合期权。在投资实务中，证券市场的频繁买卖和复制期权将产生较高的交易费用，投资管理人可以通过股指期货合约对股票组合进行套期保值。

第三节　基础设施投资的理论基础

一、基础设施可销售性评估理论

虽然总体而言基础设施具有垄断性，但是在不同部门间和部门内部不同技术类型之间的基础设施的经济特征存在较大差异。基础设施可销售性评估理论认为各类基础设施可销售性的高低决定了政府和私人部门的参与程度和方式。所谓可销售性是按纯粹市场化方式进行生产、销售、经营的潜力和可行性。一般来说，基础设施所提供服务的可销售性越高，私人参与的可能性就越大。因此，基础设施可销售性评估理论的重要作用在于确定政府和私人部门在基础设施服务生产和提供方面的职责。

关于基础设施可销售性的衡量，克里斯汀（Christine）早在 1993 年就提出了一套完整的指标体系。他采用了竞争性、排他性、沉没成本、规模经济、协调性和外部性等 6 个指标对基础设施不同部门的可销售性做出评估。其中，竞争性和排他性是反映基础设施所提供产品或服务的自然属性的指标，沉没成本、规模经济和协调性是反映基础设施所提供产品或服务的生产经济属性的指标，外部性是反映它们社会属性的指标。其研究结果显示，电力行业和城市运输的竞争性和排他性高，且不会产生很高的沉没成本，所以引入民间资本是非常可行的。遵循同样的研究思路，世界银行在 1994 年发布的《世界发展报告——为发展提供基础设施》中，也对基础设施的可销售性进行了全面评估（如表 2 - 2 所示）。他们选取的指标包括：竞争的潜力、货物与服务的特征、以使用费弥补成本的潜力、公共服务义务和环境的外部因素等，按照从 1（最不易销售）到 3（最易销售）对各项基础设施所提供产品或服务的可销售性进行打分，从而获得其可销售性指数，即各项得分的平均值。由此可见，基础设施的市场化远比人们通常认为的广泛，因为凡是可销售性指数在 1.8 以上的领域都可以采用市场化的方式运作。例如，天然气的生产和输送（3.0）、废弃物的收集（2.8）、热电（2.6）、铁路运输和客运（2.6）等可以完全由市场提供。选择不同的投资者和经营者，具体包括商业化的公共机构、不受规章限制的私人部门、特许经营或租赁、受价格管制的私营部门、受市场管制的私营部门、当地社区等。当然，由于市场失灵、政府失灵和社会目标的存在，政府的市场干预和行政监管是必不可少的，此时需要权衡政府和市场各自所带来的成本和收益。

表2-2   基础设施可销售性评估

基础设施行业	竞争的潜力	货物与服务的特征	以使用费弥补成本的潜力	公共服务义务	环境的外部因素	可销售性指数
热电	高	私人	高	极少	高	2.6
输电	低	会员	高	极少	低	2.4
配电	中	私人	高	很多	低	2.4
天然气的生产和输送	高	私人	高	极少	低	3.0
路基和车站	低	会员	高	中	中	2.0
铁路运输和客运	高	私人	高	中	中	2.6
城市公共汽车	高	私人	高	很多	中	2.4
城市有轨交通	高	私人	中	中	中	2.4
城市道路	低	共有财产	中	极少	低	1.2
供水的城区管理网络	中	私人	高	很多	高	2.0
供水的非管道网络	高	私人	高	中	高	2.4
管道排污和处理	低	会员	中	极少	高	1.8
公寓污水处理	中	会员	高	中	高	2.0
现场处理	高	私人	高	中	高	2.4
废弃物的收集	高	私人	中	极少	低	2.8
环境卫生处理	中	共有财产	中	极少	高	2.0

资料来源：World Bank. World Development Report 1994—Infrastructure for Development ［R/OL］. 1994. https://openknowledge.worldbank.org/bitstream/handle/10986/5977/WDR%201994%20-%20English.pdf。

二、基础设施项目融资理论

根据资金提供主体的不同，基础设施建设资金的来源包括国家资本（财政拨款和国外贷款)、法人资本(银行或非银行金融机构)和私人资本。从公共经济学的视角看,除公益性基础设施项目应完全由政府来提供之外,经营性和准经营性基础设施都可引入市场竞争机制,实现公私合作甚至完全由私人部门提供,而政府的主要职责只是明确产权、制定规则以及规范和监管市场。随着法律法规建立和金融市场完善,目前已经建立了灵活多样的基础设施投融资供给模式。

(一) 直接融资渠道

(1) 财政资金。主要是中央和地方政府的预算内融资和特种税费融资,资金来源于税收和专项费用,具体包括国家预算每年拨给建设部门的城建补助、中央和地方财政拨款、城市建设维护税、土地出让金、公共事业附加费、水资源费、市政公用设施配套费、市政公用设施有偿使用费、资产置换收入等财政性资金。

(2) 债权融资。主要通过项目贷款和发行基础设施债券(政府债券和公司债券)。政府部门可以通过实施注资信用担保机构,适当降低项目资本金比例等政策鼓励国内外的大型金融机构对以项目法人公司作为贷款主体,贷款项目资本金足额合法、贷款项目预期效益好、项目收益与还款来源有保障的经营性基础设施项目。也可以创造条件发行城镇基础设施收益债券,它与特定项目收益挂钩,具有信用等级高、融资成本低、资金来源稳定、融资期限长、流动性高等优势,可以作为未来准公益性项目主要的融资工具。

(3) 股权融资。对于回报性良好、投资量大、融资期限长的城镇交通、电力、水务等城镇经营性基础设施建设项目来说,可以鼓励和引导有实力的民间资本通过参股、控股、兼并、收购等方式参与公共事业单位的改组改制使其成为股份公司与集团公司,经国家批准后通过向社会发行股票募集资金。

(二) 间接融资渠道

(1) 信托融资。信托机构根据基础设施项目的资金需求状况制定信托计划并面向社会公众和机构投资者公开出售,将筹集到的资金由信托机构以自己的名义按投资者的意愿投资于电力、交通、能源以及市政建设等基础设施项目中,并以这些项目资产及其收益作为偿还保证,大多还附有担保协议(如第三方连带责任担保、项目建设方土地使用权抵押等)。在实际操作中,主要有贷款信托、股权信托、受益权信托和融资租赁信托等运作模式。它实现了"融资、投资、运营、监管"有机分开的市场化运作，融资主体往往是具有较高信用级别或拥有政府背景的大集团。该模式的优势在于融资规模大、投资期限较短、项目运作透明、预期收益可观、具有较好的风险控制安排等。

（2）基础设施资产证券化。这种模式原始权益人将自己拥有的特定资产以真实出售的方式转让给特设机构载体，该机构以基础设施项目所拥有的资产和预期收入流为基础，通过在资本市场发行资产支持证券以融通资金，对资产的风险和收益进行分离与重组。它是一种资产收入导向型融资方式，将资产本身的偿付能力和原始权益人的资信能力彻底分开，具有降低融资成本、多样化资金来源、增加流动性、实现破产隔离等优势。它需要进行复杂的资产评估和信用增级，将项目资产转化为可以流通的债券，适用于经营性基础设施项目，对收益率要求较高。

（3）公私合作（public-private partnership，简称 PPP）。它是公共部门与私人部门针对基础设施项目而建立的一种共同参与、共担风险、共享收益的项目融资模式，主要适用于具有一定可销售性的基础设施项目。它更多地体现一种政府资源和市场资源在数量和禀赋上实现优势互补的理念，具体形式灵活多样，包括特许经营、合同承包、运营和维护的外包或租赁、管理者收购、管理合同、国有企业的股权转让、设立合资企业或者对私人开发项目提供政府补贴等，不同形式下私人部门的参与程度和承担的风险程度各不相同。一般认为 PPP 模式包括：建设—移交（BT）、建设—经营—移交（BOT）、建设—租赁—移交（BLT）、建设—拥有—经营—移交（BOOT）、设计—建设—融资—经营（DBFO）、设计—建设—融资—经营（BDFO）、设计—建造—融资—运营—维护（DBFOM）、建设—拥有—经营—补贴—转让（BOOST）等。

（4）产业发展基金又称为私募投资基金。通过设立基金公司或基金实体向多数投资者发行基金份额，并由专业的基金管理人员进行基金资产管理与运作，以实现基金的保值增值。它是一种对未上市企业进行股权投资并提供相应的管理服务，实现投资方、受资方和代理方利益共享、风险共担的集合投资制度。按照募集方式可分为公募基金和私募基金，按照组织形式分为公司型基金与契约型基金，按基金变现方式可以分为开放式基金与封闭式基金。它的优势主要体现在：一是资金运作的专业化。通过每个基金的设立和运作，在对投资资金的筹集、资产评估、收益分配和风险控制等方面形成效益较优和机制完善的基础设施投融资制度。二是资产管理的专业化。通过专业化的基金管理公司的长期运作，形成了具有相关基础设施领域专业技术与管理经验的高水平专家团队。

第四节　养老基金投资基础设施与经济增长的互动关系

一、养老金计划对经济增长的影响路径

由于养老金计划的物质基础是社会总产出，当一个经济体的最优储蓄率能够得到保证时，退休人员要获得更多的消费品必须建立在社会总产出增加的基础上，即依靠下一代就业人口的增长和劳动生产率的提高，不同的养老金计划的区别仅在于利用不同方式来行使对部分社会产出的索取权。然而，随着物质生活水平和国民福利预期的提高，养老保障形成了一种刚性向上的自我发展机制。但是，现实中却存在无限提高养老保障待遇水平与社会经济资源有限的根本性矛盾。因此，基于索洛的内生经济增长模型，养老金计划的生产性功能主要体现在对资本、劳动和全要素生产率的影响等方面。

（一）养老金计划对资本的影响

首先，养老金计划作为一种对劳动者工作期间的部分收入进行延期给付的制度安排，不同的运作机制将通过个人的生命周期储蓄、预防性储蓄和遗产动机储蓄直接影响物质资本的形成。但是，由于影响私人储蓄行为的因素复杂繁多，而且不同国家的政治经济政策、个人储蓄偏好、养老金计划特征等存在较大差异，迄今为止现收现付制和基金积累制对储蓄的影响效应并未形成一致结论。但大部分研究表明，现收现付到养老金计划对私人储蓄的净效应取决于"资产替代效应"和"引致退休效应"的相对强度。而基金积累制作为强制性的养老储蓄安排，对私人储蓄的影响更为复杂并无规律可循。一方面，由于强制性养老储蓄的非流动性、未来投资收益和人口预期寿命的不确定性、政府的税收激励政策、个人的短视行为以及提前退休行为等，基金积累制养老金计划将激励劳动者缴费，从而增加个人的生命周期储蓄。另

一方面，强制性养老储蓄和个人自愿储蓄之间存在替代效应，同时年金化的养老金给付方式会减少个人的预防性储蓄，最终影响效应的大小取决于个人边际替代率的大小及其所面临的不确定性状况。但从世界各国养老基金的资产积累规模来看，养老金计划的确是促进了物质资本的形成。

其次，储蓄促进经济增长的前提必须是能够有效地转化为投资。从资源利用和配置的角度看，资本市场作为一种资金融通的场所，是否发达有效对经济运行效率和长期经济增长的影响十分关键。巨额的养老基金作为长期资本投资于资本市场将显著扩大资本市场的总量和规模，增强资本市场的稳定性，调整资本市场融资结构，拓展资本市场的深度和广度，促进金融基础设施的现代化以及金融制度、金融组织和金融产品的创新。尤其是养老基金能够跨时间和空间转移资源，它为了实现规模化、专业化、市场化的投资运营需要会成立专门的养老基金投资公司或委托专业的基金管理公司进行管理运作。作为重要的机构投资者，它具备强大的资金、人才和信息优势，可以较低的交易成本实现长期资本的有效配置，同时促进证券投资基金、信用评级机构和投资咨询机构等现代金融服务业的发展，从而提高金融系统效率。

（二）养老金计划对劳动的影响

在社会养老、家庭养老和自我养老并存的经济体中，加大养老金计划的保障程度将会减少父母对子女赡养的依赖程度。一方面，通过生育决策和退休决策直接影响劳动人口在总人口中的比重；另一方面，通过教育决策影响整个经济中的人力资本存量，最终从劳动力数量和质量上影响长期经济增长。

首先，从当代人的劳动力供给来看，公众对养老金计划缴费的认识、缴费与待遇之间的精算关联度、缴费的内部收益率以及政府的财政补贴等都将影响劳动参与率、工作的努力程度、对自身教育的投入和就业机会的选择。养老金计划通过收入效应刺激劳动供给的同时也通过替代效应减少劳动供给，其综合效应在不同的养老金计划上存在较大差异。一般而言，现收现付制养老金计划容易导致提前退休，对劳动力市场的扭曲作用较大，而基金积累制却能很好地解决这个问题。当然，养老金计划也会对劳动力需求产生影响，强制的养老保险缴费将增加企业的用工成本，增强资本对劳动的替代作用，从而减少劳动力需求。

其次，从人力资本的积累来看，人力资本形成的内在逻辑是下一代的人力资本水平不仅取决于上一代对下一代的教育投入，还取决于上一代人的平均人力资本水平。由此可见，个人的人力资本是由父母的教育投资、政府的公共教育投资和父母的人力资本水平三方面的因素共同决定。父母的教育投资决策既有自利动机也有利他动机，他们把家庭看作一个通过内部转移支付、代际交换以及情感交易的隐性契约而产生联系的共担风险的组织。在自利动机下，子女的数量和质量与储蓄一样都是未来的养老资源，增加投资将提高未来的养老保障能力。在利他动机下，子女被视为一种耐用消费品，其消费成本表现为父母在养育过程中的物质投入和时间投入以及相应的机会成本。因此，父母必须在有限的资源禀赋条件下进行生育决策和教育投资决策的权衡，实现自身效用最大化。对养老金计划而言，现收现付制以强制收费或征税的方式保证了父母的投资回报，体现了人力资本积累在代际间的正向溢出效应，从而刺激父母和政府对下一代进行教育投资。但基金积累制却难以直接分享该投资回报，是父母更重视对自身的教育投资。从长期发展来看，养老金计划将会直接或间接的促进人力资本的积累，最终促进宏观经济增长。

（三）养老金计划对全要素生产率的影响

在宏观经济发展过程中，全要素生产率的影响因素众多。作为社会经济政策的重要组成部分，养老金计划主要通过提高生产要素市场的配置效率和社会福利来影响边际资本和边际劳动的生产率，进而促进长期经济增长。其影响路径主要包括：（1）从劳动力的配置效率看，养老金计划本身的制度设计对劳动力市场的流动性有很大影响。例如，制度的统一性、覆盖面、养老金积累权益的可携带性等。一般来说，从现收现付制转向基金积累制时可能面临已积累的养老金权益的丧失或减少，从而影响劳动者在不同地区或者行业的就业决策。（2）从资本的配置效率看，养老基金对风险控制的要求较高，促进了会计制度、审计制度、信用评级制度以及金融监管制度的进一步完善，使得市场信息的披露及时有效，提高了市场交易的透明度。更重要的是，养老基金具有更强的话语权。它作为长期机构投资者积极参与公司治理，能更好地解决委托代理及激励问题，使目标公司更注重长期发展战略和长期利润创造，增加在技术创新、产品研发、员工培训和社会责任等方面的支出。此外，随着养老基金境外投资政策的放宽，还将进一步促进跨境资本流动。（3）从收入再分配的角度看，现收现付制和基金积累制度都具有代际和代内再分配功能，可以在一定程度上使得个人之间消费及资产的不平等状况得到改善，也有助于扩大内需和减少老年贫困，提高社会整体福利水平。

二、基础设施对经济增长的影响路径

基础设施作为社会基础资本、社会先行资本和社会间接资本，对发达国家和发展中国家的经济增长都具有实质性的作用。著名发展经济学家罗森斯坦-罗丹（Rosenstein-Rodan）在1943年提出大推动理论时就曾指出，基础设施是社会经济发展的基础，是一个国家经济起飞的必要条件，应当优先发展。1994年，世界银行发展报告以"为发展提供基础设施"为主题，将基础设施对经济发展的重要性上升到新的高度。世界银行专家英格拉姆（Ingram，2011）研究发现一个国家良好的基础设施能够降低生产成本、提高生产率和生活水平，而且基础设施提供产品和服务的能力与经济产出同步增长，基础设施存量每增长1%，GDP就会增长1%。由此可见，基础设施即使不是拉动经济增长的"火车头"，也是促进其发展的"车轮"。传统的研究认为基础设施主要通过两种途径来促进经济增长：一方面，它作为生产性资本之一，能够直接促进经济增长；另一方面，它具有规模效应和网络效应，不仅可以通过提高产出效率促进经济增长，还可以通过引导发达地区对落后地区经济增长的溢出效应来促进经济增长。我们以内生经济增长模型为出发点，将基础设施对经济增长的影响路径概括为以下几方面。

（一）基础设施对资本的影响

作为直接的生产资本之一，基础设施会增加社会总资本存量，这是其他生产部门扩大生产规模的前提，具有投资和消费双重拉动作用。在存在闲置生产能力的情况下，其投资规模的增加将在投资乘数的作用下引起社会总产出成倍数增加。因为遵循"引致投资"最大化原则，基础设施投资能够最大限度地拉动与其直接和间接相关的产业部门生产。此外，通过基础设施的投资改善了私人的投资环境，提高私人投资的回报预期，刺激私人产业部门进一步追加投资规模或开展新的投资。而且完善的基础设施也有利于增强一国在获取国外直接投资上的竞争力。随着世界经济一体化和全球化趋势的加强，国际资本在决定投资场所时已不再单纯看重投资所在国廉价的劳动力和优惠的税收政策，而是更重视投资场所的总体竞争能力，包括现代金融服务体系是否完善、通信是否畅达、交通运输是否便利以及公共设施是否齐全等。更重要的是，基础设施投资能够改善基础设施条件，尤其是在农村地区能够为农民提供更多获得其他商品和服务的机会以及非农就业机会，从而增加居民收入，刺激居民消费。因此，发达的交通运输系统、能源供应系统、通信服务系统等公共基础设施是促进居民扩大消费的必要前提，也增加了居民扩大依赖性消费的可能性和便利性。比如，良好的供电设施和电视转播设施将会增加居民对电视机的消费；良好的自来水系统和上下水道系统的供水设施将会增加居民对洗衣机的消费；完善的医疗卫生设施将会增加对居民对现代医疗服务的消费。

（二）基础设施对劳动的影响

从劳动力需求的角度看，基础设施中既有劳动密集型产业，如传统的铁路、公路、桥梁、房屋建设等需要大量的初级劳动力。又有资本密集型产业，如大型水利水电枢纽建设、新型能源开发、网络通信系统建设等，不但需要初级劳动力也需要高技术人才。同时，增加基础设施投资还将会带动上游和下游产业的发展，并通过改善周围的投资环境形成产业聚集，创造大量的就业机会。总体而言，基础设施投资对劳动力就业的影响分为短期效应和长期效应。从短期来看，主要表现为基础设施建设过程中引致的就业效应。例如，投资修建高速公路，建筑公司将雇佣更多的设计和管理人员以及建筑工人。同时，需要投入大量工程机械和水泥、钢筋等建筑材料，因此会给相关行业提供更多的市场发展机会，并影响这些行业的投资计划和企业雇佣计划。但随着这一基础设施建设项目的结束，其短期效应也随之消失。从长期来看，主要表现为基础设施因直接或间接参与生产过程所带来的就业效应。一方面，大部分基础设施行业的投资会增加自身在运营和维护方面的就业需求。例如，提供水、电、煤气的管道维护，道路、机场、港口的扩建，图书馆的扩建等都会要求增加人手。另一方面，新增基础设施可能会改善既有生产性基础设施的使用效率，甚至对其产生挤入效应而诱使私人投资者进行更多的生产性基础设施投资，从而带来新增的就业机会。

从劳动力供给的角度看，首先，良好的通信系统和交通系统提供了人们共享资源的能力，有利于就业信息的传播，增强劳动力跨区域流动的可能性和便捷性，增加劳动力市场的有效供给。其次，社会基础设施的完善有利于提高人口素质，增加人力资本存量，提高边际劳动生产率。例如，先进的医疗卫生体系能够减少和预防各种疾病的传播。优质的教育科研能够提高入学率（尤其是女性）和教学资源的利用效率以及国民的整体受教育程度。而良好的环境治理能够使人们享受到更干净的水源和更清新的空气，优化人们生产和生活的社会经济环境，有利于提高国民的身体素质，降低人口死亡率，从而提高劳动生产效率。

（三）基础设施对全要素生产率的影响

从现有的研究成果可知，经济体制、产业结构、财政金融政策、研发投入、市场竞争、制度和科技创新等均影响一国的全要素生产率，而且几乎所有经济部门的生产都离不开基础设施资本的参与。例如，阿绍尔（Aschauer，1989）利用生产函数法对美国 1945～1985 年的数据进行计量分析发现，美国在 1970～1985 年间人均产出下降的主要原因是由于该时期美国在基础设施投资方面的速度减缓。如果将美国的基础设施资本上升 10%，其全要素生产率能够提高大约 4%。张浩然（2012）对 2003～2009 年我国 266 个城市的估计结果也表明，医疗条件和通信基础设施不仅可以提高本地区的全要素生产率，在临近城市间的外溢效应也十分显著。具体而言，其影响主要体现在：

（1）产业聚集和扩散效应。良好的生产性基础设施具有正外部性，能够提升区域优势，使投资者享受低成本的基础设施服务、节省资金、缩短工期，导致地区内规模经济和投资回报率的增长，从而影响生产要素的流动和企业分布。根据资源自由流动和最佳配置的原则，生产要素往往倾向于流向基础设施较好的地区。因为发达的交通运输系统可以降低企业的生产成本、提高地区可达性、增加运输与出行选择，从而对地区的贸易发展、劳动分工、专业化产生影响，促进企业聚集经济的形成。

（2）成本效应。优质基础设施能够降低企业的生产成本和交易成本。一方面，完备的基础设施系统在一定程度上有利于保障企业有形资本的质量及耐用性，延长使用寿命、降低故障发生频率、减少私人维护成本、提高使用效率，从而降低企业所负担的生产和运营成本。尤其是运输、供水、电力、信息等基础设施服务是生产的中间投入，具有规模经济效应，投入使用后可在一定的产出范围内会使企业的生产成本外在化。尽管在经济发展的不同阶段对不同行业的生产成本的降低作用有所不同，但是基础设施的改善总体上倾向于减少生产成本。另一方面，良好的交通、通信和金融系统使得市场信息得到广泛传播，提高了市场透明度，对于建立竞争性市场体系至关重要。例如，对发展中国家而言，农村公路和网络系统的建设在增加市场机会的获得、降低交易成本、提高经济活动效率等方面有明显作用。

（3）结构效应。加大基础设施投资力度不仅能够促进本产业转型升级，还能通过基础设施产业的合理化和高效化带动其他产业的转型升级和结构调整，从而推动经济增长方式转变。一般而言，基础设施投资增加有利于扩大基础设施规模和更新基础设施技术，优化投资环境，提升区域竞争力，从而构筑新的国民经济增长点，推动长期经济增长。从产业结构来看，现代经济发展呈现以第一产业为主顺次转向以第二产业再到第三产业相对占优的趋势。现有研究一致认为改善农村的电力、供水、交通、医疗、教育等基础设施可以有效减少农业生产要素投入成本和农业劳动力需求，最终改变农业生产结构。而以网络和现代移动通信技术引领的信息革命的出现，促进了现代工业和现代服务业的产生，其产值在国民收入中的比重不断上升。同时，现代信息技术和服务也改变了人们的工作和生活方式，影响了整个社会的生产结构和需求结构，从而间接带动产业结构转型升级，促进长期经济增长和社会发展。

（4）环境效应。在提倡绿色经济和循环经济的时代，经济增长和经济发展如同一枚硬币的两面，可持续发展的理念强调社会、经济、生态、环境之间的协调，而基础设施投资将对此产生积极作用。例如，天然气、风能、核能、太阳能等新型能源的可获得性将促使人们替代木材、煤炭等传统能源，减少木材作为能源的需求，阻止对森林资源的滥砍滥伐，有利于保护生物多样性，减少二氧化碳等对大气的污染。而且污水和废弃物的处理和垃圾的循环再利用也能提高环境质量。此外，防洪、防潮、防震等基础设施通过防范、抵御、缓解自然灾害对人类生命财产安全的威胁，达到优化生存环境的目的。由此增进的社会福利反过来又将影响劳动生产率，提升经济增长潜力。

三、经济增长对养老基金的影响路径

养老基金与经济增长之间是一种相互影响、相互制约的关系。经济增长对养老保障制度的影响主要体现在实物资产和金融资产两方面，而且根据制度财务机制和给付机制的不同，这种影响效应还存在明显差异。

首先，从现收现付制养老保障制度来看，财务平衡的前提条件是：年轻在职缴费人口增长率大于老年退休人口增长率，制度的内部收益率等于经济增长率。根据马克思的社会产品扣除理论，经济增长将会带来社会总产出的增加，直接降低个人所面临的长寿风险和通货膨胀风险，从而提高退休人口的养老金收入和消费水平，以及缴费人口未来的老年生活预期，进而增加对自己和子女的教育投入，最终提高养老保障制度的可持续性。

其次，从基金积累制养老保障制度来看，经济增长的影响具体表现在缴费、积累和给付三个阶段上。（1）缴费阶段。经济增长可以带动平均工资水平的上涨，增加参保人群的缴费能力，从而提高自愿缴费率。而且良好的宏观经济环境将促使政府财政收入和企业营运利润的增加，当政策进一步放宽养老金计划缴费的免税限额时，有助于企业增加养老保险个人账户中的单位配套缴费，同时激发企业年金和个人税收递延型商业养老保险计划的参保热情。（2）积累阶段。经济增长将带动实体经济和资本市场的发展和繁荣，直接影响养老基金投资的实际收益率，改善缴费人口的风险容忍度和风险承受能力，进而影响其资产配置决策和个人消费决策、教育决策和退休决策等。（3）给付阶段。经济增长促进社会产出总量及其丰富程度的增加，有利于提高退休人口的养老金购买力，满足多样化的养老保障需求。在保障和改善其生活质量的同时，提高他们对晚年生活的预期，减少缴费人口的预防性储蓄，从而刺激国内消费大幅增长。同时，财政收入的增长也使中央或地方政府有更多的财力提高对基础养老金的发放标准，或免除养老金在缴费、积累和给付阶段的个人所得税，即实行 EEE 的征税模式。

四、养老基金投资基础设施与经济增长之间的传导路径

鉴于养老基金和基础设施对长期经济增长都有积极的促进作用，那么这三者之间是否存在一定的逻辑关系呢？如果将养老基金的部分资产通过直接或间接的渠道投资基础设施领域，不仅有助于基础设施资本存量和基础设施服务质量的提高，还将在政府、企业和个人三个层面与长期经济增长形成一个良性循环（如图2-3所示）。

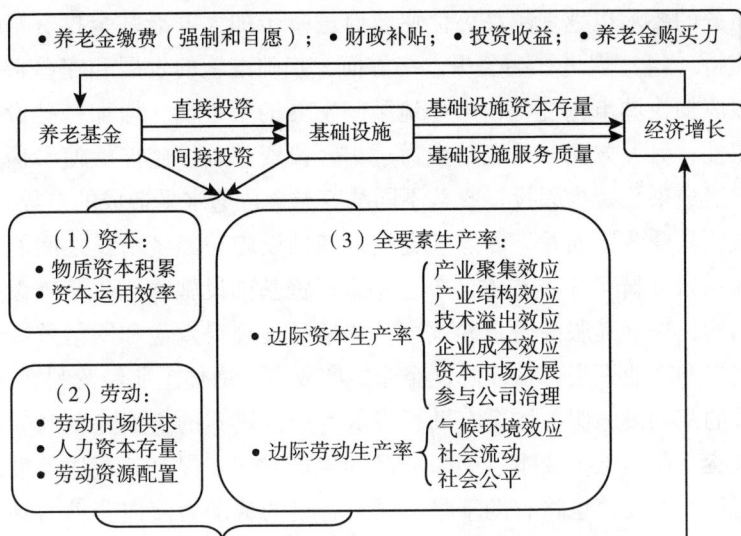

图 2 - 3　养老基金、基础设施和经济增长之间的影响路径

资料来源：根据相关理论和学者研究整理绘制。

　　首先，从政府层面看，养老基金投资基础设施与经济增长之间的互动影响体现在：（1）减轻财政压力。在公共资源有限的情况下，充分利用民间资本来提高基础设施资本存量、供给效率和服务质量，可以让更多的公共财政支出投资到科教文卫、社会保障、环境治理等社会性基础设施领域。尤其是在金融危机时，养老基金投资基础设施可作为反周期的政策工具，一方面解决私人投资和就业的不足，另一方面消除政府债务增加的风险。（2）增加国内外投资。基础设施水平影响市场信息传播、生产要素流动和企业选址，通过完善基础设施来优化一国的投资环境，可以在促进私人部门投资的同时提升其在吸引外资和国际贸易方面的竞争力，直接增加企业数量和物质资本积累，并通过产业关联效应扩大内需，从而在投资乘数的作用下促进社会产出成倍增长。（3）实现制度可持续。从养老金计划的财务机制来看，现收现付制的内部收益是经济增长率，即人口增长率和劳动生产率的增长率之和，而基金制的收益率是养老基金的投资收益率。若养老基金投资基础设施能够在获得较高收益的同时促进经济增长，将不仅增强养老金计划的偿付能力，减轻政府对养老金缺口的财政补贴压力，而且增强国民对养老保障制度的信心和缴费积极性。随着经济发展和生活水平的提高，国民对基础设施所提供的产品和服务的要求也越来越高，促使政府进一步加大养老基金投资基础设施的政策支持。（4）促进社会公平。一方面，基础设施的发展和完善将通过空间溢出效应加快城市化进程，缩小地区间发展的不平衡，增加基础设施服务的可获得性；另一方面，养老基金通过集合投资基础设施能够使参保人员分享经济发展成果，减少因投资收益不同给养老金待遇水平造成的差异。

其次，从企业层面看，养老基金投资基础设施与经济增长之间的互动影响体现在：（1）降低生产成本。养老基金投资基础设施将优化基础设施产业的产业结构，提升其服务质量和效率，并通过其规模效应和网络效应促进生产要素聚集和产业聚集，从而降低企业生产成本、增加企业经营利润。同时，发达完善的基础设施服务体系有助于降低生产性资本的折旧速度和故障发生频率、减少企业的维护成本、缩短商品的生产时间、提高其配送速度。而交通和通信设施的改善也将有助于吸引更多合格的劳动力流向劳动力缺乏的特殊领域，提高劳动力的有效供给，降低劳动力成本。（2）提高交易效率。因为完善的基础设施有助于促进分工演进，增强生产要素和中间产品的空间转移，扩大要素市场和产品市场范围，通过缩短上市时间而获得市场机会，最终提高产品市场和资本市场的交易能力和运营效率。（3）提高资本和劳动的边际生产率。养老基金作为长期资本，以机构投资者身份通过与管理层的温和协商、提供建设性的企业发展提案或争夺委托投票权的形式参与公司治理，将不仅优化企业的资本结构和决策结构，增强董事会和监事会的独立性，还有助于保护中小投资者的利益。而且作为长期投资者，养老基金还鼓励目标公司对技术创新和人力资本的投资，从而改善公司的经营业绩，为公司带来长远价值。反过来，经济增长和养老基金的充盈将有助于国家进一步扩大和完善基础设施，甚至降低企业所得税率和养老保险缴费率，进而提高企业投融资项目的预期利润率，促进企业生产规模的扩大和外商直接投资的增加。

最后，从个人层面看，养老基金投资基础设施与经济增长之间的互动影响体现在：（1）直接提高退休收入。因为养老基金投资基础设施可以获得长期稳定的投资收益，增加其养老储蓄规模。而宏观经济增长将使政府有足够的财政能力提高养老补贴，加大对养老金计划的税收优惠额度，进而提高退休人口的养老金待遇水平。同时，物质产品的丰富也将增强养老金的购买能力，提高老年消费的效用水平。（2）促进人力资本积累。交通、通信、教育等基础设施的发展可以提高出行的便利性和地区的可达性，减少信息不对称问题，推进知识积累、技术传播和现代教育方式的推广。尤其是在落后的发展中国家，基础设施投资不仅增加了就业机会，还提高了劳动年龄人口的收入预期和对教育投资的预期回报，有助于提升全社会的受教育水平。(3) 提高居民福利。优良的基础设施直接影响国民的生活质量以及获取各种商品和服务的便捷性，潜在地降低了贫困的发生率和国民获得基础设施服务的不平等性，提高家庭和个人的福利水平。例如，环境治理和医疗保健的普及有利于减少疾病的发生率和人口死亡率，而且生活和工作条件的改善也会很快转化成有效的生产要素，增加经济增长潜能。

第三章

"一带一路"背景下养老基金投资基础设施的可行性分析

第一节 有关概念的界定和诠释

一、多层次养老保障体系

1994 年，世界银行在《防止老龄危机——保护老年人及促进增长的政策》中首次提出"三支柱"养老保障制度的思想，即第一支柱的公共养老金计划、第二支柱的职业养老金计划和第三支柱的个人养老金计划（如表 3 – 1 所示）。其中，第一支柱是由政府管理，实行强制性的待遇确定型（DB）现收现付制；第二支柱是由养老金公司管理，实行强制性的缴费确定型（DC）完全基金积累制；第三支柱是自愿性的个人养老储蓄。2005 年，世界银行又在《21 世纪的老年收入保障——养老金制度改革国际比较》中，将"三支柱"扩展为"五支柱"。具体而言，一是非缴费型的"零支柱"，就是由财政转移支付的定额普惠型国民养老金，以消除老年贫困为主要目标，提供最低水平的退休收入保障。二是缴费型的"第一支柱"养老金计划，它与参保人的工资水平不同程度地挂钩，旨在替代部分退休前的工资收入。三是强制性的个人养老储蓄账户，这是"第二支柱"，主要突出个人的养老责任，强调运用市场手段来熨平个人终身消费的作用，但各国建立形式可以各有不同。四是灵活多样的自愿型保险，这是"第三支柱"，例如完全个人缴费型、雇主资助型、缴费确定型或待遇确定型，个人可自主决定是否参加以及缴费多少。五是非正规的养老保障形式，主要是家庭成员之间或代与代之间对老年人在经济或非经济方面的援助，包括家庭赡养、医疗服务和住房反向抵押养老保险等。由此可见，不同养老保障制度的资金筹集机制和待遇给付机制各不相同，它们在减少老年贫困、调节收入分配和实现代际、代内公平等方面也存在明显差异，最终的养老金待遇取决于 GDP 增长率、劳动生产率、就业率、工资增长率、利率、通货膨胀率、投资收益率、贴现率和人口预期寿命等众多参数。政府只能通过构建科学合理的"多层次混合型"养老保障体系，为参保人在老年退休时提供充足的养老金待遇。

表 3-1　　　　　　　　　　多层次养老保障体系的比较

目标	公共养老金制度			职业养老金制度		个人养老金制度
	非缴费型	DB 型	DC 型	DB 型	DC 型	
减少贫困	有。最有效的方法	部分。通过终身养老金给付	部分。通过终身养老金给付	部分。通过终身养老金给付	无。养老金给付完后	无
消费平滑	无	部分。以特定群体为目标	部分。取决于参数设置	部分。取决于参数设置	部分。取决于参数设置	可能转移其他储蓄
财务平衡		取决于参数设置	取决于缴费和待遇的联系	计划发起人责任	个人责任	个人责任
收入再分配	有。通过税收制度	有。取决于参数设置	有。取决于参数设置	部分。税收优惠具有再分配作用	无。但税收优惠具有再分配作用	无。但税收优惠具有再分配作用
代际公平	有。通过税收制度	部分。法律规定最低养老金	部分。法律规定最低养老金	有	无	无

续表

目标	公共养老金制度			职业养老金制度		个人养老金制度
	非缴费型	DB 型	DC 型	DB 型	DC 型	
代内公平	—	有	有	有	无	无
替代率	取决于具体政策	取决于制度目标	取决于制度目标、缴费和投资运营	取决于参数设置	取决于缴费和投资运营	取决于缴费和投资运营

资料来源：OECD. OECD Pensions Outlook 2018 ［R/OL］. https：//doi. org/10. 1787/pens_outlook-2018-en。

　　然而，"中国版"多层次养老保障体系的提出实际上是早于世界银行。在 1991 年国务院发布的《关于企业职工养老保险制度改革的决定》中，就明确提出了三个支柱并举的框架思路，要求"随着经济的发展，逐步建立起基本养老保险与企业补充养老保险和职工个人储蓄性养老保险相结合的制度。"此后，我国不断出台相关政策，逐步建立起了多层次养老保障制度体系。（1）在基本养老保险方面，国务院在 1997 年印发了《关于建立统一的企业职工基本养老保险制度的决定》，标志着我国正式建立了社会统筹与个人账户相结合的城镇职工基本养老保险制度，实现了由单位保障走向社会保险的根本性转变。同时，为适应统筹城乡发展的要求，国务院在 2009 年和 2011 年先后发布《关于开展新型农村社会养老保险试点的指导意见》和《关于开展城镇居民社会养老保险试点的指导意见》。2014 年，国家对两项制度进行合并，发布了《关于建立统一的城乡居民基本养老保险制度的意见》，从此全面建立实行个人账户完全积累的城乡居民基本养老保险制度。（2）在单位补充养老保险方面，对于企业职工，我国在 2004 年首次颁布《企业年金试行办法》（劳动与社会保障部令第 20 号），建立了由企业和职工个人共同缴纳、实行个人账户完全积累的企业年金制度。2018 年，新出台的《企业年金办法》再次对该制度进行了完善。而对于机关事业单位工作人员，我国在 2015 年出台了《机关事业单位职业年金办法》，建立了由单位和工作人员个人共同缴费、实行个人账户完全积累的职业年金制度。（3）在个人商业养老保险方面，财政部等五部门在 2018 年发布了《关于开展个人税收递延型商业养老保险试点的通知》，明确从 2018 年 5 月 1 日起，在上海市、福建省（含厦门市）和苏州工业园区实施为期一年的个人税收递延型商业养老保险试点。

二、我国养老基金的构成及其特征

（一）养老基金的构成

养老基金是通过国家财政拨款、企业和个人缴费、社会捐赠、发行彩票或其他渠道筹集的以养老为目的而积累的社会消费基金。按照我国目前的养老保障制度体系和法律法规，它主要包括全国社会保障基金、基本养老保险基金（城镇职工基本养老保险基金和城乡居民基本养老保险基金）、企业年金基金和职业年金基金、个人商业养老保险基金等。养老基金的根本属性完全取决于资金来源和权益归属（如图 3 - 1 所示），且不同类别养老基金的风险容忍度和风险承受能力存在较大差异。一般而言，全国社会保障基金作为国家针对养老保障制度而专门建立的战略储备基金，积累期较长且没有短期给付压力，风险承受能力较高，完全适宜市场化投资运作。在基本养老保险基金中，统筹账户基金采取现收现付的筹资机制，几乎不存在投资运作的问题。而个人账户基金由参保人个人缴费（城镇职工）或与政府补贴相结合（城乡居民），采取完全积累的筹资机制。鉴于我国基本养老保险个人账户制度建立较晚和违规运作，目前空账规模大、积累规模小。随着制度覆盖面的扩大，未来个人账户的养老基金规模具有较大的增长空间。但由于它处在整个养老保障制度体系的第一层次，其安全有效运营才符合全体国民的根本利益，投资成败可能影响到社会稳定，因而风险容忍度相对较低。企业年金和职业年金基金作为第二层次的补充养老保险基金，均采取完全积累的筹资机制和市场化集中投资，且暂未设定个人投资选择权，其风险承受能力相对较高。此外，个人商业养老保险基金完全是由个人自愿缴费，自主选择投资管理机构和投资组合，风险承受能力因个人财富、收入状况和风险偏好而存在较大差异。在探讨养老基金投资基础设施的过程中，重点应该是具有积累性且规模庞大的长期养老资产，即全国社会保障基金、基本养老保险个人账户基金、企业年金基金和职业年金基金，它们将是资本市场中极为重要的机构投资者。

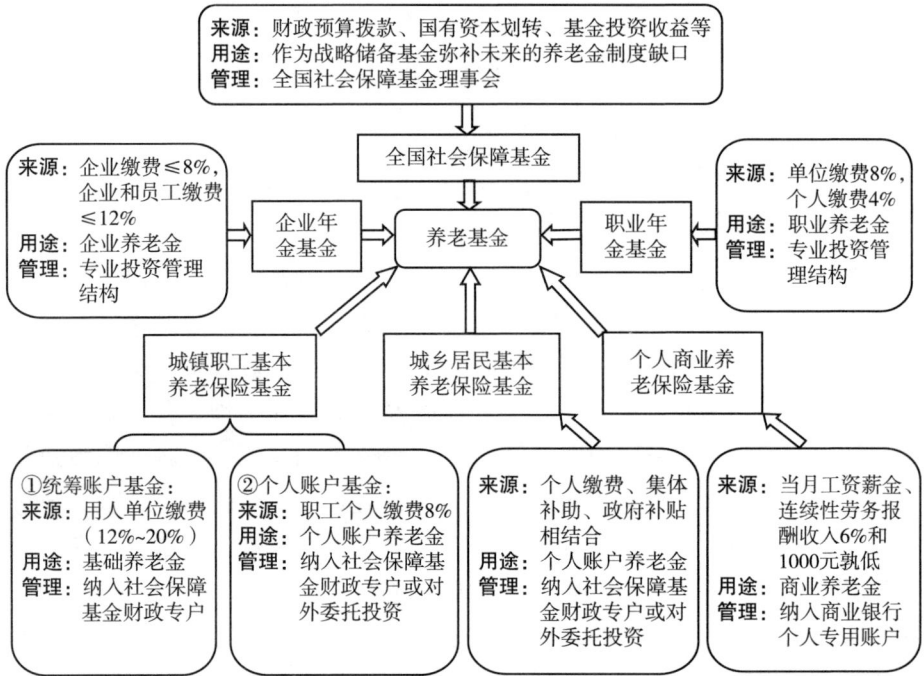

图3-1 我国养老保险基金的结构

资料来源：根据相关理论和学者研究整理绘制。

（二）养老基金的特征

通常情况下，DC型养老保障制度的参保人会根据制度规定持续供款，从第一次缴费到第一次领取养老金的整个资产积累期将长达25～40年，从而形成巨额的长期资本。同时，作为老年收入保障的主要来源，养老基金对安全性和流动性的要求高于收益性。在积累阶段，应高度重视保值增值，以获得稳定的"风险调整后投资收益"为基本目标，在投资风险可接受和可管控的前提下，尽可能多地获得长期投资收益。而在给付阶段，应当重视"长寿风险管理"，采用年金化的给付方式，对因人口预期寿命延长而导致养老基金财务资源枯竭的债务风险进行有效管理。

由此可见，养老基金的基本属性体现在：（1）增值性。养老基金作为长期资本，一方面天然具有逐利性，另一方面就是保值增值的制度要求。长期资产的积累必须能够对抗通货膨胀和其他影响实际购买力的因素所导致的贬值风险。通过获取较高的投资收益，还可降低养老金计划的缴费率、缓解人口预期寿命延长带来的长寿风险、提高退休者的养老金替代率水平。（2）优先性。在制度全覆盖的情况下，养老基金作为共同资产，其投资收益的提高将惠及全体国民，基金投资必须放在整个经济大环境中去考虑，结合宏观经济政策制定政府和基金双赢的策略。尤其是在实业投资方面，国家在投资政策和项目方面应给予特殊优惠政策，并创造条件为养老基金投资提供好的项目、开拓新的领域。例如，提供风险小、收益稳定的优质基础设施投资项目，使得养老基金的投资可以将社会性、公益性和优先性相结合。既考虑经济效益又考虑社会效益，在追求投资收益的同时增进社会福利，促使养老基金的投资形成良性循环。（3）税惠性。在国际上，政府针对养老保障制度的缴费、投资和给付三个环节，通常采用 EET、TEE、EEE 三种税收优惠模式（E 代表免税、T 代表征税）。对于 DC 型养老保障制度而言，主要实行的是 EET 模式，即企业和员工的养老金缴费可以税前扣除，并减免投资收益所得税，而只对养老金领取额征收个人所得税。一方面鼓励企业和员工向养老金计划供款，另一方面改变投资组合策略的相对收益率水平。更重要的是，它具有延迟纳税的功能，受益人面临的政治风险相对 TEE 较小，而且退休时由于个人的边际所得税的税率较低，受益人可以获得更多的税收优惠。

三、基础设施的定义及其特征

（一）基础设施的定义

基础设施（infrastructure）最早源于拉丁文的 infra 和 structure，比喻事物发展的起点或根本，因此它又被称为社会先行资本、社会基础资本、社会间接资本等，该概念在 20 世纪 40 年代初被北约组织在研究一国的军事能力时首次使用。在美国传统字典里，基础设施是社区和社会运作所必需的基本服务和设施，比如交通和通信系统、供水和供电系统、学校、邮局、监狱等公共机构。但被经济学者们广泛接受的是 1994 年世界银行发展报告中的分类方法，将基础设施分为经济基础设施和社会基础设施两大类。其中，经济基础设施是直接提高生产效率、深化劳动分工、促进社会化大生产的物质与技术手段。它主要包括：运输（如收费公路、机场、港口、隧道、桥梁、地铁、铁路系统）、公用事业（如供水、污水处理系统、能源分配网、发电厂、管道）、通信（如电视/电话发射塔、卫星、有线电视网）、可再生能源等。社会基础设施则是指向社会提供无形产品或服务的部门。它主要包括：文化教育、医疗卫生、社会福利等设施。然而，无人驾驶技术、无人机技术、增强现实技术、3D 打印技术等日新月异的科学技术正迅速地改变着传统基础设施行业的范围和格局，改变着基础设施项目建设和运营的商业模式。2018 年 12 月 19 日，我国中央经济工作会议重新定义了基础设施，把 5G、人工智能、工业互联网、物联网等定义为"新型基础设施"。

另一种分类方法是根据基础设施投资的生命周期阶段，将其分为早期阶段、成长阶段和成熟阶段。首先，早期阶段即投资于新的道路、桥梁、隧道修建，或没有建立起值得信赖的需求模式的基础设施建设项目等。面对的投资风险较高，但因其具有较大的增长潜力，投资回报也较高。其次，成长阶段一般投资于现有基础设施的扩建或私有化。由于已经知道过去的经营业绩，可以对其未来的长期收益率做出更好的估计。最后，成熟阶段主要投资于已经被认为是成熟的基础设施资产，其收入来源于现有的收费公路、机场、公共设施或其他建立得很完善的设施。

由于养老基金和其他的机构投资者主要根据风险收益特点，考察基础设施投资能否产生合理的预期现金流进行区分。因此，比较适用的是根据基础设施是否具有有偿经营特性进行分类（如表 3 - 2 所示），主要包括以下三种：（1）公益性基础设施。例如，城镇绿化、公共安全、公共教育等无收费机制和资金流入的项目，这些是市场失灵而政府有效的项目，目的是获得社会效益，投资只能由代表公共利益的政府来承担。（2）准经营性基础设施。例如，公共交通、高等教育、新型能源、医疗卫生等有收费机制和现金流入的项目，由于附带部分公益性，政策对价格的限制使得现金流入无法达到预期利润目标，导致市场机制不能充分发挥作用，要通过政府进行适当贴息或政策优惠以维持运营。（3）经营性基础设施。例如，收费公路、桥梁、隧道、机场、主题公园等可以完全通过市场定价，且投资人可获得预期利润和价值增值的项目。当然，这些基础设施项目的分类标准并不是固定不变的，根据经济社会发展和政策条件变化，三者可以互相转化。

表 3 - 2   按经营特性分类的基础设施

类别	项目特征	投资体制	投资方式
公益性基础设施	全社会共同消费，无可经营性	政府主导，各级政府共同合理分担的公共财政体制	政府财政拨款，招投标代建制，管理合同代建制等
准经营性基础设施	可经营性低，收费不足以收回全部成本	政府与社会力量合作的混合型体制	管理合同，服务承包合同，经营业绩协议，租赁，特许经营
经营性基础设施	可经营性高，竞争潜力大，收费合理，可实现盈利	企业主导，市场化运作的产业化体制	租赁，特许经营，股份化，PPP，存量资产经营权或产权转让

资料来源：根据相关理论和学者研究整理绘制。

（二）基础设施的特征

基础设施作为一种具有全部或部分公共产品性质的特殊商品，具有区别于其他商品的明显特征。例如，从项目工程角度看，基础设施投资具有投资规模大、建设周期长、资产变现能力差、年度收入分布不均且时滞效应明显等特征。具体而言，其公共经济特征包括：（1）自然垄断性。因为基础设施投资受政治因素和资金需求规模的影响，存在很高的市场进入门槛，形成了行业自然垄断，这在具有网络特性且难以重复建设的基础设施项目（如供电、供水、电信、铁路等）中体现得更为明显。（2）规模经济。基础设施是紧密联系的有机整体，同时其高额的初始固定成本和相对较低的可变运营成本，要求供给者只有在达到一定规模是才会产生经济效益。（3）需求弹性低。因为基础设施的共同特征就是提供与人们日常生活和社会正常运转密切相关的公共产品，在很大程度上独立于经济周期或宏观经济表现，具有刚性需求特征。再考虑到政府的价格管制措施，也不易受价格波动的影响，其需求基本是可预测的。（4）正外部性。基础设施建设具有较强的"网络辐射效应"和"空间溢出效应"，不仅能带动周边地区的经济发展，还能促进要素流动、增强环境治理、减少青年贫困、改善机会不平等，产生良好的环境效益和社会效益，提高整体社会福利。（5）时滞性。因为邮电通信、能源供给、交通运输、环境卫生等基础设施产业投资形成的生产和服务能力发挥效益的时间不同，各产业之间的协同作用将使其时滞问题更为复杂。

但金融行业在进行投资分析时，除了考察其公共经济特征，更看重因自然垄断、价格管制、特许经营等导致的有限市场竞争及其风险收益特点。因此，从金融视角来看，基础设施的投资特征（如表 3 - 3 所示）主要包括：（1）产生长期、稳定、可预期的现金流。由于基础设施资产的服务寿命往往在 50 年以上，低弹性需求使得投资收益安全、可靠，且对股市和商业的波动不敏感。（2）与其他大类资产的相关性较低，有助于分散非系统性金融风险，实现投资组合的多元化配置。（3）能够抵御通货膨胀。特别是由使用者付费的基础设施产品和服务，项目收入往往与 GDP 增长关联或盯住消费价格指数（CPI），如收费道路、公用事业设施等。（4）存在政府规制。如果项目符合国家宏观经济政策或发展战略，可以享受政府的政策支持和税收优惠，且合同违约率相对较低。

表 3 - 3 基础设施投资的特征

特征	优势	劣势
投资周期长	基础设施的授权期限多在 25～99 年之间，且绝大多数基础设施资产拥有长期、稳定的现金流	不是所有类型的基础设施都适合资产负债久期匹配模型
与通货膨胀相关	提供产品和服务的无弹性需求模式；收益与通货膨胀明确相关	某些资产仅根据通货膨胀进行部分调整；与通胀相连的现金流入可能有实质性的滞后
收益的多样化	使用者收费；国家配套资金补贴；资产的价值增值	非流动性；资本集中和资产折旧；竞标和达成交易的费用和成本较高
垄断的市场结构	可预期的现金流；有限的经营风险；较高的信用等级降低了借款成本	政治风险；监管和优惠政策的不确定；建造风险等

资料来源：根据相关理论和学者研究整理而得。

第二节　基础设施投资与现有投资工具的比较

一、固定收益类资产投资工具

固定收益率类资产投资工具是投资人可以在特定的时间内取得固定的收

益并预先知道所获得收益的数量和时间，主要包括银行存款、国债、金融债、企业债、资产抵押证券、货币基金和债券基金等。其中：（1）银行存款包括定期存款、协议存款、大额存单等，投资风险最低，流动性极强，依靠其利息收入通常无法达到养老基金保值增值的目的，主要是作为短期投资工具满足流动性需要。（2）国债是以国家信用为基础，按照债的一般原则，为筹集财政资金而发行的一种政府债券。通常按照其偿还期限，分为不超过1年的短期国债、2~10年的中期国债和10年期以上的长期国债。由国家财政信誉做担保，它具有安全性最高、流动性强、收益率稳定、免税待遇等特点，是稳健型投资者的首选。（3）金融债是金融机构为筹集信贷资金向社会发行的债权债务凭证，发行主体包括政策性银行和商业银行，以及非银行金融机构等，其平均到期收益率比国债高出20个基点左右。（4）企业债是从事加工、生产、运输、贸易等经济活动的企业发行的债权债务凭证。按有无担保可将其划分为信用债券和担保债券，其收益率在同期限的国债票面利率水平上上浮30%~60%，这主要是由于其信用等级低于国债、平均期限高于国债且利息不免税。由于我国企业债券品种少（以中央企业债券为主）、交易规模小、债券市场不发达，目前很少受到投资者的青睐。（5）资产抵押证券是以现在和未来可预见现金流量支撑的固定回报的投资票据，如住房抵押贷款的资产证券化，其风险较小、收益稳定，但受抵押资产价值的影响较大。（6）货币基金又称"准储蓄产品"，主要投资于债券、央行票据、回购等短期金融产品，其安全性接近银行存款，但收益率却高于同期银行存款，且没有利息税，可以随时赎回。（7）债券基金是专门投资于国债、金融债和企业债的基金，其投资业绩主要受利率风险和信用风险的影响，具有收益稳定和风险较低的特点，但只有在持有期较长的情况下才能获得相当满意的收益。

二、权益类资产投资工具

权益类资产投资工具主要包括普通股票、股票基金和私募基金等。其中：（1）普通股票是股份有限公司签发的一种证明股东持有股份的凭证，其投资收益来源于股票买卖时的资本利得和持股期间的红利收入，它具有高收益和高风险的双重特征。根据发达国家的历史经验来看，股票的投资收益远高于债券的投资收益，而且持有时间越长，股票投资损失的概率越小。（2）股票基金是将 60% 以上的资产投资于股票的基金。按投资策略，可分为价值型基金、成长型基金和平衡型基金。一般来讲其投资风险比股票投资要低，最大的优势在于专家理财、流动性强、组合投资、对冲风险、费用率低等特征。（3）私募股权基金是以非上市公司股权为主要投资对象的基金。根据拟投资企业所处的发展阶段，可分为风险资本、增长资本、收购基金和夹层资本等。而且私募股权基金的合伙人包括普通合伙人和有限合伙人两类，有限合伙人不承担管理责任，仅以出资额为限对合伙企业债务承担有限责任，实现了出资和管理的分离、激励与约束并存，主要利润来源于投资企业绩效的改善。它具有专业化管理、出资和转让灵活、投资效率高、纳税环节少和利润分配无限制等特点，很受保险资金和养老基金的欢迎。在欧洲，养老基金占到私募股权融资总额的两层以上，而在美国更是占到五层以上的份额。由此可见，权益类投资工具适合风险容忍度较高的投资者。

三、实物类资产投资工具

实物类资产投资工具是指通过投资可以获得与通货膨胀密切相关的实物资产的所有权，如房地产、森林、石油和天然气等，具有投资期限长、流动性差的特点。其中：（1）房地产投资标的多种多样，包括办公地产、零售地产、工业库房、公寓群楼等，投资者可以从大量上市和非上市的投资标的中进行选择。以房地产信托投资基金为例，它不必交税，但必须将 90% 以上的应纳税收入分配给投资者，而且 75% 以上的收入来自房产销售、房贷和租金。从投资风险和收益来看，房地产兼具固定收益和股票投资的特点，其租金收入与债券投资类似，剩余价值与股票投资类似，且对通货膨胀的敏感度高。以中国为例，2000～2017 年间房地产、股市、债市名义年化收益率分别为 7.8%、5.8%、3.4%，扣除通胀后实际年化收益率分别为 5.5%、3.5%、1.2%，股市仅次于房市。[①] 而且房地产项目的估值相对于其他高风险性投资标的更为简单，具有现金流折现、重置成本、可比物业的销售数据等其他资产类别不具备的指标可供参考。（2）森林投资具有产生高投资回报的潜力，

---

① 荀玉根. 中美大类资产的长跑赛股市更强 ［J/OL］. （2018 - 01 - 31）. https：//stock. jrj. com. cn/invest/2018/01/31084924035700. shtml.

其收入来源于自然生长的林木的价值、林地的剩余价值以及林地上的休闲娱乐等。根据美国不动产投资信托委员会发布的森林投资指数（NCREIF）显示，从1987年以来，森林投资的年均现金收益率为6%，与标准普尔500指数的相关度竟为 -0.17。主要原因是林木价值与林木的自然生长密切相关，所以受市场因素的影响较小，能够提供相对于证券市场的分散化投资工具。而且林木是很多终端产品的原材料，其价格充分体现了当时的通货膨胀水平，能够减少非预期通货膨胀影响。（3）石油、天然气、太阳能及风能等能源投资与通货膨胀高度相关，而且能源价格在绝大部分时间与传统证券价格走势呈负相关，为机构投资者提供了极佳的分散非系统性金融风险的投资工具。以石油为例，投资方式包括购买期货合约和收购油气储备，理智的投资者通常会选取后者。因为它一般会产生与股票相当的高预期回报，在过去20年中，若不考虑油价影响，风险低的油气储备创造的无杠杆收益率高达10% ~ 15%（大卫·F. 史文森，2010）。而且专业经验在天然资源的实际运营领域比在大宗商品的金融市场更有用武之地，可以在收购、开发、融资、操作、清算等过程中实现价值创造。但是，投资者必须警惕透明度不高的操作和陷进重重的合约设计。

四、基础设施投资工具

基础设施项目融资主要采用股权融资和债权融资的方式（如图3-2所示）。（1）股权融资又分为上市股权和非上市股权。其中，上市股权类基础设施投资工具包括上市基础设施公司公开发行的股票和上市基础设施项目基金，其特点是预期收益高、流动性强且交易信息公开透明，但与上市股票的相关性高，受资本市场波动影响较大，在分散投资组合风险和抵御通货膨胀方面的能力较弱。而非上市股权类基础设施投资工具则包括直接投资基础设施项目或私募基础设施基金，其特点是价值增长快、预期收益更高且交易成本相对较低。但是所需投资金额较大，要求养老基金内部拥有专业投资团队，具备基础设施在竞标、建造、运营、维护和资产处置等一系列环节的知识和经验。（2）债权融资则根据交易市场的不同，有场内交易和场外交易的区别。场内交易的基础设施投资工具包括直接购买基础设施公司债券或提供信托贷款，而场外的主要是基础设施项目债券和资产担保证券。它们的共同特点是具有持续稳定的现金流，但投资期限长、流动性较低。目前，我国基础设施项目的融资渠道包括政府配置的体制内融资和市场配置的体制外融资。后者主要是以地方政府融资平台公司为载体的政府信用融资，具体包括上市股票、信托贷款、企业债券、私募股权等。从投资者视角来看，要想获得基础设施资产的高收益和低风险，最好的方式就是通过非上市股权类投资工具。但由于数据和信息收集的限制以及专业研究团队的缺乏，通过上市股权投资或债权投资的方式在进入该领域的初期可能更容易操作。

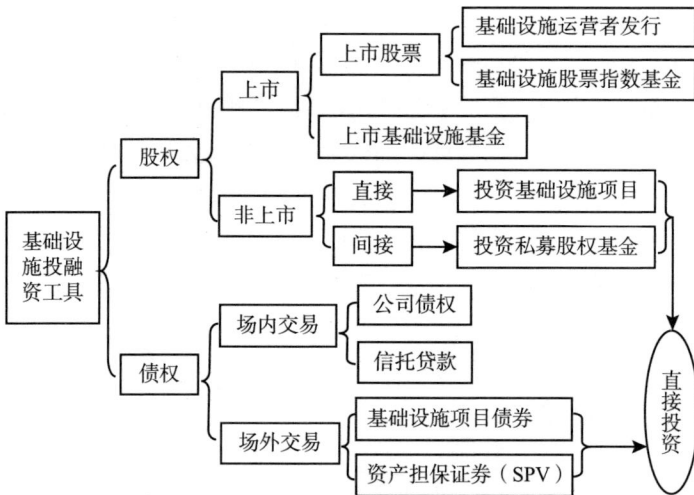

图 3 - 2　基础设施投资的主要融资工具

资料来源：根据相关理论和学者研究整理绘制。

综上所述，基础设施的投融资工具与现有投资工具之间有很高的相似度，但其投资决策过程和预期收益的实现较为复杂，选择不同类型的基础设施项目、不同的投融资方式、不同阶段或时点介入投资项目、不同性质的投资合伙人或项目管理人等都会给养老基金带来具有显著差异的风险收益组合。

五、基础设施与其他投资工具的比较

尽管部分机构投资者已将基础设施列为一个单独的资产类别，但是否有将其作为完全不同于其他资产类别的必要却并未达成共识。首先，支持的一方将基础设施作为实物资产的传统定义，而反对的一方仅将其视为经济中的一个特殊部门。因此，将基础设施公司股票归于普通股票市场、将基础设施债券归于公司债券的传统方法仍然有效，而基础设施基金则归入私募股权。其次，支持的一方基于公共经济和财务特征的视角，论证了基础设施与其他资产的典型区别，尤其是比私募股权的投资期限更长，可以获得更高、更稳定的收益。比房地产的最小投资规模更大，竞争更有限。然而，反对的一方认为这些共性和区别有待彻底的科学审查，即使将其作为一个单独的资产类别，它本身也是非常多样化的，内部的区别有时比与其他资产的区别更大。最后，争论的焦点是其可量化的风险和收益特征。近年来的一些相关性统计数据显示，基础设施附属行业的资产回报率的相关性比与其他资产类别的相关性更高，但全面的研究仍然比较匮乏。那么，养老基金投资时应该如何考虑呢？目前，常见的做法是将上市基础设施资产直接归于传统的股票和债券，把实物类基础设施资产归入房地产。

当然，对于养老基金而言，将其作为单独的资产类别（尤其是直接投资）更有助于获得较高的预期投资回报，分散投资组合风险。我们以自 1990 年 2 季度至 2010 年 2 季度美国 10 种不同资产的月度净收益率为例（如表 3 - 4 所示）。从投资收益率看，基础设施的月平均净收益率仅为 0.27%，只高于现金的 0.13%，但其波动性即标准差却高于现金、中短期政府债券、以及短期公司债券。然而，与直觉恰好相反，小盘股和大盘股并未获得最高的预期回报，明显低于长期政府债券和公司债券 0.51% 和 0.47% 的月平均净收益，这主要受金融危机给股市带来的极端影响所致。但长期政府债券却在同期获得了最高的投资收益，这很可能是近年来利率政策的驱动和资本流入所致。从相关系数看，直接的基础设施投资除与现金的相关度较高外，与其他资产都没有明显的相关性，这也很符合其特征。因为基础设施与现金都提供稳定的现金流，而且传统的基础设施项目为经济发展提供基本的产品和服务，在很大程度上独立于宏观经济周期，这与股票和公司债券刚好相反。因此，它与股票的相关系数均为负，与公司债券的相关系数接近于零，有利于分散投资组合的非系统性风险。

表 3 – 4　1990 年 5 月至 2010 年 7 月美国各类资产的月净收益率比较

项目		政府债券			公司债券			现金	股票		基础设施
		短期	中期	长期	短期	中期	长期		小盘股	大盘股	
收益率（%）	均值	0.29	0.37	0.51	0.32	0.36	0.47	0.13	0.46	0.38	0.27
	最大值	3.05	5.01	10.75	3.46	4.65	14.18	2.34	17.24	14.47	4.21
	最小值	-1.95	-3.97	-12.13	-3.96	-5.26	-10.38	-1.06	-23.52	-15.86	-4.69
	标准差	0.72	1.10	2.74	0.84	1.21	2.55	0.31	5.68	4.53	1.20
相关系数	政府债券 短期	1.00	0.97	0.77	0.84	0.83	0.66	0.48	-0.15	-0.03	0.06
	政府债券 中期		1.00	0.86	0.84	0.87	0.75	0.34	-0.12	-0.01	0.04
	政府债券 长期			1.00	0.69	0.78	0.87	0.13	0.08	0.08	0.04
	公司债券 短期				1.00	0.98	0.79	0.28	-0.02	0.08	0.02
	公司债券 中期					1.00	0.86	0.18	0.02	0.12	0.01
	公司债券 长期						1.00	0.07	0.15	0.21	0.01
	现金							1.00	-0.18	-0.07	0.22
	股票 小盘股								1.00	0.79	-0.02
	股票 大盘股									1.00	-0.05
	基础设施										1.00

资料来源：Dechant T, Finkenzeller K. Infrastructure Investments in a Multi-Asset Portfolio—A Drawdown Risk Perspective ［J/OL］. 2011. pp: 29. Electronic copy available at: http://ssrn.com/abstract = 1992405。

　　或许美国的数据并不足以让人信服，因为美国基础设施资产的私有化进程远晚于欧洲、加拿大和澳大利亚。彭和纽威尔（Peng & Newell，2007）对澳大利亚 16 个上市基础设施公司、16 只上市基础设施基金和 19 只非上市基础设施基金在 2006 年前十年的风险调整业绩进行了比较。从年均收益率看，上市的基础设施投资收益率为 22.4%，而非上市的为 14.1%，均战胜了同期的债券收益率（7.2%）和股票收益率（12.9%）。在收益波动性方面，非上市基础设施投资的波动性为 5.8%，高于债券的 4.3%，但远低于上市基础设施投资的 16% 和股票的 11%。在资产相关性方面，非上市基础设施投资与股票和债券的相关系数仅为 0.06 和 0.17，而上市基础设施则相对较高，分别为 0.21 和 0.38，同时上市与非上市基础设施的相关系数高达 0.36。这为养老基金直接投资基础设施提供了有力的数据支撑，但实践的投资决策过程中必须立足各国具体的经济、政治、社会、文化等制度环境。

第三节 "一带一路"背景下养老基金
投资基础设施的必要性

一、提升养老保障制度的财务可持续性

在人口老龄化、高龄化背景下，养老保障制度始终把可持续作为首要命题，它包括制度的可持续和财务的可持续。针对中国养老保障制度的发展现状，其可持续性主要面临中国养老保障制度可持续能力弱和中国养老基金保值增值的压力大这两大挑战。

（一）中国养老保障制度可持续能力弱

根据美世咨询公司发布的研究报告《2018 年墨尔本美世全球养老金指数》显示，2018 年中国养老金指数总体评分为 46.2 分，较 2017 年下降了0.3 分，与全球均值（60.9 分）之间仍有一定差距。在养老金充足性指数方面，我国已进入 C 级，2018 年得分为 53.4 分，已接近"平均值"61.1 分，几乎与日本比肩。但与 2009 年相比，却下降了 14 分，是降幅最大的国家，未来是否将进一步下降引发了人们对退休安全的担忧（如表 3-5 所示）。在养老金可持续性指数方面，2018 年中国的得分仅为 38.0 分，远低于全球均值（52.5 分）。而且随着中国人口结构快速老化和人口红利的逐渐消失，如果不进行多层次养老金制度的结构调整和养老基金的市场化投资运营，中国养老金制度的可持续性很可能逐步恶化。从全球趋势看，养老金可持续性指数得分已从 2009 年的 58.1 分下降到 2018 年的 52.5 分，而中国则从 38.5 分下降到 38.0 分。虽然整体降幅不大，但鉴于中国养老金制度全覆盖的实现和养老基金积累规模的日益扩大，迫使我们不得不具有忧患意识，用更加谨慎的态度审视中国养老保障制度体系的可持续性。它不仅关系到全体国民的切身利益和养老金制度的成败，更影响政府的社会公信力，甚至威胁到经济的

长期健康稳定增长。尽管 2010 年出台的《社会保险法》确立了"广覆盖、保基本、多层次、可持续"的基本原则,强调构建多层次养老保障体系,但第二支柱和第三支柱的发展滞后导致国民对基本养老保险制度的期待过高,财政压力有增无减。据人力资源社会保障部统计,从 1998 年以来,国家对养老保障制度的财政补贴逐年增加,2017 年各级财政补贴基本养老保险基金高达 10498 亿元。其中,城镇职工基本养老保险补助资金为 8004 亿元,城乡居民基本养老保险补助资金为 2494 亿元。[①] 虽然从表面上掩盖了大多数省份养老基金当期收支缺口,但该做法从政府的长期财政负担来看却是不可持续的。而且我国基本养老保险制度本身又存在若干难以克服的制度缺陷,如制度参数扭曲、制度激励性差、基金统筹层次低、保值增值能力弱、待遇调整机制不完善等问题。因此,目前除了调整养老保障制度体系的结构和扩大养老保障风险储备基金之外,增强其可持续性的另一关键举措就在于提高养老基金的投资收益。

表 3 – 5   2009 ~ 2018 年墨尔本美世养老金部分指数

国家	充足性指数									
	2009 年	2010 年	2011 年	2012 年	2013 年	2014 年	2015 年	2016 年	2017 年	2018 年
澳大利亚	68.1	68.1	73.6	73.5	75.6	81.2	81.2	76.0	75.3	63.4
加拿大	76.2	75.0	74.1	74.2	72.4	75.0	79.4	68.0	69.9	72.1
智利	48.9	52.1	53.1	50.1	58.6	57.3	62.5	56.5	58.0	59.2
中国	67.4	48.3	48.1	55.7	61.1	62.5	62.7	58.2	54.2	53.4
印度	—	—	37.3	37.4	41.2	37.1	30.0	39.5	39.5	38.7
德国	60.8	64.1	63.5	65.2	69.7	75.7	76.0	70.4	76.5	79.9
日本	39.2	42.2	44.1	46.1	47.9	48.0	48.8	48.5	48.0	54.1
新加坡	51.7	43.7	41.9	42.0	59.0	56.4	55.7	60.8	65.2	64.4
英国	56.6	64.9	67.8	68.1	68.2	69.8	64.2	62.1	58.2	57.8
美国	49.2	54.3	58.7	58.3	56.6	55.5	55.1	56.0	57.0	59.1
平均	60.4	63.1	61.4	62.2	63.5	61.8	61.6	61.2	60.9	61.1

---

① 人力资源社会保障部. 2017 年度人力资源和社会保障事业发展统计公报 [R/OL]. (2018 – 05 – 21). http://www.mohrss.gov.cn/SYrlzyhshbzb/zwgk/szrs/tjgb/201805/W020180521567611022649.pdf.

国家	可持续性指数									
	2009 年	2010 年	2011 年	2012 年	2013 年	2014 年	2015 年	2016 年	2017 年	2018 年
澳大利亚	71.0	71.7	71.4	73.0	73.0	73.0	72.1	74.1	73.0	73.8
加拿大	64.2	56.8	55.8	56.3	57.9	58.6	56.2	58.8	55.4	56.0
智利	54.1	54.7	67.8	67.7	65.6	68.7	65.0	68.4	69.1	73.3
中国	38.5	29.0	30.6	30.5	28.9	33.0	29.8	29.7	38.2	38.0
印度	—	—	39.4	40.7	40.8	40.6	39.9	40.9	43.8	43.8
德国	44.3	42.3	36.4	35.9	36.8	37.6	36.8	35.8	40.9	44.9
日本	34.4	27.9	28.4	28.9	28.9	28.5	26.5	25.4	26.0	32.4
新加坡	68.9	63.6	60.9	54.2	67.5	68.5	65.9	66.0	66.2	69.5
英国	56.4	47.1	50.8	46.5	48.0	52.5	51.3	50.2	49.4	53.4
美国	69.4	59.0	54.4	58.4	57.8	58.5	54.5	55.6	57.1	57.4
平均	58.1	51.9	50.5	52.1	52.8	51.9	49.8	51.7	50.8	52.5

注：美世全球养老金指数覆盖了 34 个主要的国家和地区，超过世界 60% 的人口。它以充足性、可持续性和全面性作为评价养老保险制度的三大核心标准，并按其重要性给出的权重分别为 40%、35% 和 25%。充足性主要考察待遇水平、税收支持、待遇设计等；可持续性主要考察养老基金资产、覆盖面、强制缴费、人口因素和政府债务等；全面性则考察监管和治理的绩效、管理成本、对参保者的保护及法规信息的沟通等。

资料来源：Mercer. Melbourne Mercer Global Pension Index 2009—2018 ［R/OL］. https：//www. mercer. com。

（二）中国养老基金保值增值的压力大

长期以来，我国基本养老保险制度的统筹层次较低，各省市的养老基金结余严重失衡，导致其市场化投资运营迟迟未能放开。在 2015 年国务院出台《基本养老保险基金投资管理办法》之前，我国基本养老保险基金结余除预留 2 个月的支付费用外，只能存入银行或购头国债，导致基本养老保险基金平均收益率只有 2.32%，甚至低于年均 2.50% 的通货膨胀率。这不仅会增加政府未来的财政负担，降低退休人员的养老金替代率和购买力，使国民丧失对养老保障制度的信心而出现拒缴和逃缴现象。况且从我国各类长期资本的投资结果来看，在 2008～2018 年间，全国社会保障基金、企业年金基金和保险资金的年平均收益率分别为 5.78%、4.38% 和 4.81%，均高于同期的通货膨胀率（如表3-6所示）。相比之下，基本养老保险基金改革投资运营模式、提高投资运营效率已经迫在眉睫。从2006年天津市、山西省、吉林省、湖北省等9个省份开始将城镇职工基本养老保险个人账户基金委托给全国社会保障基金理事会投资运营，到2018年上海市、湖北省、重庆市、甘肃省等9个省（区、市）启动城乡居民基本养老保险基金委托投资工作，我国城镇职工养老保险基金委托投资的进度缓慢，委托投资占比还不到累计余额的20%，仍有大量基本养老保险基金存在银行或是购买国债。

表3-6　　　　2008~2018年我国各类长期资本的投资收益比较　　　单位：%

年份	全国社会保障基金	企业年金基金	保险资金	CPI
2008	-6.79	-1.83	1.91	5.90
2009	16.12	7.78	6.41	-0.70
2010	4.23	3.41	4.84	3.30
2011	0.84	-0.78	3.57	5.40
2012	7.01	5.68	3.39	2.70
2013	6.20	3.67	5.04	2.60
2014	11.69	9.30	6.30	2.10
2015	15.19	9.88	5.76	1.40
2016	1.73	3.03	5.66	2.00
2017	9.68	5.00	5.77	1.60
2018	-2.28	3.01	4.30	2.10
平均	5.78	4.38	4.81	2.58

资料来源：根据人力资源社会保障部《全国企业年金基金业务数据摘要》《全国社会保障基金理事会基金年度报告》和中国保监会《2018年中国保险市场年报》等整理而得。

同时，养老保险基金保值增值的风险也在加大。一方面，随着我国老龄化程度的加深和各地全面落实降低社会保险缴费率政策，各省份养老基金积累规模将出现严重的两极分化。地方利益的博弈不仅使得养老基金全国统筹的难度增加，而且影响地方养老基金进行委托投资的积极性。另一方面，我国的资本市场还不够成熟，不仅证券化程度低、市场结构不合理，还存在很多的制度性障碍，出现了所谓的"圈钱市""投机市""政策市"等问题。从历史经验来看，我国资本市场时常处于牛短熊长、暴涨暴跌的怪圈。2018

年，A 股市场出现大幅调整，三大股票指数年线全部收跌。其中，上证指数全年下跌24.59%，深证成指全年下跌34.42%，创业板指全年下跌28.65%。而且2018年我国 A 股市场 IPO 融资仅1378.15亿元，约占社会融资总额的0.7%，与美国8%左右的长期平均水平相差甚远。[①] 由此可见，我国养老基金进入资本市场和实体经济的重要渠道还未真正打开，客观上难以起到分散和对冲投资风险的作用。

二、减少长期通货膨胀对养老金替代率的损耗

自2008年金融危机以来，主要发达国家和发展中国家都采取了积极的财政政策和宽松的货币政策。虽然世界经济已呈现缓慢复苏态势，但是新一轮的量化宽松政策增加了金融市场的货币供给量，尤其是一部分以热钱的形式进入新兴国家资本市场，流动性的增强必然导致全球通货膨胀预期的增加。当全球经济全面步入后金融危机时代之际，对通货膨胀的担忧已成为困扰全球经济复苏的主要因素。据统计，2011年以来中国消费者物价指数（CPI）持续走高，巴西前5个月通胀率累计达3.71%，印度前5个月批发价格平均涨幅为9.25%，已连续17个月超过8%，俄罗斯5月份 CPI 同比上涨9.6%。此外，越南等"新钻国家"也出现较高的通货膨胀率，国际货币基金组织预计越南、印度尼西亚2011年通胀率将高达13.5%和7.1%。同时，在经济复苏乏力的发达国家，通货膨胀也有抬头之势。2011年1月，欧元区通货膨胀水平增长至2.4%，超出欧洲中央银行2%的目标水平。英国在2010年一年内消费者价格指数已经攀升至3.7%，而且美国的通货膨胀水平也有所回升，在2010年年底增长至1.5%。[②] 因此，很多经济学家认为未来十年是通货膨胀的十年，这就对养老基金的保值增值形成了不小的压力。

因为养老基金有长达25~40年的积累期，在此期间通货膨胀在迫使名义工资上升的同时也增加了养老基金的债务规模。如果养老基金的投资收益率不能赶上通货膨胀率，则养老基金处于显性贬值。如果养老基金的投资收益

---

① 今年 A 股行情宣告收官　三大股指年线全部收跌［N/OL］. 上海证券报，（2018 – 12 – 30）. https://stock.gucheng.com/201812/3624060.shtml.

② 全球经济已经全面步入"后危机"时代［EB/OL］. 中国网，（2011 – 02 – 12）. http://www.china.com.cn/international/txt/2011 – 02/12/content_21903355.htm.

率不能赶上工资增长率或经济增长率，则养老基金的名义替代率或实际替代率将受到严重侵蚀。但是从美国和欧盟国家的统计结果看（如表 3 - 7 所示），在 1986 ~ 2012 年的 26 年间，基础设施投资的息税折旧摊销前平均利润率（EBITDA）却低于同期名义 GDP 的平均增长率 0.2 个百分点，高于同期 CPI 的平均增长率 1.4 个百分点。即使在 1991 年和 2001 年的经济衰退期间，基础设施投资的息税折旧摊销前利润率也明显高于名义 GDP 的增长率和通货膨胀率。这表明基础设施投资基本能够保持与经济同步增长，并有效降低养老基金所面临的长期通货膨胀风险。

表 3 - 7　　　　　　**基础设施 EBITDA 与 CPI 和 GDP 增长率的比较**　　　　单位：%

经济衰退期间	基础设施 EBITDA 增长率	CPI	GDP 增长率	
			名义	实际
1990 ~ 1991 年	5.8	4.7	5.4	0.5
2001 年	4.2	2.8	3.9	1.0
2008 ~ 2009 年	- 1.4	0.7	- 2.2	- 1.6
均值（1986 ~ 2012 年）	4.1	2.7	4.3	2.1

注：EBITDA 是息税折旧摊销前利润，CPI 和 GDP 增长率是由美国和 15 个欧盟国家加权平均计算而得。

资料来源：Bahçeci S，Weisdorf M. The Investment Characteristics of OECD Infrastructure：A Cash-Flow Analysis［J］. Rotman International Journal of Pension Management，2014，7（1）：96 - 128。

从我国的实际情况来看，自 2005 年开始，国家连续 15 年按 10% ~ 5% 左右的幅度提高企业退休人员基本养老金水平，月人均养老金已从 2004 年调整前的月均 647 元提高到 2018 年的 2636 元，增长了 3 倍多，最高的北京市已接近 4000 元。这是让退休人员共享改革发展成果的重要政策，也彰显了决策层在保障和改善民生方面的突出贡献，然而普通退休职工对此并没有多大感觉，生活水平也没有显著提升。这主要是我国经济正处在高速发展阶段，长期的通货膨胀使得货币购买力严重下降。而且近十年来城镇居民人均可支配收入的实际增长率（名义增长率 - CPI 增长率）几乎与 GDP 增长率同步，导致养老金替代率已从 2005 年的 57.7% 下降到 2018 年的 42.5%（如表 3 - 8 所示）。不但低于城镇职工基本养老保险制度规定的 58.5% 的目标替代率，甚至低于国际劳工组织在《社会保障最低标准公约》中规定的 55% 的最低替代率，这意味着我国养老金的经济保障功能一直处于不断萎缩状态。按照国际经验，养老金替代率在60%～70%才可维持基本生活水平，若低于50%则生活水平较退休前会大幅下降。就我国目前的基本养老保险制度而言，过低的养老金替代率不仅导致了退休人员的相对贫困，还引发了现有参保人员对制度未来的忧虑和增加预防性储蓄的预期，甚至形成了对政府公信力和基本养老保障制度可靠性的质疑。尽管目前国际上还没有建立养老基金通过直接投资和私募股权基金等方式投资基础设施项目的收益率基准，但英德斯特（Inderst，2009）率先提出了几种不同的投资基准确定方式：绝对投资收益率标准（如9%）；通货膨胀率加风险溢价（如 CPI + 4%）；债券收益率加风险溢价；通胀挂钩债券指数收益率加风险溢价；上市基础设施指数、全球股票指数或者两者的混合等，使其能够很好地抵御通货膨胀和宏观经济波动对养老基金的影响。

表3－8　　　　　　　城镇职工养老金替代率与相关指标的比较

年份	GDP 增长率（%）	CPI 增长率（%）	PCDI 增长率（%）	MAP（元）	APT（%）
2005	9.9	1.6	9.6	713	57.7
2006	10.7	1.5	10.4	826	57.5
2007	11.4	4.5	12.2	940	57.3
2008	9.0	5.6	8.4	1108	55.9
2009	8.7	-0.9	9.8	1234	52.4
2010	10.4	3.2	7.8	1368	51.1
2011	9.2	5.3	8.4	1516	50.3
2012	7.8	2.7	9.6	1721	48.6
2013	7.7	2.6	9.6	1893	48.0
2014	7.4	2.1	9.0	2061	47.0
2015	6.9	1.4	8.2	2251	46.5
2016	6.7	2.0	7.8	2373	45.9
2017	6.8	1.6	8.3	2510	44.6
2018	6.6	2.1	7.8	2636	42.5

注：（1）GDP 是国内生产总值，CPI 是城镇居民消费价格指数，PCDI 是城镇居民人均可支配收入，MAP 是月人均养老金，APT 是月平均养老金替代率。（2）养老金替代率＝月人均养老金/上年度城镇在岗职工的月平均工资。

资料来源：根据国家统计局历年的《中国统计年鉴》和《国民经济与社会发展统计公报》整理而得。

三、实现养老基金和经济增长的同步发展

21 世纪以来，各个国家和地区为应对人口老龄化危机积极扩大养老保障制度的覆盖面，建立健全积累制补充养老保障制度和公共养老储备基金，再加上全球资本市场的快速发展为养老基金带来持续增长的投资收益，从而推动养老基金资产的积累规模不断扩大。根据韬睿惠悦（Towers Watson）发布的《2018 全球养老金资产研究》报告显示，全球十三大主要养老金市场的养老基金总资产规模从 2008 年的 208.06 万亿美元增长到 2018 年的 401.73 万亿美元，年均增长率为 6.4%。从养老金资产所占的市场份额看，美国、英国和日本的相对权重最高，分别为 62.8%、9.3% 和 8.1%，最低的中国香港和爱尔兰都不到 0.4%。从增长速度看，年均增长率最高的是澳大利亚（10.2%）、中国香港（8.5%）和美国（7.7%），而排在倒数三位的日本、法国和巴西的增长率分别为 -0.7%、0.1% 和 2.6%（如表 3-9 所示）。这主要是因为 2008 年金融危机对全球养老基金的沉重打击，使其资产积累规模从 2007 年底的 34.77 万亿美元缩水到 2009 年初的 29.88 万亿美元，总损失大约为 5.5 万亿美元。而且各个国家和地区养老基金在 2008 年前 10 个月的投资业绩更是惨不忍睹，根据国际金融服务机构的数据显示，最糟糕的分别是爱尔兰、美国、加拿大、澳大利亚、日本和英国，其投资收益率分别为 -30%、-22%、-21%、-20%、-18%、-13%。[①] 由于后金融危机时代养老基金资产配置策略的调整和宏观经济的复苏，大部分国家和地区在 2017 年都取得了较高的实际净投资收益率，其中排名前五位的中国香港、美国、澳大利亚、瑞士和爱尔兰分别为 20.2%、7.5%、7.3%、6.4%、6.3%。不仅如此，从近五年（2013~2017 年）的名义平均投资收益率看，几乎所有国家和地区都实现了"由负到正"的华丽转变。例如，在 OECD 国家中，澳大利亚和加拿大的名义投资收益率最高，分别为 9.6% 和 8.1%。而在非 OECD 国家中，马拉维和尼日利亚的名义投资收益率最高，分别为 22.9% 和 11.4%，并且部分非

---

① 熊军. 金融危机对全球养老基金的影响 [J]. 国际金融研究，2010（4）：54-59.

OECD 国家的名义和实际投资收益率均高于 OECD 国家。① 随着 DC 型养老金计划数量和养老储备基金规模的增加，全球养老基金的保值增值压力将与日俱增。

表 3 – 9   全球 13 大养老金市场的规模和收益率比较

国家和地区	总资产（10 亿美元）			总资产占 GDP 比重（%）		净投资收益率（%）		
	2008 年	2018 年	增长率（%）	2008 年	2018 年	2017 年	2013～2017 年（名义）	2013～2017 年（实际）
澳大利亚	710	1866	10.2	67	131	7.3	9.6	7.5
巴西	188	243	2.6	11	13	—	—	—
加拿大	847	1630	6.8	55	94	5.7	8.1	6.5
法国	154	155	0.1	5	6	3.1	—	—
德国	379	557	3.9	10	14	2.1	4	2.9
中国香港	69	156	8.5	31	43	20.2	5.3	2.4
爱尔兰	90	166	6.4	32	45	6.3	8.1	3.3
日本	3318	3081	-0.7	66	61	3.2	—	—
荷兰	852	1517	5.9	89	167	4.5	7.1	6.9
南非	141	213	4.5	49	56	—	—	—
瑞士	509	893	5.8	92	126	6.4	5.1	4.9
英国	1433	2856	7.1	49	102	—	—	—
美国	11762	24711	7.7	80	120	7.5	5.7	4.2

资料来源：Towers Watson. Global Pension Assets Study 2018 ［R/OL］. https：//www. towerswatson. com/。

实际上，在金融危机导致资本市场和养老金市场严重受挫的同时，各国实体经济的基本面也出现严重恶化，经济增长明显放缓。据国际货币基金组织 2009 年 1 月 28 日发布的《世界经济展望》预测②，2009 年世界经济增长

① OECD. Pension Markets in Focus 2018 ［R/OL］. https：//www. oecd. org/pensions/pensionmar ketsinfocus. htm.

② 东海证券：全球衰退无损国内市场乐观预期［N/OL］. 新浪财经，（2009 – 02 – 02）. http：// finance. sina. com. cn/stock/zzzl/20090202/10202650593. shtml.

率将降至 0.5%，为"二战"以来的最低增速。其中，发达经济体将加剧衰退。2009 年美国经济增速将降至 -1.6%，欧元区 -2%，德国 -2.5%，日本 -2.6%，英国 -2.8%，总体降幅将达 2%。发展中国家经济增速也将从 2008 年的 6.3% 大幅回落到 2009 年的 3.3%。而且亚洲经济将遭遇全球金融危机更直接的打击，平均增速将回落到 2.7%。另外，主要新兴经济体也将急剧减速，预测"金砖四国"——中国、印度、俄罗斯、巴西的经济增长速度将分别为 6.7%、5.1%、-0.7%、1.8%，与 2008 年相比大幅下滑。为促进经济增长，"再工业化""再实体化"的发展模式受到高度重视，尤其是投资能够提供生产力的基础设施项目。它有利于推动经济结构调整和发展方式转变，拉动投资和消费增长，扩大就业，促进节能减排。

然而，由于公共预算有限、银行缺乏放贷能力及其面临更加严格的管制，各国纷纷呼吁以养老基金为首的长期资本进入基础设施领域。比如，英国财政部在 2011 年表示将推出一个 300 亿英镑的项目为修筑公路、铁路以及基础设施提供融资，其中 200 亿英镑将来自养老金，并与英国养老基金联合会以及养老金保护协会共同签署了一项协议以使养老金投资更多用于基础设施。① 2013 年，时任美国总统奥巴马也表示基础设施对吸引投资和振兴美国经济至关重要，并鼓励国内外养老基金参与美国地方的基础设施建设。日本政府也允许养老基金投资基础设施，并敦促政府养老基金在 2015 年 4 月前增加在日本和海外的基础设施建设融资。② 在此情况下，各国养老基金也纷纷响应政府的号召，增加在基础设施建设方面的投资比例。例如，英国全国养老金基金协会表示从 2013 年 3 月 6 日起，将地方政府养老基金投资基础设施建设的比例由 15% 提高至 30%。美国最大的公共养老金基金——加利福尼亚州公务员退休基金（CalPERS）进行的基础设施投资也从 2009 年的 1 亿美元增至 2011 年的 7 亿美元。③ 2017 年，加拿大养老基金投资公司（CPPIB）总裁兼首席执行官马勤（Mark Machin）表示十分看好"一带一路"沿线国家的基

① 英国将利用养老金投资基础设施［N/OL］. 新浪财经，（2011 - 11 - 28）. http：//finance. sina. com. cn/stock/usstock/c/20111128/202010895085. shtml.

② 全球养老金流入基础设施投资求稳［N/OL］. 日经中文网，（2012 - 05 - 29）. https：//finance. jrj. com. cn/2012/05/29162613302695. shtml.

③ 日本投资 1. 1 万亿美元养老基金加强基础设施建设［N/OL］. 搜狐网，（2015 - 12 - 17）. http：//www. sohu. com/a/49092389_119536.

础设施投资机会。[①] 此外,荷兰、日本、澳大利亚、南非等国的养老基金也进一步增加了在机场、铁路、港口、电力和新型能源等基础设施领域的投资。

第四节 "一带一路"背景下养老基金投资基础设施的可行性

一、养老基金与基础设施投资特征的匹配度高

从养老基金和基础设施的基本属性来看,它们都具有准公共产品的性质,表明政府在其发展和完善过程中具有不可推卸的责任。两者的投资特征高度匹配(如图3-3所示),主要体现在:(1)政策性。各国政府一般都对养老基金投资范围、投资策略、投资比例、决策程序、信息披露、损失补偿等一系列内容进行限制,通过有效监管以确保其投资的规范性和安全性。而基础设施从发展规划、资金来源、建造资格等都具有高度垄断性,充分体现政府的政治意图和政策导向。(2)长期性。养老基金一般具有25~40年的积累期,而基础设施的生命周期约为20~99年不等,两者较长的投资期限有利于养老基金实现资产负债的合理匹配。若养老基金注重长期价值增值而非短期交易获利,选择投资基础设施既可有效规避经济周期和资本市场短期波动风险,又能减少频繁的波段操作、降低交易费用、提高投资收益。(3)安全性。基础设施所提供的产品和服务都具有无弹性需求的特征,在其正常营运阶段可以产生稳定的可预期现金流,从而确保养老基金的本金安全和资产运用安全。(4)优先性。养老基金和基础设施几乎关系到全体国民的福祉,在政府的宏观经济战略和发展决策中通常被优先考虑,这就给予养老基金投资基础设施更多的话语权。(5)税惠性。国际上通常对养老金制度实行EET的税收政策,以鼓励参保人增加制度缴费。而基础设施尤其是国家重点扶持的

---

① 加拿大养老基金投资公司首席执行官马勤:看好"一带一路"前景 将显著增加在华投资规模[N/OL]. 21世纪经济报道,(2017-11-28). http://www.sohu.com/a/207027780_115443.

一些公共基础设施项目，政府也大力推行企业所得税和营业税的减免优惠。若养老基金投资基础设施，将可在多个层面获得税收优惠，间接提高其投资回报。（6）规模性。随着 DC 型养老金制度的兴起，养老基金的资产积累规模将迅速增加，而基础设施项目投资前期的巨额沉淀成本也提高了投资门槛。因此，养老基金投资基础设施对各自都有明显的规模经济效应。（7）外部性。养老基金投资基础设施在获取较高投资收益的同时，也产生了巨大的正外部性。良好的基础设施系统不仅帮助企业减少了大量生产和交易成本，而且提高了国民的生存环境和生活质量，增进了全民福祉。

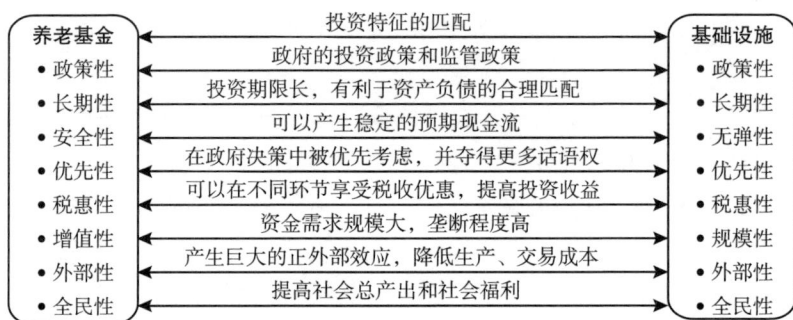

图 3 - 3　养老基金与基础设施投资特征的匹配

二、养老基金与基础设施的资金供求吻合度高

从资金需求角度看，2008 年金融危机导致全球经济增长持续乏力、贸易和投资增速大幅放缓，各国纷纷通过加快基础设施建设和改造以提振内需，并通过基础设施互联互通加快开拓新市场。因此，全球步入新的基础设施建设增长期。在 2008 ~ 2018 年间，有关全球基础设施投资需求和基础设施资金缺口的量化研究层出不穷。2013 年，麦肯锡全球研究所发布研究报告基于历史基础设施支出、基础设施存量在 GDP 中的比重和外部评估三种不同的预测方法，按 2010 年的价格预测发现，为保持 3.8% 的全球经济增长率，2013 ~ 2030 年全球基础设施投资需求在 57 万亿 ~ 67 万亿美元之间，这规模相对于1995 ~ 2012 年间的 36 万亿美元的实际支出几乎增加了 60%。其中，公路、铁路、港口、机场、能源、水利、电信的投资需求分别为 16.6 万亿美元、

4.5 万亿美元、0.7 万亿美元、2.0 万亿美元、12.2 万亿美元、11.7 万亿美元和 9.5 万亿美元。① 2014 年，亚洲基础设施投资银行的测算发现，2015～2030 年亚洲新的基础设施需求将达到 38 万亿美元，平均每年的资金缺口在 1.4 万亿美元。2017 年，二十国集团全球基础设施中心也发布了预测数据，认为到 2040 年全球基建项目投资需求将增至 94 万亿美元，而全球各类基建投资缺口总额将达 15 万亿美元，相当于基建投资总需求的 16%。② 由此可见，尽管由于基础设施定义、度量方法、参数假设、研究范围等不同导致研究结论存在较大差异，但最终的基本共识就是全球基础设施投资的资金需求巨大。要满足这些投资需求，一方面将增加政府的财政压力，另一方面则不得不吸引社会资本参与。因为金融危机使得银行业的贷款能力下降，而《巴塞尔协议Ⅲ》的出台使得贷款限制增强，这就为保险资金和养老基金等长期资本创造了良好的投资机会。

从资金供给角度看，随着越来越多的国家实施 DC 型养老金制度，全球养老基金的积累规模大幅增加，为基础设施投资提供了潜在资金来源。据统计，OECD 国家养老基金总规模已从 2012 年的 21.8 万亿美元增加到 2018 年的 27.6 万亿美元，累计增幅高达 26.6%。而我国养老基金总规模则从 2012 年的 4.2 万亿元增加到 2018 年的 10.1 万亿元，累计增幅高达 140.5%。其中，增幅最快的是职业年金基金。截至 2018 年底，职业年金基金总额仅有 4900 亿元，但截至 2019 年 5 月底时，职业年金基金的累计结余约为 6100 亿元，中国社科院预计未来职业年金每年还将带来约 1000 亿～1500 亿元固定缴费。随后，增幅较大的依次是城乡居民基本养老保险基金、企业年金基金、城镇职工基本养老保险基金和全国社会保障基金（如表 3-10 所示）。由于受投资政策的限制，基本养老保险基金和职业年金基金在市场化投资方面起步较晚。截至 2019 年 9 月底，18 个省（区、市）政府已与全国社会保障基金理事会签署基本养老保险基金委托投资合同，合同总金额达 9660 亿元，其

---

① 麦肯锡. 基础设施产出：如何每年节约 1 万亿美元［N/OL］. 财经网，（2013-01-30）. http：//news. hexun. com/2013-01-30/150768724. html.

② 全球基建资金缺口每年约 1 万亿美元　中国机遇初现［N/OL］. 中国经营报，（2019-06-15）. https：//finance. sina. com. cn/roll/2019-06-15/doc-ihvhiews8970509. shtml.

中 7992 亿元资金已经到账并开始投资。[①] 然而，整个基本养老保险基金的委托投资运营规模不到 20%，且已经到账的基本养老保险基金占沪深股市总市值的依然规模较小。2019 年 2 月 27 日，中央国家机关及所属事业单位（壹号）职业年金计划第一笔缴费划入中国人寿养老保险股份有限公司担任受托人的壹号计划受托财产账户，标志着酝酿多年的职业年金市场化投资运营正式起航。[②] 由此可见，未来我国养老基金的入市规模依然有较大提升空间。

表 3 - 10   2012 ~ 2018 年我国养老基金的积累情况

年份	全国社会保障基金		城镇职工基本养老保险基金		城乡居民基本养老保险基金		企业年金基金	
	总额（亿元）	增长率（%）	总额（亿元）	增长率（%）	总额（亿元）	增长率（%）	总额（亿元）	增长率（%）
2012	11060	—	23941	—	2302	—	4821	—
2013	12416	12. 26	28269	18. 08	3006	30. 58	6035	25. 18
2014	15356	23. 68	31800	12. 49	3845	27. 91	7689	27. 41
2015	19138	24. 63	35345	11. 15	4592	19. 43	9526	23. 89
2016	20423	6. 71	38580	9. 15	5385	17. 27	11075	16. 26
2017	22231	8. 85	43885	13. 75	6318	17. 33	12880	16. 30
2018	22354	0. 55	50901	15. 99	7250	14. 75	14770	14. 67

资料来源：根据历年《人力资源和社会保障事业发展统计公报》和《全国社会保障基金理事会年报》整理而得。

三、基础设施投融资市场的开放度和成熟度提高

自 20 世纪 80 年代初，各国经济的迅速发展使得城市基础设施功能落后和供给不足的问题日益突显。为解决政府财政负担、提高基础设施的供给效率和服务质量，英国（1979 年）、美国（1981 年）、法国（1986 年）等许多

---

① 人社部：18 省份签署养老金委托投资合同 7992 亿元已到账并开始投资 ［N/OL］. 中国网，（2019 - 10 - 21）. https：//news. sina. com. cn/o/2019 - 10 - 21/doc - iicezuev3683095. shtml.

② 职业年金首笔资金到账 市场化投资正式起航 ［N/OL］. 中国证券网，（2019 - 02 - 28）. http：//finance. eastmoney. com/a/201902281056098288. html.

国家开始在基础设施领域进行私有化改革，比如让私营部门的企业或个人购买部分公营事业股权。虽然基础设施私有化降低了生产和经营费用、提高了服务质量，但它也存在不能兼顾公平与效率的问题等许多弊端，于是又开始了基础设施投融资体制和机制的市场化探索。在基础设施项目的投融资、建造、运营的各环节引入市场竞争机制，借助社会力量实现投资运营主体的多元化。一方面，放宽基础设施投资主体的限制，允许国内外各类投资者通过特许经营、参股、独资、合资、联营等方式参与基础设施的建设和运营。另一方面，创新基础设施投资渠道，除传统的 BT、BOT、TOT 等项目融资模式外，还引入了公私合作模式（PPP）、信托与债券模式、私人主动融资模式（PFI）、合伙模式、夹层资本模式、产业基金模式等。目前，各国对这些创新模式的认识和利用仍处在不同的阶段，以发展时间较长的公私合作模式为例，政治环境、地形条件、资本市场等因素都影响公私合作模式的形成和创新。2013 年，德勤全球基础设施业务中心根据公私合作模式的复杂程度和私人资本的活跃程度高低，将其成熟度分为三个阶段（如图 3 - 4 所示）。其中，许多国家仍处于第一个发展阶段，如中国、印度、南非、墨西哥等。它主要涉及制定公私合作政策和法律框架，规范有关合同和鼓励私营部门竞标。这些国家的 PPP 模式虽然还有很不成熟，却可以从早期开拓者的经验教训中获益，比如在学校、医院、防御设施等方面向英国学习，交通方面向澳大利亚和爱尔兰学习，社会住房和城市重建方面向荷兰学习。而处于第二发展阶段的国家主要包括美国、德国、日本，荷兰等，这些国家将 PPP 模式应用到了多个基础设施部门，并采用更为复杂的混合 PPP 模式来满足不同基础设施部门的独特需求。在第三发展阶段，主要以更成熟的资本市场、更完善的基础设施服务体系、更强大的政府管理能力和 PPP 创新模式的发展为基本特征，目前只有澳大利亚和英国等少部分国家到达这一阶段。

2018 年 4 月，世界银行在其发布的《政府和社会资本合作（PPP）基础设施采购报告》中，对全球 135 个经济体从 PPP 项目准备、项目采购、合同管理和社会资本发起项目等四方面进行了打分评估，发现在监管框架方面，70% 的经济体对 PPP 进行了单独立法；在机构设置方面，81% 的经济体成立了专门的 PPP 机构（例如 PPP 中心）；在项目准备方面，89% 的经济体要求对 PPP 项目进行财政承受能力论证，80% 的经济体要求对 PPP 项目进行物有所值评价；在合同管理方面，57% 的经济体主要通过法律，43% 的经济体主要

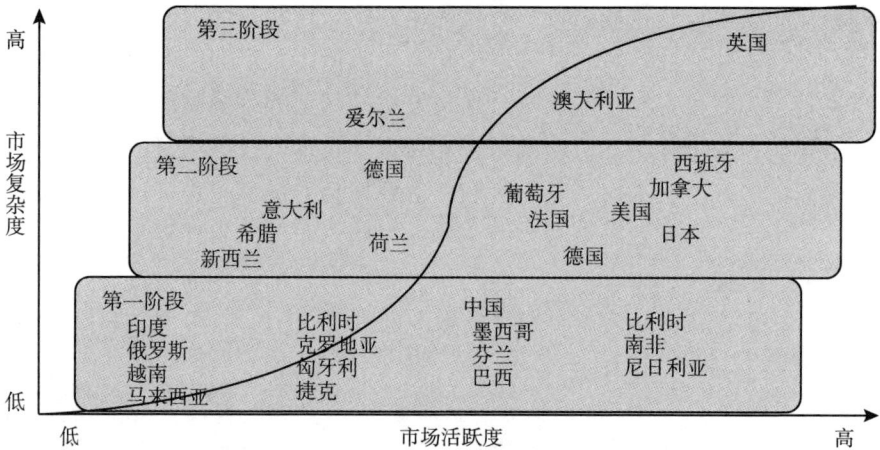

图3-4　各国公私合作模式的市场成熟度曲线

资料来源：Deloitte. Funding the Infrastructure Investment Gap ［R/OL］. An analysis by Deloitte Touche Tohmatsu India Private Limited, March 2013. www. deloitte. com/in。

通过合同条款实施监管。同时，57%的经济体允许社会资本发起PPP项目，33%的经济体通过法规或在实质上禁止，而10%的经济体未对此进行监管。[①]总体而言，虽然国情不同导致各国的具体政策差异较大，但已有越来越多的国家和地区采用PPP模式开展基础设施项目，PPP政策法规和制度体系建设也日趋完善，信息公开制度为私人资本投资营造了良好的政策环境和市场环境。

对于新兴市场和发展中经济体而言，私人资本参与基础设施项目投融资的意愿和规模也是空前高涨。根据世界银行PPI（Private Participation Infrastructure）数据库统计，2019年上半年，175个基础设施项目的私人投资为498亿美元，比2018年上半年的项目总数和投资总额分别增长了3%和14%，而且2019年上半年的投资水平也高于过去5年同期的平均水平（422亿美元）。从项目规模来看，2019年上半年的平均项目规模高于2018年全年的平均项目规模，项目规模中位数为1.39亿美元，是2018年同期的1.4倍。从地域分布来看，东亚和太平洋地区的PPI项目总投资为200亿美元，占全球

---

① 世界银行：中国PPP制度与实践处于全球中上水平［N/OL］. 搜狐网，(2018-07-31). http：//www.sohu.com/a/244432627_480400.

总投资的近40%，是同期投资水平最高的地区。从各国排名来看，2019年上半年PPI投资水平最高的5个国家分别是：中国，60个项目投资168亿美元；巴西，12个项目投资119亿美元；印度，24个项目投资47亿美元；俄罗斯，7个项目投资26亿美元；菲律宾，5个项目投资18亿美元。此外，从融资结构来看，37%是股权融资，63%是债务融资。其中，私人部门融资占76%，比2018年增加12个百分点；公共资金占11%，比2018年减少6个百分点；多边和双边国际机构融资占13%，比2018年减少4个百分点。[①] 由此可见，随着PPI项目的资金来源结构日趋优化，私人资本扮演着越来越重要的角色。

四、后金融危机时代养老基金更注重ESG投资理念

在后金融危机时代，全球经济和金融市场发展逐步呈现出两大趋势：一是全球经济增长的活力和动力由发达国家转向以"金砖国家"为代表的一批新兴市场国家。二是国际金融和资本市场监管更加严格，尤其是2010年《巴塞尔协议Ⅲ》的出台使得风险监管领域更加广泛、监管手段日趋完善。追求长期价值增长、兼顾经济和社会效益的社会责任投资理念在资产管理行业受到越来越多的关注和重视，ESG投资策略和理念已经成为一种主流趋势。根据全球可持续投资联盟发布的报告显示，截至2018年，全球共有30.7万亿美元资产专业的按照可持续投资策略进行管理，相较于2016年增长了34%，约占全球资产管理总量的33%。[②] 同时，ESG投资原则也得到共同基金、养老基金等机构投资者的广泛认可。

（一）ESG内涵界定

作为一种新兴的长期投资理念，ESG中的E（environmental）指公司在环境方面的积极作为，包括符合现有的政策制度、减少污染物排放和资源消耗、关注未来环境影响等。S（social）指平等对待利益相关者、维护公司发展的

---

① World Bank. 2019 Private Participation in Infrastructure Report [R]. 2019. https：//ppi. world-bank. org/en/ppi.

② 可持续发展投资成大势所趋 [N/OL]. 博时基金，（2019 – 12 – 16）. https：//finance. sina. com. cn/money/fund/jjzl/2019 – 12 –16/doc – iihnzhfz6276817. shtml.

社会生态系统，如人权、劳工、健康等。G（governance）是治理环境、治理结构、治理机制和治理行为综合形成和作用的结果。从全球来看，目前对ESG指标明确规定的机构和组织并不多，ESG的指标体系还尚未统一（如表3-11所示）。整体而言，ESG的内涵涉及气候变化、能源、废弃物、性别不平等、劳工、产品责任、贪污、贿赂、社会发展和贫困、股东权利、机构投资者、利益相关者、披露和透明、董事会职责、管理层多样性等广泛要素。目前，国际上具有影响力的ESG评级指数包括MSCI ESG系列指数（全球/美国/新兴市场）、英国富时社会责任（FTSE4Good）系列指数、彭博（Bloomberg）ESG指数，以及标普道琼斯（Dow Jones）发布道琼斯可持续发展系列指数等。其中，MSCI ESG系列指数为养老基金和对冲基金的5000多客户提供投资决策支持工具，对环境、社会和治理每一项都有标准，将三方面分项打分加总得出一个整体的ESG分数，AAA表示可持续表现最好，C表示可持续表现最差。

表3-11　　　　　主要国际机构和组织涉及ESG的相关指标

主体	涉及ESG的相关指标	参考文件
全球报告倡议组织	聚焦环境和社会，环境包括12类34项，涵盖物料、能源、污水和废弃物、废气排放等领域；社会包括30类48项，涵盖劳工实践、人权、社会影响、产品责任等领域	可持续发展报告指南（GRI）（第四版）
非营利可持续会计准则委员会	可持续准则整体包括10大类79个行业，其中有涉及环境和治理	非营利可持续会计准则
国际综合报告委员会	财务绩效和社会、环境的联系	综合报告
欧洲议会和欧盟委员会	环境问题、社会和员工问题、人权、反腐败和贿赂问题、董事会和管理层多样性	欧盟2014非财务报告指引
世界银行	聚焦环境和社会，由可持续发展愿景、投资项目融资的环境和社会政策、环境和社会标准及其附件三部分组成	环境和社会框架
国际金融公司	可持续框架聚焦环境和社会。单独对公司治理提出框架，认为没有针对所有客户的"一刀切"的方法	可持续框架和公司治理发展框架
亚洲开发银行	环境、社会和治理信息。关注的领域包括：农业和食品安全、气候变化、性别和发展、社会发展和贫困、水等	公司可持续报告

续表

主体	涉及 ESG 的相关指标	参考文件
二十国集团/经合组织	涉及公司治理的原则，包括治理框架基础、股东权利、机构投资者、股票市场和其他中介、利益相关者、披露和透明、董事会职责等	公司治理原则

资料来源：操群，许骞. 金融"环境、社会和治理"（ESG）体系构建研究［J］. 金融监管研究，2019（4）：95－111。

实际上，ESG 最早的雏形源于宗教团体的伦理道德投资，他们拒绝投资与其教义信仰相悖的行业，如烟酒、赌博、军火等。1992 年，联合国环境规划署在巴西里约热内卢的地球峰会上发出了金融倡议，希望金融机构能把环境、社会和治理因素纳入决策过程，在投资决策中综合衡量公司的 ESG 投资策略对投资风险和投资收益的影响，ESG 开始由道德层面转向投资策略层面。2006 年，在金融倡议的支持下成立了联合国责任投资原则组织（PRI）。2012年，全球责任投资联盟（GSIA）对 ESG 投资策略进行了分类，将其划分为负面筛除法、ESG 整合筛选法、公司参与及股东行为策略、规范性准则筛选法、积极/最优筛选法、可持续主题投资、影响力/社区投资策略等 7 种方法。2016 年 12 月，欧洲保险和职业养老金管理局（EIOPA）通过了 IORP Ⅱ 指令（2019 年 1 月生效），从多方面对 ESG 投资在养老金计划中的应用给出规定。其中，明确要求私人养老金计划将 ESG 因子纳入治理和风险管理决策，并定期披露 ESG 投资策略。由此可见，随着环境、社会和治理因素成为衡量可持续发展的重要指标，ESG 投资策略也成为养老基金的重要投资策略。

然而，我国的 ESG 投资发展起步较晚，却得到了政府、监管机构和市场主体的高度重视。特别是自 2017 年中国基金业协会加速推广 ESG 理念以来，我国通过连续发布多项条例强化了上市公司 ESG 信息披露的政策约束。2018年 11 月，中国基金业协会正式发布了《中国上市公司 ESG 评价体系研究报告》，构建了衡量上市公司 ESG 绩效的核心指标体系，确立了 ESG 信息披露基本框架，进一步推动了 ESG 投资理念在国内的深化和发展。同时，中国基金业协会还发布了《绿色投资指引（试行）》，鼓励基金管理人面向境内外社保基金、保险资金、养老金、企业年金、社会公益基金及其他专业机构投资者提供有针对性的绿色投资服务，鼓励各类专业机构投资者参考本指引开展绿色投资。由此可见，随着我国经济转型的深入和社会环境的变化，ESG 投资将迎来重大的发展机遇。

（二）养老基金开展 ESG 投资的实践

根据联合国负责任投资原则组织（UN PRI）统计，日本政府养老投资基金 GPIF、加拿大养老基金 CPPIB、美国加利福尼亚州公务员退休基金（CalPERS）、加利福尼亚州教师退休基金（CalSTRS）、荷兰最大的养老基金管理公司 APG、法国公务员养老基金 ERAFP、澳大利亚行业养老基金 HESTA，以及新加坡政府投资公司 GIC 等都将 ESG 投资视为重中之重，根本原因在于将 ESG 指标纳入投资决策可以得到超额收益。2015 年，德意志资产管理公司和汉堡大学通过 2000 多篇关于 ESG 的研究文献进行综述发现，无论是关于股权、债券、房地产的研究，绝大部分结果均显示 ESG 指标与绩效呈现正相关性。同时，比起发达国家，ESG 指标对于绩效的影响在新兴市场国家更为显著。

2008 年金融危机后，大型养老基金也逐步将 ESG 责任投资理念纳入其投资流程，重视自身和投资对象 ESG 的报告和信息披露。2011 年，欧洲可持续投资论坛（EuroSIF）对 12 个欧洲国家的 169 家养老基金投资企业首次就其如何以及在多大程度上将 SRI 理念融入其投资战略中展开详细调研，并发布了《2011 年度企业养老基金暨可持续投资研究》报告。该报告的数据显示，在进行投资决策时，欧洲企业的养老基金投资者们越来越倾向于充分考虑其所涉及的 ESG 因素。目前已有 94 家企业制定社会责任政策，所占比例为56%，约 25% 的其他企业计划在 2012 年迎头赶上。同时，102 家企业（约60%）认为 ESG 因素影响着养老基金的长期投资成效，66% 的企业表示将 ESG 因素融入投资决策过程是投资者践行责任信托的应有之义。有些国家要求养老基金披露是否已经将 ESG 投资纳入决策过程，还有些国家针对 ESG 投资出台了具体指引。2014 年，荷兰政府明令禁止公共养老基金投资集束炸弹生产企业。2015 年，美国劳工部出于社会责任的考虑，取消了此前抑制养老基金 ESG 投资的条款，并正式宣布 ESG 因素是受托人进行投资决策的合理考察因素。[①] 这一举措促使大量养老基金将 ESG 因素纳入投资策略计划，还有部分甚至直接进行 ESG 投资。例如，在选择委托投资管理人时，美国养老基

---

① 施懿宸. 社保基金进行 ESG 投资的必要性［J/OL］. 新浪财经，（2019 - 08 - 07）. http：// finance. sina. com. cn/zl/esg/2019 - 08 - 07/zl - ihytcitm7416227. shtml.

金投资管理机构 Wespath 从 ESG 政策、ESG 整合与公司治理三个层面分配权重，结合 50 个 ESG 考核因素进行评价，排名靠前的将被优先考虑。2017 年，日本政府养老投资基金 GPIF 直接选取了三只 ESG 指数作为被动投资的追踪标的，将大约 89 亿美元的养老金进行 ESG 被动投资，占 GPIF 总资产规模的 3%。未来 GPIF 计划将 ESG 的投资配比从 3% 提升至 10%，预计资金规模为 290 亿美元。同时，GPIF 还将 ESG 作为同市值策略、Smart Beta 策略并列的第三大被动投资方式，投资范围也将从日本国内扩展至全球市场（施懿宸，2019）。2018 年，GPIF 宣布委托外部资产管理公司（Nissay Asset Management，简称 NAM）对日本上市公司的 ESG 披露与投资实践进行研究调查。因为日本越来越多的养老基金正在逐步增加股票资产的配置，而非财务类的 ESG 信息披露可能会对上市公司股票价格产生重大影响[①]。因此，在开展 ESG 投资过程中，养老基金管理机构不能追逐利润，必须严格承担受托责任、履行对所有投资者的信托义务，并根据实际情况决定如何整合 ESG 标准来遴选、委任、监督和评价投资管理人。

五、基础设施在养老基金投资组合中绩效显著

作为典型的另类资产，基础设施拥有与通货膨胀相关的较高长期稳定收益，且与其他资产类别的相关性低，是养老基金降低风险敞口、获取超额投资收益的有效途径。因此，近年来养老基金在该领域的投资呈现快速增长态势。那么基础设施投资对养老基金的吸引力到底在哪呢？

（一）收益率高且波动小

根据麦格理银行的统计，在 1995～2002 年间，澳大利亚非上市基础设施投资的收益率和风险分别为 19.2% 和 6.5%。而且在全球范围内也有同样的强劲表现，麦格理认为其所管理的基础设施基金在过去超过 11 年间的年均复合回报率为 19.4%，高于全球股票 9.7% 的收益率，却低于澳大利亚上市基础设施（25.7%）。美世咨询在 2005 年对澳大利亚的研究也显示，从 1996～

---

① 日本政府养老投资基金开出 ESG 披露研究委托［J/OL］. 养老金融月度资讯（2018.11.01 - 11.30）. http：//www.caff50.net/c/48/.

2005 年的 10 年间，非上市基础设施的平均年收益率和年波动率为 13.3% 和 9.1%，而澳大利亚股票的平均年收益率和年波动率为 11.6% 和 11.3%（Inderst，2009）。从各类资产投资指数这个更宽泛的统计来看，基础设施的高回报率也是毋庸置疑的。如表 3 - 12 所示，2007 年 10 月，摩根士丹利比较了公开市场主要资产类别投资基准和两大基础设施投资基准的收益和风险，发现基础设施指数的整体表现良好。尤其是从 3 年期的平均值来看，在风险（即标准差）基本相同的情况下，全球基础设施指数的收益率高达 28.50%，其次是摩根士丹利（除美国）世界指数 24.02% 和麦格理美国基础设施指数 21.48%。但对于大多数养老基金的投资政策和投资能力而言，利用基础设施投资帮助其实现风险和收益有效组合还为时尚早。尽管其投资绩效的数据已经出现在养老基金的年报当中，例如在荷兰 APG 养老基金年报中，基础设施投资在 2006 年和 2007 年取得的收益率分别为 41.3% 和 21.7%，但它们的参考价值却十分有限。

表 3 - 12　　　　　　　　主要资产类别投资基准的风险和收益比较　　　　单位：%

指数	1 年期		2 年期		3 年期	
	收益	标准差	收益	标准差	收益	标准差
麦格理全球基础设施指数	32.28	10.23	30.80	8.78	28.50	9.23
麦格理美国基础设施指数	21.05	11.05	19.68	9.75	21.48	9.98
罗素 3000 指数	14.53	8.12	15.45	7.41	13.81	8.02
摩根士丹利除美国世界指数	26.33	7.95	26.90	8.75	24.02	9.67
雷曼总指数	5.38	2.62	5.29	2.48	3.88	2.78

　　资料来源：Huamani M. Infrastructure Investing：An Attractive Alternative for Pension Funds ［R］. JP Morgan Investment Analytics and Consulting，2007。

（二）投资组合多样化功能显著

从资产配置的角度看，基础设施与其他资产的低相关性有助于实行投资组合多元化，从而降低养老基金的投资风险。在金融危机以前，彭和纽厄尔（Peng & Newell，2008）利用澳大利亚的季度数据研究各类资产的相关性显示，非上市基础设施投资与股票、债券直接投资房地产的相关系数分别为

0.06、0.17 和 0.26，上市基础设施与它们的相关系数分别为 0.21、0.38 和 0.03，但上市与非上市基础设施的相关系数却高达 0.36。同样，他们进行动态分析的结果显示，非上市基础设施与股票的滚动相关系数在 0.30 ~ 0.15 之间。而 2008 年金融危机以后，利普希茨和沃特（Lipshitz & Walter，2019）分析各类资产季度总收益率的相关性发现，非上市基础设施与其他资产类别的相关系数均较低，且与常见的固定收益资产、美国 10 年期国债和上市股票等甚至出现了负相关，而上市基础设施与其他资产类别的相关系数均较高（如表 3 - 13 所示）。值得注意的是，上市与非上市基础设施之间的相关性非常低，这表明上市基础设施并不是私人资本投资基础设施的最佳选择。因此，在后金融危机时代，养老基金可以考虑非上市的 PPP 基础设施项目，从而降低投资组合收益的波动性和面临的非系统性金融风险。

表 3 - 13　　　2009 ~ 2017 年各类资产季度总收益率的相关系数矩阵

项目	非上市基础设施	上市基础设施	不动产（私募）	不动产（上市）	私募股权	大宗商品	对冲基金	上市股票	固定收益资产	美国10年期国债	美国CPI
非上市基础设施	1.00										
上市基础设施	0.00	1.00									
不动产（私募）	0.42	0.20	1.00								
不动产（上市）	- 0.04	0.73	0.30	1.00							
私募股权	0.19	0.80	0.50	0.66	1.00						
大宗商品	0.07	0.73	0.13	0.51	0.73	1.00					
对冲基金	0.04	0.82	0.17	0.53	0.86	0.77	1.00				
上市股票	- 0.06	0.87	0.19	0.74	0.87	0.71	0.90	1.00			
固定收益资产	- 0.24	0.42	- 0.14	0.26	0.15	0.16	0.14	0.30	1.00		
美国10年期国债	- 0.09	- 0.36	- 0.09	- 0.29	- 0.06	- 0.59	- 0.65	- 0.59	0.45	1.00	
美国CPI	0.01	0.45	0.22	0.29	0.45	0.68	0.50	0.36	- 0.06	- 0.44	1.00

资料来源：Lipshitz C，Walter I. Bridging Public Pension Funds and Infrastructure Investing [J/OL]. 2019. Available at SSRN：https：//ssrn. com/abstract = 3319497。

第四章

养老基金投资基础设施的运作机理

第一节 养老基金投资基础设施的主要渠道

一、基础设施信托贷款

基础设施信托贷款指信托投资公司在业务运营中通过签署《信托合同》接受投资人（委托人）的委托，利用信托制度以自己的名义为经国家有关部门批准的基础设施项目（如市政工程、公共设施、交通运输、能源通信等）募集资金而发放的贷款，信托合同明确规定信托资金的用途、贷款利率和期限等。在该过程中，由信托机构公开出售信托计划筹集资金，然后与基础设施的项目公司签订借款合同，将信托资金以贷款形式投入基建项目中，以贷款利息（一般高于银行利率）作为偿还保证，贷款期满后信托机构从项目公司收回本息，再扣除手续费及代缴税费后向投资者返还本金及收益。养老基金通过基础设施信托贷款投资的整个交易结构如图4-1所示。

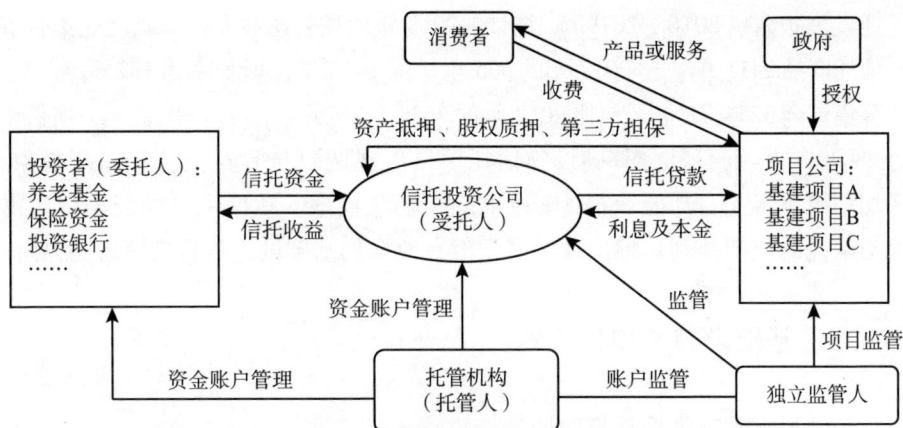

图 4 – 1　养老基金投资基础设施信托贷款的交易结构

资料来源：根据相关理论和学者研究整理而得。

在具体的基础设施信托业务运作中，又分为单一信托（单个委托人的委托）和集合信托（多个委托人的委托）。养老基金可以作为单一的机构投资者或与其他机构投资者组成财团的形式向基础设施项目提供信托贷款。虽然贷款是一种比较成熟的传统投资方式，但由于基础设施投资的特殊性，信托贷款的方式对养老基金而言具有以下优势：（1）收益稳定、安全性高。基础设施信托贷款的收益率高低主要取决于贷款利率的高低，其预期年化收益率一般要高于国债等普通理财产品收益。安全性则取决于借款人（项目公司）的财务状况、经营业绩和企业信用等综合情况，同时也取决于担保情况。常见的担保方式有政府信用、第三方金融机构担保、不动产抵押、动产抵押或质押、权利质押等，既可以单独运用，也可以组合运用。（2）交易成本低。由于信息不对称，养老基金大规模地对基础设施项目贷款可能面临严重的信贷风险。而信托投资公司作为受托人，凭借其丰富的项目贷款审核经验和全面风险管理技术代替养老基金进行项目审核和风险评估工作，可以将资金借给资信良好的项目公司，不仅减少了养老基金投资过程中的人才要求和信息搜寻成本，而且简化了操作程序、提高了投资的安全性。（3）政策支持度高。由于基础设施投资信托产品的发行有利于促进基础设施建设投融资体制的改革和完善，所以各级政府都会对其给予一定的政策优惠。但是目前我国信托业发展过快，相应的法律法规和风险管控制度还没有跟上。据《中国信托业发展报告（2018—2019）》统计，2018 年信托公司共发行基础产业集合资金信托产品 2411 单，比 2017 年的 995 单增加 1416 单，增长率为 142.31%。总共募集资金 3254.71 亿元，比 2017 年的 2536.80 亿元增加 717.91 亿元，增长率为 28.30%。[①] 而且部分基础设施信托项目出现期限与收益倒挂和错配现象，平均期限 2 年左右却能获得 8% 以上的预期收益率，致使项目的长期资金需求与信托的短期获利目标出现背离，潜在地增加基础设施项目投资者的风险。

二、基础设施专项债券

基础设施专项债券是指政府特许重点投向交通、能源、环保、市政等基础设施行业的项目公司通过授权特设信托机构发行的专门为基础设施项目融资的债券。受托机构将债券发行所募集的资金通过基础设施项目公司专款专用于符合国家产业政策要求、具有良好偿债能力和稳定现金流的基础设施项目，而养老基金、保险资金、投资银行及个人通过购买标准化的基础设施债券，并由基础设施项目未来的现金流来支付各类投资者的利息。一方面，专项债券为融资方提供了期限长、规模大、成本低的资金支持。另一方面，基础设施债券具有较长的期限、较低的信用风险、较强的流动性和较大的税收优惠等特点，为养老基金投资基础设施提供了可能性和便捷性。养老基金通过基础设施债券投资的整个交易结构如图 4-2 所示。

在这个交易结构中，特设受托机构是发起人和投资者之间的桥梁，它具有整合应收权益、发行证券的专业投资团队。在以基础设施资产为基础的同时，还将运用超值抵押、附属次级债券、母公司或第三方金融机构担保等方法进行信用增级[②]，并聘请外部的资深评级机构对债券进行初步评级和发行评

---

① 中国信托业协会. 中国信托业发展报告（2018—2019）［M］. 北京：中国金融出版社出版，2019.

② 信用增级即为信用提高，经信用增级后的债券按照提高后的信用等级来进行交易。以我国基础设施债券计划为例，主要可以采用以下方式：（1）A 类增级方式。由国家专项基金、银行提供本息全额无条件不可撤销连带责任保证担保。（2）B 类增级方式。由上年末净资产在 200 亿元人民币以上的上市公司或者上市公司的实际控制人，提供本息全额无条件不可撤销连带责任保证担保。（3）C 类增级方式。以流动性较高、公允价值不低于债务价值 4 倍，且具有完全处置权的上市公司无限售流通股提供质押担保，或者依法可以转让的收费权提供质押担保，或者依法有权处分且未有任何他项权利附着的，并具有增值潜力和易于变现的实物资产提供抵押担保。

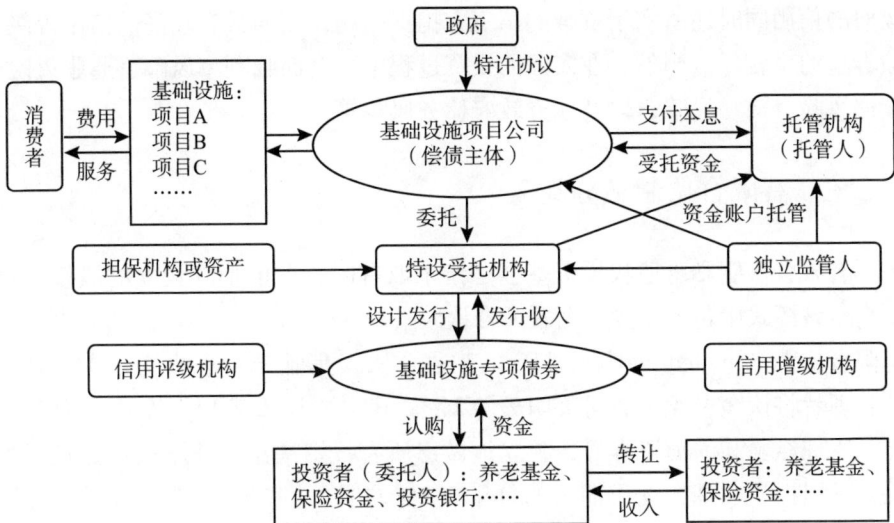

图 4 – 2　养老基金投资基础设施专项债券的交易结构

资料来源：根据相关理论和学者研究整理而得。

级，债券最终的信用等级可方便投资者做出明智的投资决策。因此，养老基金投资基础设施债券具有如下优势：（1）操作简单、投资成本低。标准化的基础设施债券是完全按照市场规则运作的融资方式，涉及的交易主体主要是债券承销商，省去了传统基础设施投资过程中立项、招标、谈判、建造、运营、维护等中间环节，最大限度地减少了中间的交易成本。而且债券的信用增级使得养老基金降低了对内部专业基础设施投资人才的需求，省去了研究分析债券风险收益的成本，提高了自身投资组合的整体质量。（2）投资期限长、收益稳健。基础设施债券的单笔融资规模一般超过 10 亿元，且债券期限多与基础设施项目的生命周期相匹配，基本可设定为 5～30 年不等，具有规模和期限优势，完全符合养老基金长期投资的要求。而且由于所筹集的资金完全用于关系国计民生的基础设施投资领域，无弹性需求和政府的税收优惠使投资者可以获得安全、稳健、持续的收益。（3）流动性强、信用风险低。在债券市场发达的国家，由于基础设施债券信用等级高、投资回报稳定、能够在市场上随意转让，被养老基金、保险公司、投资基金等众多机构投资者广泛接受和认购，其较高的流动性极大地分散了投资风险。而且基础设施债券的实质是以现在和未来可预见的现金流为支撑的固定收益类产品，在借助政府的信用同时还落实了资金的第三方担保问题，因而具有较高的信用等级，债券违约率较低。当然，在实际的投资过程中也会面临利率风险、通胀风险、赎回风险、交易风险，以及地方政府债务风险等。

三、有限合伙制私募基金

有限合伙制私募股权投资基金是指采取有限合伙的形式设立的股权投资基金，该模式中包含至少一名普通合伙人（general partner，GP）和至少一名有限合伙人（limited partner，LP）。普通合伙人是基金管理机构，作为真正的管理者将认缴基金总股本的1%～2%，其主要投入表现为专业知识和技能、管理经验和人力资本等，独立地做出所有投资决策，并全权负责经营管理，其回报是在基金运作期间的每年2.5%左右的固定管理费和取得投资回报后一定比例的分红。而有限合伙人作为真正的投资者，将认购剩余99%左右的基金，但不参与经营管理，只进行有限的监督，最后的分红包括本金的返回和投资的增值回报。同时，采用有限合伙制私募股权投资基金可以有效地避免双重征税，并设置合理的激励及约束机制，保证在所有权和经营权分离的情形下，通过普通合伙人和有限合伙人的分工与协作，实现资本增值的共同目标。而且该基金还具有设立门槛低，设立程序简便，内部治理结构精简，决策程序高效，利益分配机制灵活等特点。养老基金通过基础设施有限合伙制私募基金投资的整个交易结构如图4-3所示。

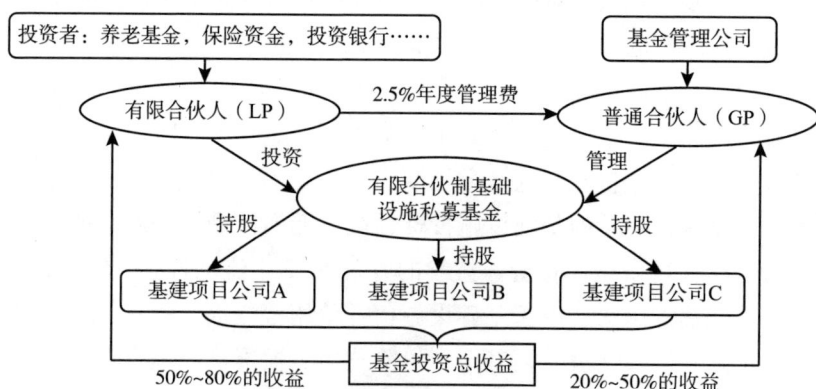

图4-3 养老基金投资基础设施私募基金的交易结构

资料来源：根据相关理论和学者研究整理而得。

对养老基金而言，以有限合伙人的身份投资基础设施私募基金具有以下优点：（1）投资期长。私募投资不同于传统投资和二级市场的投资行为，它一种长期的伙伴关系。合伙人通常都会关注基础设施项目期限长和预期现金流稳定的特征，长期持有和管理资产，致力于价值创造和资本增值。一般每个私募基金在发起时都设定了 10 年左右的存续期，这一特点与养老基金追求长期投资和价值投资的目标相匹配。（2）流动性低。尽管私募基金有公开上市、出售和清算等退出方式，但在短期内因为投资的私人性质和被投资项目的信息缺乏，很难形成公开的市场交易价格。而且在运行过程中也难以对被投资企业及基金本身进行价值评估，基金对外出售也比较困难。（3）风险可控。养老基金作为有限合伙人以其认缴的出资额为限对合伙企业债务承担责任，而有限合伙私募基金的财产独立于各合伙人的财产，且存续期内各合伙人不得要求分割合伙企业财产，从而保障了有限合伙制私募基金的财产独立性和稳定性。同时，该基金采用的是承诺资金制①。投资者可以根据项目进展和基金的管理状况决定是否提供后续资金，每次资金投入都相当于是对基金管理人进行的一次评估。此外，有限合伙人在做出承诺时往往要求普通合伙人也承诺投入资金（1%～2%），从而形成内在激励，限制其机会主义行为。

当然，养老基金在投资基础设施私募基金的过程中也会面临严重的信息不对称。首先，从基金层面来讲，由于基础设施私募基金是向非特定的私人募集资金，基金管理人没有向社会公众披露其经营业绩和其他有关投资项目信息的义务，因此该行业存在严重的信息不对称问题。而且纯有限合伙企业的模式没有信托这一层保障，因此信用评级相对较低，对养老基金来说投资风险比较大。其次，从项目层面来讲，如果投资的基础设施项目公司是处于创建期或成长期，其资产的无形化、管理的不规范和发展的不确定等特点难以为投资人提供足够的、高质量的信息以做决策参考。

---

① 承诺资金制是指合伙基金的投资者通常在基金发售期先承诺认购一定量的份额，但实际上仅支付认购份额的 25%～30%，其余资金在基金进行实际投资时再按照认购的比例分批注入，这种已经认购但并未实际支付的资金在有限合伙基金中称为承诺资金。

四、公私合作模式

（一）养老基金投资 PPP 项目的组织结构

公私合作模式（public private partnerships，简称 PPP）最早是由雷蒙特（Reymont）在 1992 年率先提出，主要出发点在于借助私人部门的资本、管理能力和市场经验来分担风险、提高公共服务的质量与效率。2006 年，OECD 认为 PPP 是政府与一个或多个私人合作伙伴就其所提供的公共产品或服务而达成的一种合作协议，该方式要求政府提供基础设施服务的目标与私人合作伙伴的利润目标相一致，而合作的效率取决于充分的风险转移。2008 年，澳大利亚基础设施和区域发展部在《全国基础设施指导方针》中明确，PPP 是公共部门和私营部门之间的一种服务合同，由私营部门（通常是一个财团）为基础设施项目提供资金，负责建造并在很长一段时间内按照指定的标准进行运营或维护，政府则在私营部门交付基础设施和提供相关服务时支付费用，以寻求私营部门在基础设施项目的设计、建造和运营阶段所能提供的专业知识、成本效率和技术创新。[1] 2013 年，加拿大公私合作委员会将 PPP 定义为公共部门和私营部门之间的合作投资协议，各合伙人凭借其专业知识，通过适当的资源配置、风险分担和收益共享机制来满足社会对公共产品或服务的需求。[2] 2014 年，国家发展改革委在《关于开展政府和社会资本合作的指导意见》中指出，政府和社会资本合作模式（PPP）是指政府为增强公共产品和服务供给能力、提高供给效率，通过特许经营、购买服务、股权合作等方式，与社会资本建立的利益共享、风险分担及长期合作关系。

尽管目前世界各国对 PPP 模式并没有统一的定义，但其共同特征可归纳为：（1）它是公共部门和私营部门共同参与的一种制度安排；（2）各合伙人之间有效地分担提供基础设施产品或服务的任务和责任，合理分配投资风险

---

① The Department of Infrastructure, Regional Development and Cities [J/OL]. The National PPP Policy and Guidelines, 2008. https：//infrastructure. gov. au/infrastructure/ngpd/index. aspx.

② 隋钰冰，陈慧. 加拿大 PPP 项目的三大成功经验 [J/OL]. 人民论坛网，(2017 – 11 – 21). http：//www. rmlt. com. cn/2017/1121/503703. shtml.

和回报；（3）它主要适用于具有一定可销售性的基础设施项目。PPP 模式中的私人合作伙伴可以是单个公司或多个公司组成的联盟，主要包括融资机构（大型银行、保险公司等）、工程公司、建造公司、运营公司等。它们必须具备有关专业知识，满足一定的资本要求，并根据合同规定承担提供基础设施的责任。依据各合伙人在基础设施项目的生命周期（设计、建造、融资、运营、维护等）中的参与程度及承担风险和责任的高低，PPP 模式具体包括：设计—建造（Design-Build，简称 DB）、建造—运营—移交（Build-Operate-Transfer，简称 BOT）、改建—运营—移交（Rehabilitate-Operate-Transfer，简称 ROT）、设计—建造—运营或维护（Design-Build-Operate/Maintain，简称 DBO/M）、设计—建造—运营—维护（Design-Build-Operate-Maintain，简称 DBOM）、设计—建造—融资—运营或维护（Design-Build-Finance-Operate/Maintain，简称 DBFO/M）、设计—建造—融资—运营—维护（Design-Build-Finance-Operate-Maintain，简称 DBFOM）等，且每种形式中私营部门至少承担两项任务。

养老基金作为私营部门的投资者和 PPP 项目的发起人之一，它与另一发起人（即代表公共部门的政府机构或政府授权的代理机构）合作成立特殊的 PPP 项目公司。其中，私营部门通过提供一定的资金、技术等参与项目的日常管理和经营决策，其投入的股本形成 PPP 项目公司的权益资本，加强了对项目本身的控制，提高了投资运作的透明度。而公共部门投资者通过提供一定的项目资本金和特许经营权成为合作方之一，对收益不足以收回投资、偿还贷款、获得利润的基础设施项目，公共部门还将利用无偿赞助、税收优惠、沿线土地优先开发权等相应的政策扶持作为补偿。同时，还将为项目提供最低收益担保、价格担保、债务担保、限制竞争担保或购买担保等。该合作联盟以特许协议为基础进行全程合作，并对项目的整个建设与运营周期负责。养老基金通过 PPP 模式投资基础设施的整个交易结构如图 4-4 所示。

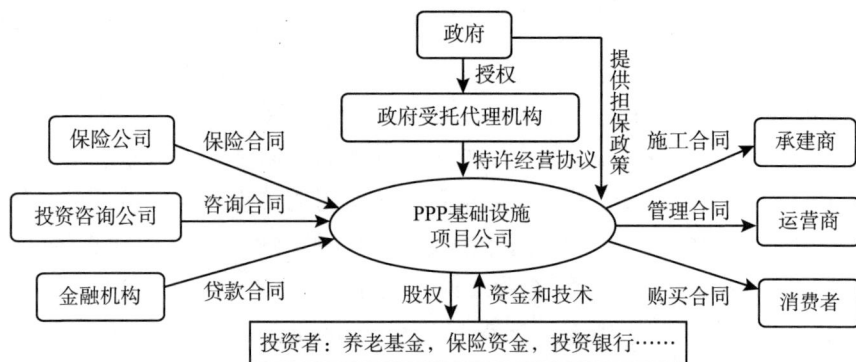

图 4 - 4　养老基金投资 PPP 基础设施项目的交易结构

资料来源：根据相关理论和学者研究整理而得。

（二）养老基金投资 PPP 项目的优势

对养老基金而言，投资 PPP 项目的优势在于其收益的动力来源（如图 4 - 5 所示）：（1）风险分担。将部分风险转移给能够更好地控制它们的私人部门是增加收益的重要来源，因为没有纳税人为其承担投资运营失败的后果，将对其形成提高管理质量和服务水平的内在压力，从而产生较好的投资收益。（2）激励任务合并。在传统的政府购买过程中，私营部门的角色就是典型的转包商，通常只负责基础设施建造这样的单一任务，没有激励动机促使其设计和整合基础设施服务提供过程中的其他任务来提高整体效率。（3）私人融资。为解决基础设施需求大与投融资难的矛盾，引入多元化的社会投资缓解了政府在基础设施建设期财政资金不足的压力。（4）私营部门的专业化。该模式中私营部门合伙人是比政府更专业且更有经验的建筑商和运营商，它们拥有较高的市场敏感度，在选择合作伙伴、生产公共产品以及市场交易中可以利用其优势降低单位成本和交易成本，获得更大的利润。（5）市场竞争。PPP 项目的投标过程通过私营部门的竞争性选择来加强基础设施领域的垄断竞争，其创新能力能够提供质量更高、更有创造性的服务，并为基础设施项目的整个生命周期提供持续的激励。（6）合同基于业绩。PPP 项目的合同更关注基础设施项目的运营绩效，激励私营部门设计最佳方案、适用规模经济、创新技术、降低成本。综上所述，该模式相对于传统的采购模式具有多主体供给、共同负责的特点，具有带动私营部门进入基础设施领域的杠杆作用，能够提高基础设施服务水平，降低项目建设运营的成本，实现资金的最大价值。

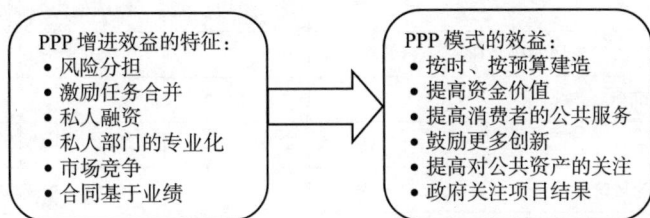

图 4-5　PPP 模式的特征和效益

资料来源：根据相关理论和学者研究整理而得。

（三）养老基金投资 PPP 项目的障碍

近年来，养老基金在基础设施融资过程中的作用日益得到认可，尤其是 PPP 模式为私人部门填补基础设施融资缺口提供了有效途径。养老基金利用 PPP 模式投资基础设施主要是直接或间接地通过承包商发行的融资工具，许多的政策法规以及制度框架都将影响该投资。例如，可适用的 PPP 结构规定了 PPP 合同的数量和形式，承包商发行融资工具种类和数量也受到投融资市场的约束，而养老基金受到其本身的投资和监管框架的约束。因此，PPP 模式、投融资市场和养老基金的组织框架等都对养老基金投资基础设施造成了障碍（如表 4-1 所示）。为了鼓励养老基金投资基础设施，首先，必须修改和完善 PPP 模式的组织架构，使 PPP 项目的承包商能够为投资者提供可接受的风险和回报。其次，建设和完善投融资市场的组织架构，使 PPP 项目的承包商能够为投资者发行适当的融资工具，在潜在投资者和承包商之间创造类似基础设施投资基金这样的投融资供给。最后，修改和完善养老基金的组织架构，放宽投资监管限制，强化内部治理，引进专业人才，提高投资 PPP 基础设施项目的能力。

表 4-1　　　　　　　　　养老基金投资 PPP 项目的障碍

障碍	PPP 的组织架构	投融资市场的组织架构	养老基金的组织架构
缺乏政治承诺	√	√	√
监管不稳定	√	√	√

续表

障碍	PPP 的组织架构	投融资市场的组织架构	养老基金的组织架构
在不同的政府层级间市场的碎片化	√		
无明确的投资机会	√		
较高的竞标成本	√		
投资机会被认为风险太高	√	√	
基础设施部门缺乏透明度	√	√	
缺乏有关基础设施项目收益的数据	√	√	
基础设施基金与养老基金之间利益的不一致		√	√
关于资产或项目价值的负面感知		√	√
养老基金资产规模不够			√
内部缺乏专业人才			√
投资者的短视效应			√
监管障碍			√

资料来源：根据相关理论和学者研究整理而得。

五、全资子公司模式

在 20 世纪 90 年代初，很多大型养老基金组建了完全控股且独立的基础设施基金管理集团，它们被称为"被俘获的普通合伙人或专用的资产管理人"。例如，Borealis 基础设施就是安大略市政府雇员退休基金（OMERS）的全资子公司，澳大利亚的工业基金管理公司则是超级年金基金下设的全资投资管理公司，而荷兰的 PGGM 养老金集团是 PFZW（Pensioenfonds Zorg en Welzijn）养老基金的全资资产管理人。作为养老基金的子公司，它们拥有自己独立的办公楼、投资委员会、工作人员和 CEO，完全实行独立自主的经营管理。这种结构允许母公司对其建立明确的投资指导方针，消除关键代理冲突，减少投资费用。因此，它是长期投资者为了进行长期投资而量身定做的，能够使更广意义上的文化、战略和运营利益的一致成为可能，也规避了与母公司相联系的官僚主义风险，更好地实现基础设施基金管理者和资产所有者利益的一致性。① 2018 年 5 月，美国加利福尼亚州公务员退休基金（CalPERS）宣布成立 CalPERS Direct，以促进对两大战略的直接投资：一是对技术、生命科学和医疗保健的后期投资；二是对老牌公司的长期投资。实际上，基础设施一直是 CalPER 投资的大类资产类别，具体投资原则要求：美国资产占比为 40% ~80%，除美国外的 OECD 国家资产占比为 20% ~50%，欠发达国家占比为 0 ~10%，可投资行业包括电力、能源、交通、供水、通信等。在过去 10 年间，CalPERS 进行基础设施投资的年化收益率超过 14%。②

当然，这种结构也面临着自身的挑战。例如，由于与第三方基础设施基金管理人的竞争，在专用的投资团队和广义组织（养老基金）之间建立明显的利益一致性关系仍然是一种挑战。而且虽然是独立设置，这些子公司在支付与私人部门相当的薪酬水平方面仍然存在约束，这意味着它很难吸引、留住和激励人才。最后，建立被俘获的普通合伙人结构需要数年的时间，成立一个全资子公司、招聘高素质投资团队、建立投资基础设施项目所必需的法律、税收、报告和后台支持技术等也是既费时又昂贵。

六、财团投资模式

财团投资模式是由养老基金主导，联合一群志同道合的机构投资者组建财团，共同投资具有足够规模和重要意义的优质基础设施项目。该模式主要通过研究俱乐部、圆桌会议和共同投资等方式，不仅可以增加控制，还可以提高透明度。在保证利益共通性的基础上，显著节约总体成本。因此，适用于大型、中型甚至小型机构投资者。例如，2014 年，日本政府养老投资基金 GPIF 与加拿大公共养老基金 OMERS 和 DBJ 合资设立了名为 GLOBAL ALTER-NATIVE CO-INVESTMENT FUND I（全球另类联合投资基金一号）的基金，共同对英国最大的供水及下水道公司 Thames Water 和澳大利亚最大的集装箱

---

① Gordon L C, Ashby H B. The New Era of Infrastructure Investing [J]. 2013. Electronic copy available at：http：//ssrn. com/abstract = 1837813.

② 清科研究中心. 2018 年海外养老金研究报告 [R/OL]. 2019. https：//research. pedaily. cn/201904/442466. shtml.

港口墨尔本港进行投资。① 2018 年，加利福尼亚州教师退休基金（CalSTRS）和荷兰养老基金 APG 建立了基础设施联盟合伙企业，由阿戈基础设施基金（Argo Infrastructure Partners）管理。2019 年，澳大利亚超级养老基金（AustralianSuper）联合本国最大的收费公路运营商 Transurban 以 93 亿澳元获得史上耗资最大的西联高速（Westconnex）51% 的股权②。此外，AustraliaSuper 还和私募集团 BGH 组成财团，斥资 21 亿澳元收购教育服务集团纳维（Navitas）。尽管各财团投资模式的具体情况有所不同，但最终目标基本一致，即通过传统的资金承诺实现更大程度的定制化投资，并进一步降低投资管理费用。

第二节　养老基金投资基础设施的决策基准和流程

一、基础设施项目的生命周期

从时间维度讲，一个完整的基础设施项目生命周期包括准备阶段、实施阶段、运营阶段和移交阶段（如图 4-6 所示）。准备阶段包括确定项目、项目立项、项目招标和项目融资，实施阶段包括项目施工设计、施工招投标和项目工程建设，运营阶段包括项目的经营和维护，移交阶段是将项目移交给发起人。在不同阶段对投资金额有不同的要求，项目本身的风险和收益也存在较大差异。对投资者而言，基础设施项目建造阶段的风险最高，延迟完工和成本超支都会严重影响项目的成功，投资者将会要求更高的风险溢价以弥补该风险的潜在损失。当项目建设完工后，项目经营将产生稳定的现金流，项目风险也明显降低，项目发起人可以利用更便宜的债务资本进行再融资。当特许经营合同期满后，项目的使用权和所有权将一并移交给项目发起人（通常是政府）。而养老基金在投资基础设施项目时，通常根据价值创造和

---

① 全球最大养老基金首次公布年度另类投资业绩［N/OL］. 搜狐网，（2018-07-19）. https://www.sohu.com/a/242034899_379935.

② Australiansuper 缘何领跑行业平均水平　海外布局正当时［N/OL］. 搜狐网，（2019-07-08）. http://www.sohu.com/a/325465305_719828.

价值增值能力将其生命周期阶段划分为早期阶段、成长阶段和成熟阶段。（1）早期阶段即投资于新的道路、桥梁、隧道修建或没有建立起值得信赖的需求模式的基础设施项目等，养老基金面临的投资风险较高，但因这些项目具有较大的增长潜力，投资回报也较高。（2）成长阶段一般投资于现有基础设施的扩建或私有化，由于养老基金通过尽职调查已经知道这些项目过去的经营业绩，可以对其未来的长期收益率做出更好的估计。（3）成熟阶段主要投资于已经被认为是成熟的基础设施资产，例如现有的收费公路、机场、港口或其他建立得很完善的基础设施等。一般而言，尽管新建基础设施项目具有机会投资特征而获得高收益的可能，但绝大多数养老基金的投资策略是选择大型、成熟的基础设施项目，它在运营阶段所产生的稳定现金流可以帮助其很好地评估投资风险和收益，从而构造多样化的投资组合以对冲非系统性金融风险。

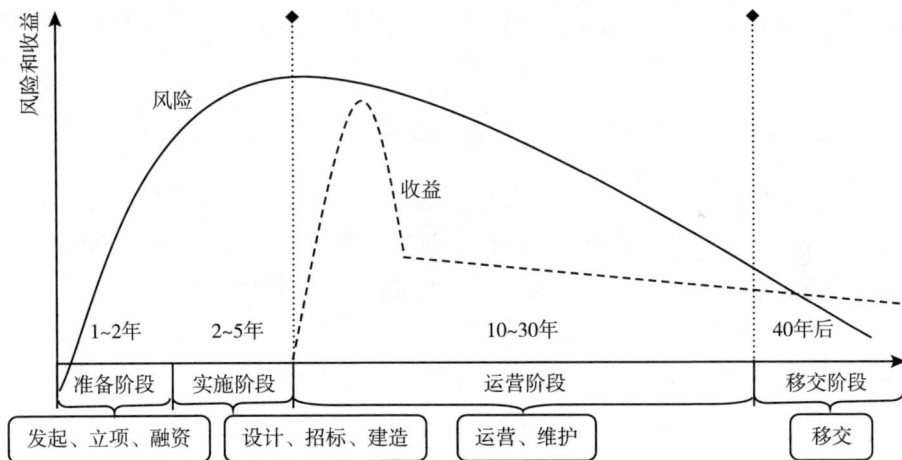

图 4 - 6 基础设施项目生命周期的风险收益特征

资料来源：根据相关理论和学者研究整理而得。

二、常见的基础设施投资指数

在养老基金刚进入基础设施领域投资的初级阶段，完全可采用被动的指数化投资策略，即将其投资组合严格拟合某种特定的目标基础设施指数，控制并跟踪误差，以实现投资收益与目标指数同步。目前，国内外常见的基础设施指数主要包括：明晟全球基础设施指数、道琼斯布鲁克菲尔德全球基础设施指数、麦格理全球基础设施指数、标准普尔全球基础设施指数等。

（一）明晟全球基础设施指数

明晟全球基础设施指数（MSCI global infrastructure index）是由摩根士丹利国际资本公司（MSCI）编制，用以追踪全球上市基础设施公司业绩的指数。它的成分股是从摩根士丹利资本国际全球指数的股票领域中挑选出来，然后采用时间加权收益率方法计算而得，并在每年 2 月、5 月、8 月及 11 月的最后一个营业日进行重新平衡后，在每季度公布。其中，收益率包含分布式收益和资本回报两部分。根据全球行业分类标准（GICS），MSCI 基础设施指数将 13 个相关子行业分为 5 个板块，即电信基础设施、公用事业、能源基础设施、交通基础设施和社会基础设施。该指数通过捕捉在这几个领域中基础设施资产的更广泛和多样化的投资机会，旨在成为上市基础设施资产投资的相关基准和研究工具。

（二）道琼斯布鲁克菲尔德全球基础设施指数

道琼斯布鲁克菲尔德全球基础设施指数（Dow Jones Brookfield global infrastructure index）是由道琼斯和布鲁克菲尔德资产管理公司联合开发的一种旨在追踪全球各部门上市基础设施投资业绩，而采用市值加权设计，可以自由浮动调整的指数。它始于 2008 年，但其历史可以追溯到 2003 年。该指数所包含的每一个公司都是纯粹的基础设施公司，其经营活动一般能够产生长期稳定的现金流，并要求至少 70% 的经营现金流必须来自基础设施资产的所有权或运营。在成分股选择方面，该指数对于基础设施公司的流通市值、3 个月日均交易额、证券流动性、现金流等方面做出了甄选要求。该指数系列包括：全球基础设施指数；全球基础设施综合指数；美洲、欧洲、亚太、全球（美国除外）的地区分类指数；8 个全球基础设施行业分类指数；以及仅追踪实施有限合伙制的基础设施指数。

（三）麦格理全球基础设施指数

麦格理全球基础设施指数（Macquarie global infrastructure index）是由麦格理集团委托富时指数公司设计开发的一种旨在追踪全球各部门上市基础设

施投资业绩，采用市值加权设计，并可以自由浮动调整的指数。它始于 2006 年，但其历史可以追溯到 2000 年。该指数所包含成分股的收益至少 50% 来自基础设施相关的经营活动。麦格理集团是全球最大的基础设施基金管理者，目前在包括中国、印度、俄罗斯在内的 23 个国家管理着 30 多只基金，涉及 100 项左右的基础设施资产。该指数系列包括：澳大利亚、日本、欧洲、亚太、北美地区分类指数；公共设施、交通服务设施、通信设备和石油天然气设施等行业分类指数，是最能代表全球基础设施公司股票走势的指数。

（四）标准普尔全球基础设施指数

标准普尔全球基础设施指数（S&P global infrastructure index）是由标准普尔公司开发的一种旨在追踪全球各部门上市基础设施投资业绩，而采用修正的市值加权方法设计的可以自由浮动调整的指数。它始于 2007 年，但其历史可以追溯到 2001 年。该指数包含 75 家具有全球代表性的基础设施公司，而且为了降低单一股票的风险集中度、创造多样性的风险暴露，指数中包括了公共设施、交通和能源三大类基础设施资产。

（五）瑞银全球 50/50 基础设施与公共事业指数

瑞银全球 50/50 基础设施与公共事业指数（UBS global 50/50 infrastructure & utilities index）是由瑞士银行开发的一种旨在追踪全球 100 种基础设施相关证券的投资业绩，而采用市值加权方法设计的可以自由浮动调整的指数。它始于 2006 年，但其历史可以追溯到 1995 年。该指数包括 50 家基础设施公司和 50 家公共事业公司，而且它们的未计利息、税项、折旧及摊销前利润的 50% 至少来自基础设施。

（六）上证 180 基建指数

上证 180 基建指数（SSE 180 infrastructure index）是从上证 180 指数中挑选拥有管理基础设施和从事基础设施建设的公司股票组成样本股，以反映上海证券市场基建类股票的整体走势，同时为投资者提供新的投资标的指数。它以 2002 年 6 月 28 日为基日，以 1000 点为基点，并在 2008 年 12 月 15 日正式发布。该指数共有 27 只样本股，且每半年调整一次。截至 2019 年 8 月 25 日，它的成分股包括：白云机场（600004）、上海机场（600009）、华能国际

（600011）、上港集团（600018）、华能水电（600025）、中国联通（600050）、葛洲坝（600068）、国电电力（600795）、鹏博士（600804）国投电力（600886）、长江电力（600900）、贵州燃气（600903）、中国化学（601117）、中国铁建（601186）、青岛港（601298）、中国中铁（601390）、中国中冶（601618）、中国建筑（601668）、中国电建（601669）、中国交建（601800）、中国核电（601985）等。

为了明确各种基础设施指数的优缺点，挪威央行投资管理公司（NBIM）对以上基础设施指数与其他指数（代表澳大利亚未上市基础设施的美世咨询非上市基础设施指数、代表全球政府债券市场的美林全球政府债券指数、代表全球股票市场的摩根士丹利世界指数、代表全球上市公共设施股票的摩根士丹利公共事业指数等）进行了的比较分析（如表4-2所示）。从描述统计结果来看，截至2013年6月30日，基础设施指数的表现总体较好。四个上市基础设施指数的年度平均收益率在10%左右，年度平均标准差在14%~16%之间，最大跌幅在42%~53%之间，这主要是2008年国际金融危机所致。其中，美世咨询非上市基础设施指数最值得关注，它自发布以来的年度最大收益率为11.8%，最小收益率为-2.2%，最大跌幅仅-3.1%，标准差也是最小的，完全表现出了低风险、高收益的特征，这为养老基金投资提供了有益的参考。

表4-2　　　截至2013年6月各基础设施指数与其他指数的描述统计

统计量	美世咨询非上市基础设施指数	道琼斯布鲁克菲尔德全球基础设施指数	麦格理全球基础设施指数	标准普尔全球基础设施指数	瑞银全球50/50基础设施与公共事业指数	美林全球政府债券指数	摩根士丹利世界指数	摩根士丹利公共事业指数
起始时间	1995年1月	2003年1月	2000年7月	2001年12月	1995年1月	1995年1月	1995年1月	2000年7月
平均收益	9.4%	15.3%	9.6%	12.4%	8.5%	6.0%	5.6%	5.6%
最大收益	11.8%	8.8%	8.5%	12.4%	10.1%	7.1%	10.0%	8.5%
最小收益	-2.2%	-14.5%	-14.7%	-18.6%	-17.5%	-5.0%	-16.5%	-13.4%
偏度	2.1	-1.0	-0.9	-1.1	-0.9	0.1	-0.8	-0.8
最大跌幅	-3.1%	-45.2%	-43.2%	-52.7%	-48.4%	-8.6%	-52.2%	-42.0%
标准差	5.91%	13.64%	14.10%	15.90%	13.72%	6.75%	14.62%	14.24%
收益/标准差	1.59	1.12	0.68	0.78	0.62	0.89	0.38	0.39

资料来源：NBIM Discussion Notes are written by NBIM staff members. Norges Bank may use these notes as specialist references in letters on the Government Pension Fund Global。

三、养老基金投资基础设施的决策评估过程

具有公共产品性质的基础设施项目拥有投资期长、参与主体多、影响面广、战略意义重大等特征，对养老基金而言是相对较新的投资品种，比传统金融产品的投资规则、投资过程和投资业绩更为复杂，不同国家、部门、类型和阶段的基础设施项目以及不同的投融资方式等都会给养老基金投资带来差异化的风险和收益。而且多数情况下养老基金只是有限合伙人或间接融资者，并不是项目的发起人或引导者。为了保证投资目标的实现，养老基金必须对一国的宏观经济社会环境、资本市场发展程度、机构投资者和金融中介数量、养老金投资政策、基础设施资本存量、发展规划、技术水平以及具体项目等影响投资决策的因素进行全面复杂的评估（如图4-7所示），从而做出科学的投资决策。

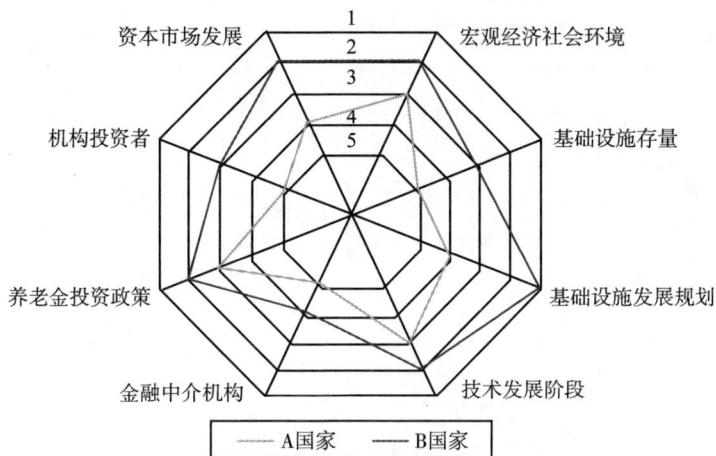

图4-7　影响养老基金基础设施投资决策的因素

注：图中1~5代表该评估指标的等级，1为最好。
资料来源：根据相关理论和学者研究整理而得。

就整个投资决策程序而言，阿德勒（Adler，1987）认为企业在投入基础设施项目前应进行经济评估、技术评估、制度评估、财务评估、商业评估、社会评估等。高顿·L.克拉克（2008）则提出了三阶段项目投资评估模型，其逻辑次序依次为：功能评估、环境评估和承诺评估。第一步进行的功能风

险评估主要是对基础设施项目内部结构的细致分析，养老基金越早介入项目投资就能更多地影响项目的功能设计和建设运营的制度设计，通过范围控制和质量控制更好地预测未来的现金流和项目残值。第二步进行的环不确定性评估主要涉及评估与项目业绩有关的外部环境变化的范围和可能的结果，尤其是技术变化和政治环境变化。第三步进行的承诺评估对养老基金而言涉及两个独立但又密切相关的问题，即应该在项目的哪个阶段投资和该阶段需要承诺的投资金额。由于基础设施项目的沉淀成本较大，在项目初始阶段承诺投资过多将使其承担更大的投资风险。沿袭这种分析思路，养老基金投资基础设施必须解决以下问题：项目获得批准需要多少步骤？每一步需要多少信息和交易成本？可能的投资风险和应对策略是什么？项目投资的预期收益率是多少？做出投资决策需要多少时间等？因此，可将整个投资决策程序分为三个阶段（如图 4-8 所示）。

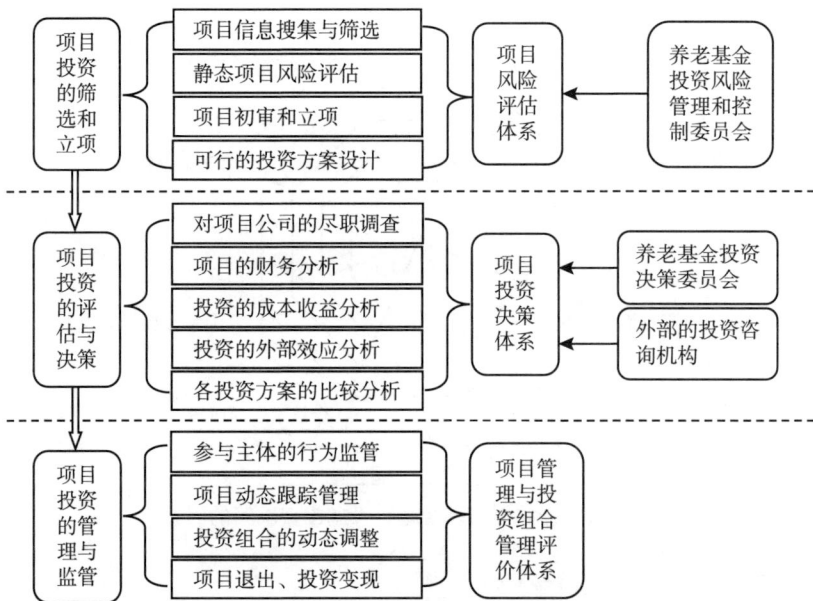

图 4-8 养老基金投资基础设施项目的决策流程

资料来源：根据相关理论和学者研究整理而得。

第一是项目投资的筛选和立项阶段。主要是完成投资前期的调研、考察、研究分析等工作，根据宏观经济政策的走向选择合适的基础设施投资部门，明确基础设施项目的期限、功能、技术要求、增值潜力等基本情况，通过投资回收期法、投资收益率法和累计现金流量法等静态的项目风险评估初步审核预判后，由养老基金投资风险控制委员会予以立项，再按照养老基金投资管理办法评估现有的基础设施投资工具风险并设计多种可行的投资方案，该阶段中养老基金战略资产的配置、基金经理和项目经理的选择至关重要。

第二是项目投资的评估与决策阶段。主要涉及基础设施项目的财务分析、投资的成本效益分析和外部效应分析。首先，采用净现值法（NPV）、净年值法（NAV）、内部收益率法（IRR）、现值指数法、敏感性分析法、实物期权法、蒙特卡洛模拟法等进行基础设施项目投资的可行性研究。然后，对多种可行的投资方案进行成本效益分析和比较，并将最后形成的投资决策分析报告报送养老基金投资决策委员会，由其做出最终投资决策并负责投资方案的实施。

第三是项目投资的管理和监管阶段。由于政府政策调整和税收变化、项目公司的组织结构和经营管理、市场竞争以及技术创新和金融工具创新等都将影响养老基金投资基础设施的风险和收益，因此必须对项目本身和投资组合进行动态跟踪管理和监督，在项目运营风险增加或出现亏损之前及时调整养老基金的投资策略和投资组合，以确保养老基金实现预期收益。

第三节 "一带一路"背景下养老基金投资基础设施的主要风险

一、宏观层面：整体投资环境风险

宏观层面风险主要是由于"一带一路"国家政治体制、经济发展、宗教信仰、社会习俗和自然环境与中国有着很大的区别，这些方面特定风险事件的爆发可能对周边国家乃至多个国家产生较强的系统性风险和风险外溢效应（如图4-9所示），从而影响养老基金投资基础设施项目的产出和收益。

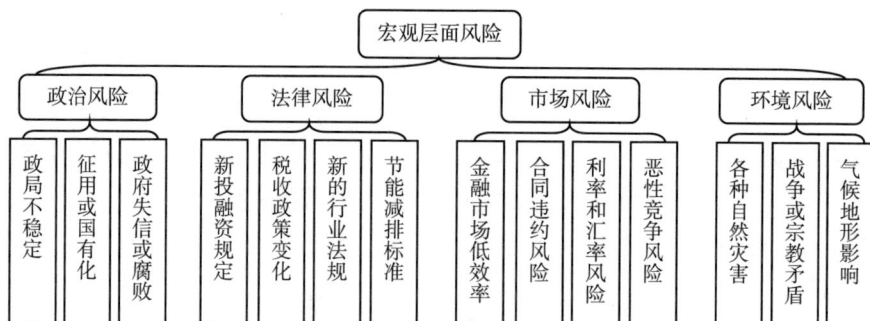

图4-9 养老基金投资基础设施项目的宏观层面风险

资料来源：根据相关理论和学者研究整理而得。

（一）政治风险

政治风险主要指基础设施项目主办国的政治环境和当地政府的政策行为变化所引起的风险事件给养老基金投资基础设施带来的不确定性。具体表现形式包括：基础设施资产的没收、征用或国有化、外汇管制、进口限制、税制改革、价格调整、劳动控制等干预措施，以及突发战争、动乱、政府更迭等所导致的政局不稳给投资项目造成严重损失。就"一带一路"基础设施项目而言，由于沿线国家数量多，政治体制差异大，政治环境极为复杂。部分国家还属于战争内乱多发地区，政党轮换频繁或政局动荡可能导致PPP基础设施项目出现政府违约，项目随时中止的风险。此外，还存在东道国政府审批延误风险。由于基础设施项目在建设之前需要获得资质授权、许可证、执照等，如果各国政府及其公共部门之间出于所考虑的优先次序不同、政治领导人改变主意或者腐败等可能延迟办理各种手续，导致项目施工的延误，增加其时间成本和机会成本。

（二）法律风险

法律风险主要是指由于颁布、修订或者重新解释法律法规和相关政策给养老基金投资经营活动和收益情况带来的不确定性。一方面，法律法规的制定和废止对养老基金资产管理和投资运营造成影响。例如，国家对养老基金投资的资产类别和比例的放宽或严控必将对其资产配置和综合收益产生重大影响。尤其是我国关于基本养老保险基金投资、运营、管理的法律法规体系正处于逐步建立与完善之中，法律风险还十分严峻。另一方面，财税体制变化、特许经营权的取消、基础设施各行业法规以及国家节能减排标准的提高等都将导致基础设施项目的合法性、产品服务标准、产品价格、市场需求等发生变化，从而对基础设施项目的融资、建设、运营带来严重的负面影响。

（三）市场风险

市场风险主要是指在一定时期内由于市场效率、市场供求、恶性竞争、利率和汇率变动等所带来的养老基金投资基础设施项目收益的不确定性。尤其是由经济周期所引发的市场波动将使得股票、基金等证券和其他商品市场价格发生共同变化，在短期内给养老基金造成重大损失。具体来讲：（1）金融市场效率风险。目前，大多数"一带一路"沿线国家的金融市场成熟度不是很高，对于基础设施投融资领域的对外开放存在一定程度的限制。金融产品种类参差不齐，资本市场运作和金融监管机制等不完善，导致其对投资风险的缓释作用有限。（2）汇率风险。"一带一路"沿线国家的货币种类多，市场份额小，流动性较差，加之国际经济发展前景的不确定性，造成养老基金投资跨境基础设施项目的汇率风险增加。（3）利率风险。利率变动直接或间接的影响基础设施项目的融资成本，对养老基金其他投资工具的资产价值和收益也会产生影响，比如利率变动与现金流出的时机差异将产生重新定价风险。（4）违约风险。在养老基金投资跨境基础设施项目时，所涉及的参与主体签订了许多的商业合同和授权协议，形成了大量的委托－代理关系。由于信息不对称或激励不相容，很可能导致某一方未能履行约定义务。（5）恶性竞争风险。随着"一带一路"沿线国家基础设施建设需求不断释放，发达国家也积极推出相关政策支持本国企业进入新兴市场，例如美国推出"新非洲战略"、日本提出"高质量基础设施伙伴关系"计划等，导致市场竞争不断加剧。

（四）环境风险

环境风险主要是指由于自然环境和社会环境变化所导致的基础设施项目投资收益的不确定性，它是在签订合同之前无法合理防范，当情况发生时又无法合理回避的风险。一般而言，包括国际的武装冲突、宗教矛盾、环境污染以及干旱、地震、火灾、洪水、泥石流、飓风等自然灾害。由于"一带一路"沿线国家自然环境差异大,灾害类型多、分布范围广、发生频率高、抗灾能力弱,一直是极端天气或自然灾害的重灾区。它们不仅直接影响基础设施项目正常施工进度和施工技术难度,还可能对项目造成严重损坏,甚至完全丧失其基本功能。因此,这些不可抗力因素可能给养老基金等机构投资者带来一次性巨额损失。

二、中观层面:基础设施项目风险

鉴于"一带一路"沿线国家基础设施建设现有的发展水平和质量,基础设施项目本身依然存在多重风险,如融资风险、建造风险、经营风险和需求风险等(如图4-10所示)。

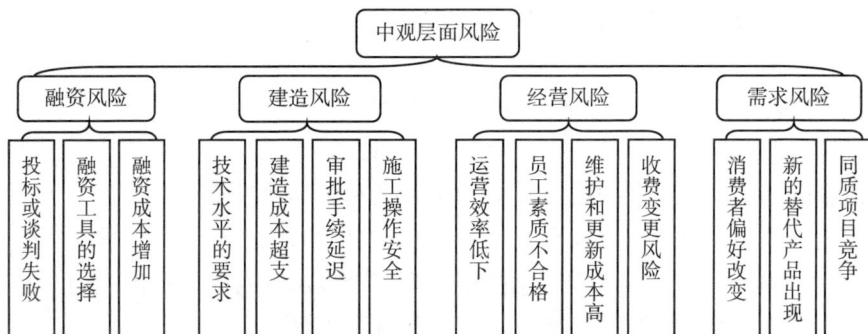

图 4 - 10 养老基金投资基础设施项目的中观层面风险

资料来源:根据相关理论和学者研究整理而得。

(一)融资风险

由于"一带一路"沿线国家基础设施建设的资金缺口巨大,项目的融资能力、融资方式、融资结构等都会影响到融资成本和效率。因为金融机构会评估项目的未来现金流,通过计算净现值大小考虑是否投资,且项目多以竞标的方式获得。如果该项目不被投资机构看好、选择私人投资者不善或谈判失败等都将导致资金来源困难,使得项目公司无法在融资期限内完成融资而面临取消资格的风险。同时,"一带一路"沿线国家大多都是发展中国家,金融市场发展不完善,国内外债务负担较重,一旦当地发生债务危机,我国前期投入到这些国家基础设施建设项目工程的资金就难以及时地回笼，可能导致施工方资金链断裂，基础设施项目拖延搁置甚至施工"烂尾"的事件发生。因此，以贷款和长期债券为主的投融资方式恐怕难以为继。急需创新基础设施投融资模式，优化资金来源结构，以国际标准为基础设施项目提供信贷、担保、保险、股权投资、并购重组等多元化金融服务。

（二）建造风险

目前，国际上广泛使用的工程技术标准种类较多，主要包括美标、欧标、俄罗斯标准等，各个标准之间存在较大差异。而且"一带一路"沿线国家使用的标准也各有不同，这对新建基础设施项目的设计、采购、施工、劳务管理等将造成严重影响，从而产生资金预算风险和技术风险。例如，建造材料价格的上升和员工操作失误将会直接增加工程成本。更重要的是，不同类型项目的技术复杂程度各异，技术的可行性、可获得性和设计弹性是影响项目能否如期完工的关键因素。像地铁、桥梁、隧道等交通项目在实施过程中若意外发现地质结构与前期勘测结果不符，将会导致施工方案的重新调整，甚至提高建造等级，从而增加预算成本。同时，如果发生劳动纠纷、违反或侵犯知识产权、分包商争议或破产、材料或资源供应中断、建造质量不达标等，还可能导致项目完工延误。此外，保险风险也不容忽视。例如，保险产品匮乏、特定风险保险不承保或投保所需的保险费用高于预期等。

（三）经营风险

基础设施项目的投资回报主要取决于其经营管理，如果内部管理和监督机制不健全，缺乏有效的责任机制、激励机制和绩效考核机制，工作人员业务素质低下，风险意识薄弱，信息交流与反馈不够准确及时，设备的运行维护不合理等都将影响所提供的产品和服务的质量，直接增加管理费用，有时甚至引发重大的安全事故。特别是在"一带一路"的PPP基础设施项目中，由各投资方和东道国政府（项目发起人）共同组建PPP项目公司对整个项目运作负责。然而，多方经济利益主体的投资目的和风险偏好不同，将导致项目实施中资源与利益分配不均等风险问题，使作为规定和理清各参与主体间权利和义务的"合同"复杂度加大，进而造成项目管理成本增加与项目落地难等问题。此外，当市场需求改变、有其他竞争者进入或特许经营权到期时，基础设施经营主体将不得不为抢占市场份额而改变营销策略，调整产品和服务的价格，从而增加额外的成本开支。

（四）需求风险

对于以使用者付费为重要收益来源的基础设施项目（如高速公路、轨道交通、港口码头、供水和供气项目等），如果产品或服务的市场需求量不足或发生重大变化，就难以保证该项目能够获得充足、稳定的预期现金流，进而对项目的经济性造成不利影响。究其原因，一方面，如果项目投产后的原材料及燃料的价格涨幅超过所提供的产品和服务的价格涨幅，在不缩减利润空间的情况下基础设施公司不得不再次提价，从而减少有效需求。另一方面，突破性技术将导致新的替代品出现，或者消费者偏好的改变，都可能影响基础设施所提供产品或服务的销售数量和销售价格。若实际需求低于预期需求，项目的投资回报率将会降低，甚至引发亏损。

三、微观层面：投资工具特有风险

微观层面风险主要是指由于养老基金在投资基础设施的过程中所选择的具体投资工具所带来的收益不确定性。由于各投资工具所承担的责任不同，它们设计的风险分担比例和市场交易结构的差异导致各自面临的风险存在较大差别。例如，直接投资的主要风险是委托－代理风险和违约风险，债权融资的主要风险是利率风险。以基础设施基金为例，其特有风险包括：定价风险、治理风险和流动性风险等。

（一）定价风险

基础设施大多属于准公共物品，政府为发挥其社会服务功能将会在各个方面进行政策干预。例如，政府可能会出于扶持地方经济发展、缩小收入差距、提高生活水平、维持社会稳定等一些政治因素的考虑，而对基础设施产品或服务制定最高限价，甚至直接调低电费、水费、客运费、过路费等基础设施价格。在某些情况下，政府也可能会改变专项的税收优惠政策或调高贷款基准利率从而导致基础设施项目成本上升、利润受损，尤其是对基础设施债券基金产生较大影响。而且养老基金习惯于以当天的市场价格评估交易资产的价值，而基础设施价值评估的周期多少按季度或更长的时间段，养老基金很难在某一时段准确评估其在基础设施方面的有效投资规模及其收益率。

（二）治理风险

基础设施投资对养老基金而言是个新生事物，它的有效运营、管理、治理都是一个很大的挑战。例如，应该考虑投资什么类型的基础设施项目，应该采取什么投资方法，哪些部分应该进行服务外包，以及需要咨询什么样的专业人才等。而且它的融资安排、建筑技术、管理流程、风险控制等都有其特殊性，养老基金内部必须具备专业的投资管理团队对项目进行风险和收益的评估以及资产评估。特别是对私募股权基础设施基金而言，"一带一路"沿线国家的顶尖基金管理机构较少，大多缺乏基金全生命周期的运作经验，从历史业绩、内控流程、人员素质、品牌影响等多方面尚与发达国家的基金管理机构存在一定差距。况且私募股权基础设施基金的投资决策多由普通合伙人做出，这就有可能造成相关主体之间的利益冲突。据普华永道（2017）的调查报告显示，73%的投资者不相信普通合伙人和有限合伙人的利益是一致的，同样的很多投资者对基础设施资产生命周期与其投资工具生命周期的不匹配也表示不满。[①] 此外，由于私募基金没有严格的信息披露要求，因此信息不透明是最大的潜在风险。凡是涉及私募基金运作、资金转移及项目跟踪管理等过程，都在很大程度上存在信息披露不充分的可能。由此可见，养老基金自身及其对投资项目的治理效率都将影响最终的收益率。

（三）流动性风险

由于基础设施项目投资的规模大、周期长，私募股权基础设施基金的募资对象主要是资金实力较强的国际金融机构、主权基金、养老基金等大型机构投资者和高净值个人投资者。不仅投资者类型相对单一，而且持股又以阶段性为主。私募基金一般不寻求控股地位，并不以长期持有股权为目的，通常在 5 ~ 10 年内通过首次公开发行（IPO）、并购重组、企业或股东回购等方

---

① 普华永道. 基础设施与资本项目行业调研结果摘要［R/OL］. 全球 CEO 调研第 20 期，(2017 – 07 – 04). https：//www.pwccn.com/zh/research – and – insights/ceo20/capital – projects – and – infrastructure.html.

式退出。况且未上市基础设施股权的流动性较差，二级市场发展不成熟，当投资策略发生改变时很难在短时间内减少投资规模或将其资产变现。尽管绝大多数 DC 型养老基金对流动性没有太高的要求，但是养老基金若选择投资私募股权基础设施基金，可能在项目发生损失前因为缺乏快速有效的退出机制而导致巨额损失。

四、养老基金投资基础设施的风险特征

在"一带一路"背景下，养老基金投资基础设施所涉及的参与主体、投资环节、融资方式和审批程序等纷繁复杂，导致投资风险呈现多样化、阶段性和动态性等特征。

（一）风险的多样性

基础设施项目类型、投资结构、公私合作模式的多样性使得每一个具体项目的参与主体、合同结构和运作程序都会有其自身的特点。以公私合作的基础设施项目为例，整个项目从前期准备、招标、融资到实施（设计、建设、运营直至移交给政府）的过程中，参与主体包括政府授权的公共部门及私营企业、PPP 项目公司、金融机构（银行、保险公司、投资咨询公司）、设计单位、施工单位、供应商、运营商以及消费者等。各参与主体通过签订相关合同及协议形成了复杂而明确的合作关系，且某些参与主体同时扮演多个角色，项目最终的成败将完全取决于合作关系是否顺畅。但是由于各方的期望收益及其表现形式、衡量方式各异，即使相同风险对不同参与主体的作用机理、传导方式和影响程度也具有多样性的特点。此外，东道国政府也参与其中，政府自身的行政管理效率以及政治目标和公共利益的权衡取舍也使得 PPP 基础设施项目的风险分担更为复杂。因此，养老基金投资基础设施将面临不同的投资周期、投资渠道和市场参与主体，各种风险因素交错影响，从而加大其投资过程中所面临的不确定性。

（二）风险的阶段性

基础设施项目的生命周期大致分为准备、招标、融资、实施四个阶段。准备阶段包括项目的筛选和立项、招标准备及资格预审等，招标阶段包括准

备投标文件、评出候选中标者以及谈判和选定中标者等，融资阶段包括融资的决策、结构、谈判和执行等，实施阶段包括项目设计、建设、运营、维护和移交等。有的风险贯穿于项目始终，例如，政策风险、法律风险、自然风险等。有的风险则存在于项目的特定阶段，例如，项目建设阶段主要面临完工风险和技术风险，招标阶段主要面临私人投资者选择不善、投标不中和谈判失败等风险，融资阶段主要面临资金不足、破产和利率变动等风险，运营阶段主要面临竞争风险和市场风险等。因此，各个阶段风险管理的目标和对象都有所不同，需要针对性地开展风险的识别、度量、分配、管理和监控。

（三）风险的动态性

从时间维度看，养老基金从缴费、投资到给付需要 25～40 年的时间，而基础设施项目从筹划立项、实施建设、竣工投产、运营管理、再到回收投资达到预期目标的过程也是 10～99 年不等。在这漫长的过程中，随着基础设施项目性质和投资环境的变化，将会不断产生新的风险，而已识别风险的性质、大小以及影响范围和严重程度也将会产生变化。例如，当 PPP 基础设施项目建成运营时，如果项目性质由准经营性转为经营性，那么早期认为需要重点管理的市场收入不足风险和服务收费的政策限制风险已不再那么重要。因此，整个投资过程中需要不断重复全面风险管理的各项工作，对各种风险因素重新进行识别和度量，从而掌握其动态变化规律。

第四节 "一带一路"背景下养老基金 投资基础设施的风险管理

作为关系国计民生的重要项目，基础设施投资的一般目标是实现经济效益、社会效益和生态效益的最大化，而养老基金在投资过程中却追求资本的价值增值和投资收益的最大化。由于选择不同的基础设施投资工具，投资不同的基础设施领域或不同的基础设施项目发展阶段，养老基金投资期限、资本要求和投资风险也存在较大差异。通常情况下，直接投资（基础设施项目贷款、债券和股票等）比间接投资（基础设施产业基金、私募股权基金、基金的基金等）面临的风险因素更多，非上市投资比上市投资面临的风险损失更大。因此，养老基金必须以全面风险管理思想实施有效的风险控制策略。

一、养老基金投资基础设施的风险管理流程

养老基金投资基础设施项目是一个长期且复杂的投资决策过程，为降低养老基金、金融市场、中介机构和项目本身等多方面潜在风险的影响，养老基金必须通过风险识别、风险分析和评估、风险分担、风险消减、风险控制和监管，采用合理有效的经济和技术手段对基础设施投资整个过程中的风险加以整合处理，采取主动管理、分散转移、风险对冲等策略，最大限度地避免或减少风险事件所造成的基础设施项目实际收益与预期收益的偏离。

具体的风险管理流程（如图 4-11 所示）包括：（1）风险识别。养老基金应通过感性认识、历史经验、背景资料分析以及专家访谈等，确定风险来源、风险种类、产生原因和风险特征，并形成一个全面的风险列表。（2）风险分析和评估。养老基金应在风险识别的基础上，对风险发生的概率、损失程度、相互影响效应和其他因素进行综合地定性和定量分析，对所有风险因素进行重要性排序和评估。主要评估内容包括基础设施项目风险评估、项目公司财务效益评估、各投资方式风险评估和宏观经济社会环境评估等，然后形成风险指标体系和风险等级量表。（3）风险分担。养老基金根据各方的风险承受能力、管理能力、掌握的资源和对风险的厌恶程度等进行全面分析，通过谈判协商确定有关各方的风险分担比例和机制，制定有效的风险应对措施。同时，建立风险分担的动态调整机制和再谈判触发机制。在初始风险分配的基础上，灵活动态地调整各方在投资过程中的权、责、利，并以有关政府部门为主导，保证未识别风险的分配与初始风险再分配谈判过程的顺利开展。（4）风险消减。养老基金应利用可靠的信息技术系统，通过风险预防、风险保留、风险转移、风险对冲、风险担保等手段，改变风险事件发生的频率和损失程度，以防各种风险之间的交互影响带来更大的投资损失。（5）风险监控与改进。考虑到基础设施项目投资的复杂性和长期性，养老基金不论是直接投资还是间接投资该项目都必须进行长期的风险跟踪和动态监控，持续审查和控制其发展变化，以确保将风险控制在养老基金的可接受范围内，并对风险管控策略的及时性和有效性进行定期评估，然后将全面风险管理的

绩效报告提交给相应的责任人和管理层。若监测到新的风险因素或风险事故则返回到开始环节，进行新一轮的风险管理流程。

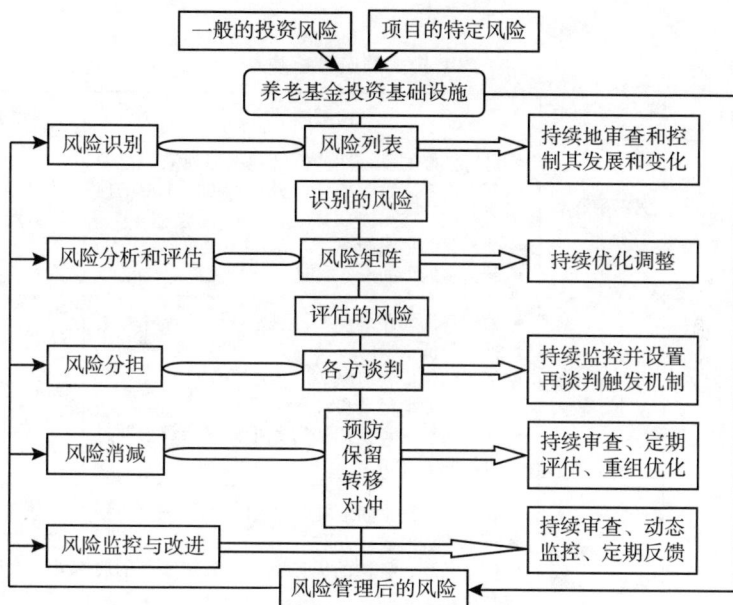

图 4 –11　养老基金投资基础设施的风险管理流程

资料来源：根据相关理论和学者研究整理而得。

二、养老基金直接投资基础设施的风险管理策略

（一）养老基金采用 PPP 模式的风险分担

养老基金采用 PPP 模式投资"一带一路"沿线国家基础设施项目的面临的风险较多，主要有政治风险、汇率风险、技术风险、运营风险、需求风险、自然风险等，各种风险在公私合作各方之间的优化配置是实现 PPP 模式运行效率的关键。从 PPP 模式的风险矩阵来看（如表 4 – 3 所示），特定的风险应当分配给最能够影响风险结果的合作方，以使得该风险对项目的危害最小化。若是合作各方都无法控制及管理的风险，则应当分配给风险承担能力最强的合作方。而合作各方都能够控制及管理的风险，则应当分配给能够以最低成

本有效管理该风险的合作方。通过建立公平合理的风险分担机制，为东道国政府机构、民营企业、养老基金和多边金融机构等提供适当的激励，从而提高基础设施项目的投资管理效率。

表 4 – 3   PPP 模式的风险矩阵

主要风险	频率	后果	风险减缓措施	风险承担者
项目发起风险	偶尔发生	影响较小	• 进行较好的可行性分析（包括对所有风险及其可能带来影响的全面分析和可能采取的应对措施） • 惯例化的尽职调查 • 聘请有能力的事务顾问	政府或实施机构
发起人风险	可能发生	影响较大	• 信用咨询和评级 • 拥有最低水平的股权 • 银行的保证和担保 • 过去的业绩记录和财务状况分析 • 对私人投资者使用非财务指标进行评价并进行尽职调查	政府或实施机构
成本超支风险	偶尔发生	影响中等	• 在承包合同中固定成本和完工时间 • 审查工程的设计方案 • 应急条款，备用的债务融资工具或额外的股权承诺 • 持有项目承包商的股权	基础设施项目公司或私人投资者（可转给承包商）
延迟完工风险	可能发生	影响较小	• 严格审查承包商或分包商的技术能力和经验 • 保留款，签订完工保证书并实时监控 • 合同中设置相应的惩罚机制	基础设施项目公司或私人投资者（可转给承包商）
投入供给风险	容易发生	影响较小	• 合同中设置违约赔偿金条款 • 有担保的供给来源 • 如果投入失败或短缺不是由于人为原因造成的可以考虑援助	基础设施项目公司或私人投资者（可转给承包商）
运营风险	容易发生	影响严重	• 技术提供者的保证 • 明确的产出说明 • 建立偿债基金并提取项目维护准备金，签订保修协议 • 规范、细化运营和维修合同，并在合同中设置相应的惩罚机制	基础设施项目公司或私人投资者或运营与维护的承包商
需求或收入风险	容易发生	影响严重	• 实事求是的需求研究和敏感性分析 • 签订长期的承购合同 • 对市场定期监管，价格指数化 • 必付合约（无论提货与否均需付款）	政府和私人投资者共同承担

续表

主要风险	频率	后果	风险减缓措施	风险承担者
税率变化风险	可能发生	影响较小	• 对财务收益的稳健性进行敏感性分析 • 如果这种变化是差异性的就实施补偿	变化是可预期或无差异的由项目公司或私人投资者承担，否则是由政府承担
不可抗力风险	极少发生	影响严重	• 保持现金流的稳健性 • 增加防范措施并提取专项准备金 • 规定应对这种周期性不可抗力影响的合同条款	基础设施项目公司或私人投资者
政治风险	极少发生	影响较大	• 购买政治风险保险 • 明确的补偿条款	基础设施项目公司或私人投资者
各方纠纷风险	偶尔发生	影响中等	• 建立一个合同管理框架并正规化管理责任 • 在合同中明确纠纷调解机制 • 适当的监管机制 • 合同终止	政府或基础设施项目公司或私人投资者

资料来源：ESCAP. A Guidebook on Public-Private Partnership in Infrastructure［R］. United Nations Economic and Social Commission for Asia and Pacific，2011。

特别是对养老基金投资 PPP 基础设施来说，最终的风险分担决策主要考虑两个因素：第一是在险资本。它可能发行股权分置股票，要求合作各方和项目经理在养老基金认购股权或债务之前拥有基础设施项目一定份额的非流动股权，这将激励他们更好地管理项目的所有风险。但是通过这种方式获得的资本很可能并不足以弥补养老基金因重大不利事件所遭受的损失，因此养老基金将会考虑在险资本，但必须尽量用自己的方法进行全面的项目评估。第二是管理能力。建造和运营有形资产并不是养老基金的核心竞争力，因此它将与基础设施资产的设计、建造和运营相关的风险转移给建筑公司、承包商、项目经理和保险公司等。在管理和配置基础设施项目投资风险的过程中，养老基金应该遵循的主要原则包括：（1）风险分担的成本效率原则。风险的承担者必须最具有管理该风险的能力，对其最有影响力和控制能力或者是对其最有承受能力和成本最小的一方。例如，公共部门更适合承担政治风险、法律风险和监管风险，施工单位更适合承担建造风险和技术风险，而养老基金等私人投资者则更适合承担市场风险和运营风险等。（2）风险承担的上限原则。当任何一方不具备承担该风险的能力或超出其可控范围之外时，可通过签订担保合同、购买保险或组织结构上进行合作来分散或转移风险。（3）适度风险保留原则。当没有任何一方可以有效地管理该风险时，它在合同中将没有分担机制或承担主体，而是由特殊项目公司默认保留。比如特许经营合同的风险，它将通过征收更高的费用而转移给最终使用者。总之，PPP融资模式的风险分担目标是在整体风险一定的情况下，使得合同各方对风险分担方案的整体满意度达到最大，以减少风险发生的可能性、降低风险造成的损失以及风险管理成本。

（二）养老基金采用PPP模式的风险管理策略

1. 风险预防

养老基金采用PPP模式直接投资基础设施项目应该从源头上预防和减少可能发生的风险事件。首先，养老基金管理人应在机构内部成立专门的投资风险管理委员会，由财务、投资、经济、工程、法律顾问、环境评估等方面的专家组成基础设施投资研究团队，负责项目的投资决策和风险管理。同时，积极参与项目公司的公司治理，持续改进影响其风险管理能力的内控机制、组织架构、信息披露制度等，并帮助其建立"规模化、专业化、效益化、品牌化"的经营理念，整合和延伸项目的价值链。其次，做好尽职调查。养老基金应对基础设施项目公司和项目本身进行全面的可行性评估。一方面，应分析基础设施项目公司的财务状况、经营业绩、信用等级、治理结构等，对可能的潜在风险进行评估，并建立风险预警机制，制定风险预算。另一方面，应对新建基础设施项目的业务发展规划、建筑技术难度、市场需求和预期回报等情况有清楚的了解，而对现有基础设施项目应清楚其运营现状、运营机制、财务模型和维护风险等情况。同时，确保养老基金对完工风险、信用风险、运营风险、需求风险和维护风险等进行全面评估后，做出审慎的投资决策。最后，选择有竞争力的合作方。养老基金在选择项目承包商、信用评级机构、保险公司等时应采用公开招标的方式，引入竞争机制。在符合严格准入标准的基础上，主要考察合作方的行业信誉、历史经验、经营业绩、管理水平和现金流状况等是否存在潜在风险隐患，以及其参与项目合作的诚意。

2. 风险分散

由于风险的关联程度越低越有助于实现风险对冲，降低养老基金投资组合的非系统性风险，因此养老基金在选择基础设施投资项目时应充分考虑投资地域、投资部门和投资阶段的分散。首先，不同地区的经济发展水平、基础设施完善程度、产业结构、市场环境和文化习俗等也会有差异，而且基础设施的网络效应和产业聚集效应将使得相同的基础设施投资项目产生不同的短期和长期收益。其次，基础设施各部门之间（如公路、铁路、机场、天然气输送管道等）因其服务性质和产业政策不同，也具有不同的风险收益特征。据彼弗曼（Beeferman，2008）研究发现，运营阶段的高速公路、铁路、机场在 1～5 年内的平均现金流收益分别为 4%～8%、8%～12%、5%～10%，相应的风险等级为低、中、中。最后，基础设施项目的不同发展阶段也具有不同的风险收益特征。根据生命周期理论，基础设施项目将其分为早期阶段、成长阶段和成熟阶段。早期阶段主要是指投资于新的道路、桥梁、隧道修建，或没有建立起值得信赖的需求模式的项目等，投资风险和收益都比较高。成长阶段一般投资于现有基础设施的扩建或私有化，由于可以知道其过去的经营业绩，以便对其未来的长期收益率做出更好地估计，投资风险和收益相对适中。而成熟阶段主要投资于已经被认为是成熟的基础设施资产，投资风险较低且收益较稳定。以收费公路为例，它在以上三个阶段的内部收益率和标准差分别为 12% 和 16%、10% 和 10%、8% 和 7%（Beeferman，2008）。

3. 风险转移

由于直接投资涉及政府、项目公司、承包商等多个参与主体，养老基金可以通过谈判协商、合同设置、购买保险的方式将基础设施项目风险进行有效转移（如表 4-4 所示）。具体操作方法包括：第一，增加合同条款。养老基金应通过协商在合同中加列保值条款、均摊损益条款、计提风险准备金条款以及相应的惩罚和补偿机制等。同时，要求基础设施项目公司设立风险预警指标体系和风险预算方案，并计提一定额度的风险准备金以弥补完工风险、成本超支风险、运营风险等造成的损失。第二，购买保险。对于"一带一路"PPP 基础设施项目中各合作方均不擅于管理的政治风险、自然风险、金融风险等，可以引入商业保险机制，由国际保险公司针对不同国家和市场的差异制定相关保险制度，为其提供财产一切险、机器损坏保险、营业中断险、公众责任险等，或通过金融机构的担保、保证等规定 PPP 基础设施项目合同中的资金延期拨付所应承担的赔偿责任，从而转移养老基金的投资风险。第三，政府担保。基础设施 PPP 融资项目中的政府担保形式主要有最低收益率担保、价格调整担保、债务担保、限制竞争保证和购买保证等，它是政府的一种承诺，也是或有债务，更是政府对基础设施项目所有未来债务承担部分风险的具体表现。虽然这对养老基金的投资不会马上产生现金支付，但却增加了投资项目的信用等级，在很大程度上降低了信用风险。

表4-4　　　　　　　　　　基础设施融资的财务风险减缓措施

措施	工具
1. 担保（由政府、管理机构或发展银行提供）	最低付款金额；以防违约的担保；以防再融资的担保；汇率的担保
2. 保险（由私人部门提供）	包括技术担保、保证、商业风险和政治风险保险
3. 对冲（由私人部门提供）	衍生品合约如互换、远期、期权等
4. 合同设计	建立有效的支付机制；签订承购合同
5. 资本筹集（由政府、管理机构或发展银行提供）	发行次级债；债务融资；权益融资
6. 补贴和税收	一次性补助金；收入补贴；债务利息补贴；实行对特设受托机制 SPV 有利的税收计划；实行对权益投资者有利的税收计划

资料来源：根据相关理论和学者研究整理而得。

4. 风险监管

PPP 模式基础设施项目投资风险的多样性、复杂性和动态性决定了养老基金必须进行持续动态监管。鉴于 PPP 模式本是建立在联合投资、共担风险、共享利益的基础上，因此基础设施项目风险的监管包括政府监管、养老基金监管和社会监管等。首先，政府监管体现在养老基金和基础设施两方面。一方面，政府应对养老基金投资出台专门的法律法规，明确投资基础设施的投资原则、投资工具、投资比例以及风险控制和补偿机制，并要求养老基金定期提供专门的投资分析报告，以防止它们承担过多的风险进行投资而危害退休者的切身利益。另一方面，政府应该利用电子网络平台确保基础设施项目招标条件、投标人、招标过程等相关信息公开透明，并组织各领域专家或委托权威专业投资咨询机构对投标人和其他合同方的资质进行严格审核。同时，加强对有关部门和人员的监督，确保责任落实到位，并抑制贪污腐败。其次，养老基金的监管包括现场监管和非现场监管。其中，现场监管主要是定期检查基础设施项目公司的工程进度、工程质量、营运状况、市场需求、财务状况等。而非现场监管主要是定期检查基础设施项目公司的财务报告、资产负债报告、审计报告等相关资料，同时利用网络建立动态检查表和动态合同体系。或者在基础设施项目公司内部成立独立的监管机构，由其通过事前、事中和事后监管相结合的方式对公司运营管理进行监督，并对存在的问题提出整改意见。最后，社会监管主要利用信息机制、竞争机制和声誉机制等让整个基础设施投资更加的公正、透明。例如，要求项目公司定期接受外部会计机构或审计机构的财务审核，通过年报等信息披露接受社会公众的监督。

三、养老基金间接投资基础设施的风险管理策略

（一）投资方式的评估

养老基金间接投资基础设施项目的风险因其采用的投资方式不同而风险类型各异。比如项目贷款，养老基金将以基础设施项目公司的偿债能力和意愿为核心，从行业信誉、盈利状况、偿债能力、经营发展潜力等方面对其进行信用等级评定和综合评价。由于贷款本金与利息来源基础设施项目未来的现金净流量和项目本身资产价值，因此养老基金还需利用净现值、内部收益率、单位成本收益率等指标对项目的风险和收益特征进行评估。而基础设施产业投资基金（尤其是非上市的有限合伙私募基金）的财务状况和管理运营等信息不公开，资产的公允价值难以确定，养老基金在进行投资决策时应充分考察基金类型、基金规模、投资期限以及退出机制等，重点评估可能会面临的委托代理风险和管理风险。

（二）投资风险的分散

养老基金对基础设施投资风险的分散主要通过投资工具、投资地域、投资项目的分散来完成。投资工具的分散是指将养老基金在基础设施贷款、债券、股票、投资基金、项目融资及其他与之相关系数较低的各种投资工具之间进行分散投资，并确定相应的资产配置比例以实现风险和收益的有效对冲。投资地域的分散是指将养老基金在国内不同地区或国内外的基础设施项目之间进行分散。由于"一带一路"沿线国家基础设施项目的私营化、市场化以

及基础设施系统和金融市场的发展完善程度各不相同，其投资机会的可获得性、投资的风险收益和资产增值潜力也各异。一般而言，发达地区或国家基础设施项目的发展成熟度和市场化程度更高。鉴于养老基金的管理能力和风险承受能力，可先从已拥有稳定现金流回报的成熟基础设施项目入手。投资项目的分散是指将公路、铁路、机场、新能源等的经济性基础设施和教育、医疗等社会性基础设施项目之间进行分散。当然，最稳妥的办法就是进行基础设施指数投资或投资基础设施产业基金和基础设施基金的基金。

（三）投资损失的补偿

养老基金投资基础设施项目的损失补偿可以通过最低收益保证制度、抵押和质押等向第三方机构转移。具体而言，第一，最低收益保证制度是养老基金与投资管理机构签订委托投资合同时，在合同中可参照上市基础设施公司的平均收益设定一个最低投资收益率标准。若实际收益率没有达到规定的预期收益标准，养老基金可以要求投资管理机构以其他资产收益进行弥补，并减少其应得的基本管理费用。第二，抵押和质押是养老基金为了保证顺利收回本金和利息，要求基础设施项目公司提供具有价值增值潜力和易于变现的实物资产为其债务提供抵押或质押担保，例如，公路、铁路或者桥梁的经营权以及上市公司无限售的流通股份等。当债务人不能按时履行债务时，养老基金有权依法以该财产折价或者拍卖、变卖该财产而获得的价款优先受偿。

第五章

养老基金投资基础设施的国际经验

第一节　国际养老基金投资基础设施的整体现状

经历 2008 年金融危机带来的巨额亏损后，各国开始重新审视养老基金的投资工具和投资策略，基础设施投资逐渐成为养老基金业内关注的焦点。根据 OECD 调查显示，截至 2010 年底，共有 28 只大型养老基金投资基础设施项目，投资额总计达 418 亿美元，占总资产 2.9%。其中，2.6% 投向非上市权益类产品（70 亿美元的基础设施基金和 309 亿美元的直接投资），0.3% 投向了固定收益类产品（35 亿美元的基础设施债券及 3.8 亿美元的贷款）。截至 2017 年底，共有 49 只大型养老基金投资基础设施项目，投资额总计达 1208 亿美元，占总资产 4.3%。其中，3.9% 投向非上市权益类产品，0.4% 投向了固定收益类产品。① 而且

---

① OECD. Survey of Large Pension Funds and Public Pension Reserve Funds［R/OL］. 2019. https：//www. oecd. org/pensions/survey‐large‐pension‐funds. htm.

个别养老基金投资基础设施的比例甚至高达20%，但这并不具有可比性。因为各国养老金基金投资基础设施的模式和渠道不同，也暗含了它们对基础设施投资的不同认知。根据是否将基础设施作为单独的资产配置类别，我们将这49只大型养老基金中最有代表性的分为以下两组。

第一组，将基础设施作为单独的资产类别纳入养老基金投资组合的目标配置，以来自澳大利亚、加拿大、丹麦、荷兰、英国等的养老基金为主，投资渠道主要是基础设施基金和直接投资基础设施项目等非上市股权投资（如表5-1所示）。从投资比例看，截至2017年年底，加拿大养老基金CPPIB、地方政府养老金计划（Local Authorities Pension Plan）、OMERS和OTPP的基础设施投资占比分别为7.5%、8.4%、16.3%和10.1%，且全部是非上市基础设施股权投资。而澳大利亚超级年金基金（AustralianSuper）、CBUS和Hostplus的基础设施投资占比分别为10.5%、9.3%和10.0%，其中非上市基础设施股权投资为9.9%、8.9%和10.0%。随后是丹麦养老基金PensionDanmark和英国养老基金USS，它们的非上市基础设施股权投资比例分别为9.7%和8.7%。从投资金额看，荷兰养老基金ABP投资最多，为545464美元，是排名第二的加拿大养老基金CPPIB的两倍多。排名第三的荷兰养老基金PFZW对基础设施的投资比例约为CPPIB的一半，但投资总额却较为接近。此外，加拿大养老基金OMERS的基础设施投资比例虽然最高，为16.3%，但投资总额却不到ABP的1/30。由此可见，养老基金的基础设施投资与自身的资产规模、投资能力、基础设施投融资市场的发展密切相关。但整体而言，澳大利亚和加拿大的养老金基金在基础设施投资方面走在了最前面，积累了近二十年的直接投资经验，投资组合中有5%~20%的比例配置在了基础设施领域。而欧洲的养老基金则是在近十年才开始将基础设施作为一个单独的资产类别纳入投资组合中，其资产配置比例约为5%左右。尽管如此，这些养老基金都在积极地从国内外寻找新的投资机会，比如在全球范围内选择成熟的基础设施项目进行非上市股权投资或直接投资于新兴市场国家的新建基础设施项目。

表 5 - 1   第一组大型养老基金投资基础设施的比例

基金名称	国家	总投资额（美元）	基础设施投资占总资产比例（%）			
			非上市股权	上市股权	债权	总占比
CPPIB	加拿大	268763	7.5	—	—	7.5
Local Authorities Pension Plan	加拿大	34019	8.4	—	—	8.4
OMERS	加拿大	17044	16.3	—	—	16.3
OTPP	加拿大	147750	10.1	—	—	10.1
AustralianSuper	澳大利亚	101162	9.9	—	0.6	10.5
CBUS	澳大利亚	33910	8.9	0.4	—	9.3
Hostplus Superannuation Fund	澳大利亚	22640	10.0	—	—	10.0
BASF Pensionskasse	德国	11408	4.7	—	2.6	7.3
ESB	爱尔兰	4542	4.8	—	—	4.8
PFZW	荷兰	236479	3.8	—	—	3.8
PMT	荷兰	83377	0.7	—	—	0.7
Stichting Pensioenfonds ABP	荷兰	545464	2.4	—	—	2.4
PensionDanmark	丹麦	34354	9.7	—	—	9.7
AP1	瑞典	40511	1.4	—	—	1.4
USS	英国	87060	8.7	0.4	1.7	10.8
GEPF	南非	152812	0.1	—	0.2	0.3
Pensionskasse Post	瑞士	17362	2.5	—	—	2.5
Valtion Eläkerahasto	芬兰	23479	1.2	—	—	1.2

资料来源：OECD. Annual Survey of Large Pension Funds and Public Pension Reserve Funds［R/OL］. 2019. https：//www. oecd. org/pensions/survey – large – pension – funds. htm。

第二组，不将基础设施作为单独的资产类别，而将其纳入养老基金投资组合的股票配置或固定收益类资产配置，以来自巴西、爱尔兰、智利、瑞典、阿根廷等的养老基金为主，投资渠道主要是基础设施债券和上市公司股票（如表 5 - 2 所示）。从投资比例看，截至 2017 年年底，西班牙养老基金 Endesa 对基础设施的投资比例最高，为 12.2%。随后是罗马尼亚养老基金 Azt Viitorul Tau，为 10.7%，且全部投资上市基础设施公司股票。而排名第三的阿根廷养老储备基金 Sustainability Guarantee Fund（SGF）的投资比例为 7.8%，且全部投资基础设施债券和贷款。从投资金额看，阿根廷养老储备基金 Sustainability Guarantee Fund 投资基础设施的资产最多，达 64655 美元。而西班牙养老基金 Endesa 投资的最少，仅 2092 美元。排名第二和第三的依次是芬兰养老基金 Keva 和巴西养老基金 Previ，投资总额分别是 62209 美元和 56687 美元，与排名第一的阿根廷养老储备基金 SGF 的投资总额十分接近。从投资工具看，该组养老基金大多也在基础设施非上市股权投资方面进行了探索，除巴西养老基金 Previ 和瑞典养老基金 AP3 外，投资比例基本在 0 ~ 2% 之间。

表5-2 第二组大型养老基金投资基础设施的比例

基金名称	国家	总投资额（美元）	基础设施投资占总资产比例（%）			
			非上市股权	上市股权	债权	总占比
FAPES-BNDES	巴西	3232	0.8	—	3.6	4.4
Previ	巴西	56687	5.1	—		5.1
Valia	巴西	6701	0.3	—	1.1	1.4
Pension Fund of Commerce	爱尔兰	6366	0.8	3.7	2.6	7.1
Bank of Ireland	爱尔兰	6320	1.0	6.0	—	7.0
Lifeyrissjodur Starfsmanna Rikisins	爱尔兰	7869	0.2	0.6	1.8	3.6
Azt Viitorul Tau	罗马尼亚	2216	—	10.7		10.7
CGD Pensões	葡萄牙	3179	1.7	2.0		3.7
Endesa	西班牙	2092	0.3	5.8	6.1	12.2
FRR	法国	43724	0.1	—		0.1
Pension Reserve Fund	智利	10858	—	3.0	4.4	7.4
AP3	瑞典	42055	3.3	0.7		4.0
AP4	瑞典	43453	—	4.7		4.7
Keva	芬兰	62209	0.8	0.2	0.3	1.3
Sustainability Guarantee Fund	阿根廷	64655	—	—	7.8	7.8
Superannuation Fund	新西兰	26837	1.7	0.7	—	2.4

资料来源：OECD. Annual Survey of Large Pension Funds and Public Pension Reserve Funds [R/OL]. 2019. https：//www.oecd.org/pensions/survey - large - pension - funds.htm.

由此可见，若将基础设施作为单独的资产类别，则养老基金在基础设施领域的投资总额明显较大，且更愿意选择非上市股权的形式投资。同时，这些养老基金大都设置了基础设施投资的目标配置比例，并在年度报告中对该项资产的投资收益进行专项统计。而没有将基础设施作为单独的资产类别的养老基金则是将其纳入大宗商品、房地产、私募股权基金这样的另类资产类别，这主要是因为养老基金本身资产规模有限，对非上市基础设施投资的风险容忍度和管控能力较低，且政府大多实施数量限制型投资监管模式。但随着基础设施投融资市场的对外开放和创新发展，全球养老基金将有望采取非上市股权、上市股权和债权等不同的方式投资基础设施项目。

第二节 加拿大的实践探索
——直接投资

一、加拿大基础设施市场的发展

在 19 世纪 50~70 年代，为了确保快速的经济增长、帮助平衡预算、降低债务水平、获得相当廉价的融资来源，加拿大联邦政府和省政府利用公款直接投资于高速公路、桥梁、港口、运河等基础设施项目的建造和维护。但在 80~90 年代，政府财政状况恶化和债务水平上升限制了政府承担新的大型基础设施项目的能力。由于加拿大是联邦国家，基础设施投资修建的责任是由各级政府共同分担。其中，联邦政府主要负责像港口这样全国意义上的基础设施项目并对省政府提供财政支持，省政府主要负责医院、大型城市间高速公路和学校等基础设施，而市政府主要负责道路、供水、污水处理等地方基础设施。它们几乎拥有 2/3 的基础设施资本存量，省政府拥有近 1/3，中央政府只有 3%，而且省政府和地方政府在基础设施的采购和融资方式也存在显著差异。目前，管理加拿大基础设施建设的主要政府部门是加拿大基础设施部（Infrastructure Canada），负责牵头基础设施政策制定和项目实施，主要通过投资、建立伙伴关系、制定政策、实施项目和知识培育等来确保加拿大人受益于先进的现代公共基础设施。

关于基础设施项目融资的发展，加拿大自 20 世纪 90 年代开始在连接加拿大东部两个省份之间的桥梁项目中尝试运用 PPP 模式，并大获成功。为了更好地实施该模式，加拿大政府在 1993 年专门成立了加拿大 PPP 国家委员会（Canadian Council for Public-Private Partnerships，简称 CCPPP），同时建立 PPP 项目库。该委员会是一个非营利、非党派的组织，其成员来自广泛的公共部门和私人部门，致力于促进所有层级的政府采用 PPP 模式提供基础设施和公共服务。2008 年，加拿大以皇家公司的形式建立了联邦政府所有的 PPP 单位——PPP 加拿大（PPP Canada），该机构设有独立的董事会，但按照商业模式运作，通过财政部向国会报告。而且 PPP 加拿大还设立了一个总额为 12 亿美元的"加拿大私合作伙伴关系基金"（P3 Canada Fund），为 PPP 项目提供不超过投资额 25% 的资金支持。① 在 PPP 基础设施项目中，省、市、中央政府均可作为采购人，主要投资领域涉及交通（如收费公路、桥梁）、社会基础设施（如医疗保健、学校、监狱）以及污水和垃圾处理等，逐渐成为政府解决财政资金短缺和更新改造陈旧基础设施的重要方式。2013 年，加拿大政府设立了"建设加拿大基金"，计划在之后 10 年内调动 140 亿加元投资到建设各级政府基础设施项目上，以创造更多就业机会、拉动经济增长以及进一步提升生产效率。2016 年，加拿大政府通过了"投资加拿大"（Investing in Canada）计划，计划在之后 12 年内在公共交通、绿色基础设施、社会基础设施、贸易和运输基础设施以及农村和北部社区基础设施等方面提供 1800 多亿加元投资。2017 年，为刺激长期经济增长，加拿大政府又创建了基础设施银行（Canada Infrastructure Bank），旨在以公共资金为杠杆，撬动私人投资参与公共交通、高速公路、电网工程等重大基础设施项目建设。该银行的资金规模为 350 亿加元，其中 150 亿加元来自现有基础设施建设计划获得的额外资金，另外 200 亿加元将在未来采取公私合作方式（PPP）建设具体项目时，通过发行股票或债券筹集。关于加拿大未来的基础设施发展规划，联邦政府在 2017～2018 财年政府预算案中强调将基础设施建设作为优先领域加大投入。② 具体包括：（1）推出"国家住房战略"，计划在未来 11 年拨款 112 亿加元建设普通民众能承受得起的住房。（2）支持落实《清洁增长和气候变化

---

① 加拿大 PPP 的发展对中国 PPP 发展有何启示［N/OL］. 搜狐网，（2018 – 05 – 12）. https：//www. sohu. com/a/231352573_100053329.

② 加拿大基础设施状况［N/OL］. 中华人民共和国驻加拿大经济商务参赞处，（2019 – 05 – 30）. http：//ca. mofcom. gov. cn/article/ddgk/zwjingji/201905/20190502868084. shtml.

泛加拿大框架》，拨款 219 亿加元建设"绿色基础设施"。（3）增加可再生能源使用占比，继续积极筹建加拿大基础设施银行。（4）完善"社会基础设施"，在之后 10 年拨款 70 亿加元，为中低收入家庭建设更多托儿所等。

根据 CCPPP 统计显示，在 1991~2019 年间，加拿大总共启动 PPP 项目 286 个（其中包括再运营项目、再建设项目和再融资项目），涵盖了 10 个省和 3 个特别行政区，项目的总市场价值超过 1390 亿加元。截至 2019 年底，健康医疗是加拿大运用 PPP 最多的行业，共有 101 个项目，比 2016 年增加 9.8%。其次是交通运输领域，共有 79 个项目，比 2016 年增加 31.7%，也是增速最快的行业。而司法、水和废水、教育、娱乐和文化、能源行业运用 PPP 的项目数量均在 10~25 个之间，建筑（包括大学宿舍楼和政府廉租房等）、政府服务、信息技术等行业也开始运用 PPP 模式，但均不超过 10 个项目（如图 5-1 所示）。在项目融资方面，加拿大本地银行和外国银行一直积极为加拿大基础设施提供融资。但加拿大银行比其他欧洲银行更加保守，采用更加谨慎的方法为基础设施提供贷款，尤其是短期贷款。而且加拿大基础设施对银行融资的依赖性较小，PPP 债券直接是加拿大债券指数的组成成分，传统的保险行业在提供长期融资方面也发挥了重要作用。PPP 项目的融资方案本身具有约 90% 高杠杆作用，项目建设期主要通过长期债券市场和银行融

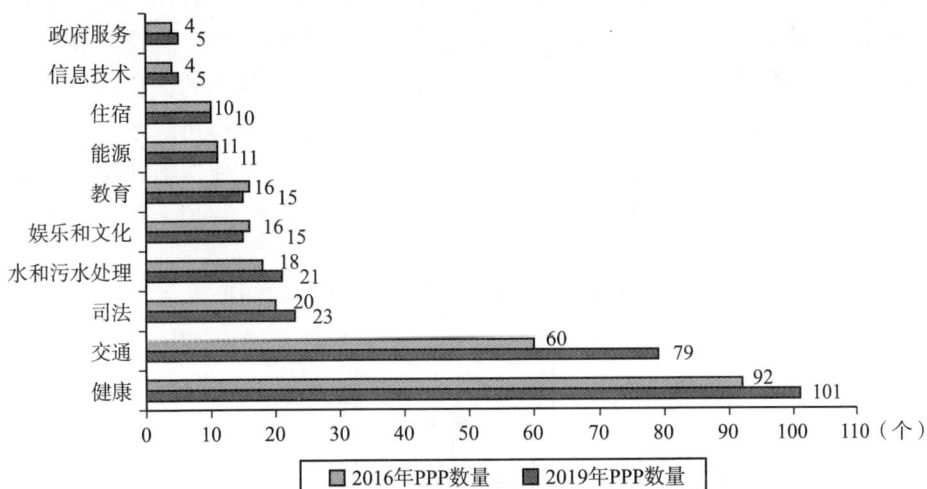

图 5-1　2016 年和 2019 年加拿大 PPP 项目数量的比较

资料来源：The Canadian Council for Public-Private Partnerships. P3 Spectrum [R/OL]. 2019. http://www.pppcouncil.ca/。

资，这导致对股票的要求很小。特别是 2008 年以来，债券融资正在逐步替代银行融资，成为加拿大 PPP 基础设施项目长期融资的增长来源。

作为全球 PPP 模式运用最成熟、效果最好的国家之一，加拿大 PPP 基础设施项目的建设、运营和维护对促进经济发展，增加各级政府税收起到了积极的催化作用。2013 年，加拿大 PPP 国家委员会委托 VISTAS 咨询公司对加拿大 2003~2012 年间实施 PPP 项目的经济影响进行了评估，并在 2014 年底发布了《加拿大 PPP 十年经济影响评估报告（2003—2012）》。该报告从直接影响（主要指对资本成本、运营成本、项目价值和增加 GDP 的影响）、间接影响（主要指对供应链上相关产业的影响）和诱发性影响（主要指直接或间接的就业者花费工资收入产生的影响）三个方面，分析和评估了这些 PPP 项目对就业、国民收入、国内生产总值与经济产出四个经济指标的影响。结果显示，在 2003~2012 年间，这 121 个 PPP 项目在建设、运营与维护阶段累计创造了 51.8 万个等效全职就业岗位，带动国民收入增长 322.1 亿美元，对国内生产总值的贡献超过 481.6 亿美元，提高经济产出 920.8 亿美元，且直接影响效应是间接影响效应的两倍以上（如表 5-3 所示）。从各行业来看，医疗保健行业和交通行业 PPP 项目的贡献度最大，分别创造了 24.6 万和 17.7 万个等效全职就业岗位，带动国民收入增长 154.0 亿和 109.1 亿美元，对国内生产总值的贡献超过 220.4 亿和 162.6 亿美元，提高经济产出 413.9 亿和 329.5 亿美元（VISTAS，2014）。由此可见，加拿大借助 PPP 模式有效扩大了基础设施投资总额和公共服务范围，使民众享受到了快捷的交通环境、先进的医疗服务、完备的市政设施、优质的公共教育、可靠的司法系统以及音乐、体育等文化娱乐场所。同时，还减少了交通拥堵、意外伤害和疾病造成的损失和浪费，从而促进了加拿大整体社会福利和生产效率的提升。

表 5-3　　　　　　　2003~2012 年加拿大 PPP 项目的总体经济影响

影响类型	等效全职就业岗位（万个）	国民收入（亿美元）	GDP（亿美元）	经济产出（亿美元）
直接影响	29.1	190.1	251.4	511.7
间接影响	13.4	84.4	126.1	238.6
诱发性影响	9.3	47.6	104.1	170.5
总影响	51.8	322.1	481.6	920.8

资料来源：VISTAS Consulting Inc. 10-Year Economic Impact Assessment of Public-Private Partnerships in Canada［R/OL］. 2014. www.intervistas.com。

二、加拿大养老基金的投资运营

加拿大养老保障制度经过 1966 年和 1997 年两次重大改革后已形成了典型的三支柱养老保障体系，第一支柱是老年收入保障金计划（由老年保障金 OAS 和收入保障补贴 GIS 等组成），第二支柱由加拿大/魁北克养老金计划（CPP/QPP）组成，第三支柱则包括各种雇主自愿发起的职业养老金计划和由税务总局注册并监管的个人储蓄养老金计划。其中，CPP/QPP 都是强制性的 DB 型现收现付制养老金计划，主要来源于雇主和雇员等额的共同缴费，缴费率为 4.95%。而且 CPP/QPP 的结构与操作模式极为相似，但 CPP 由加拿大社会发展局管理，而 QPP 由魁北克省政府管理。在投资运营方面，根据 1997 年通过的《加拿大养老金计划投资委员会法》，正式建立一个信托制养老基金计划投资管理局（CPPIB）负责进行市场化投资，但不负有对制定养老金计划的政策和行政管理的职责，其主要使命是在不承担过度风险的情况下实现投资收益的最大化。而雇主自愿建立的职业养老金计划主要有 DB 和 DC 两种模式，目前主要包括：注册养老金计划（Registered Pension Plan，简称 RPP）、集合注册养老金计划（Pooled RPP）和团体注册养老储蓄计划（Group RRSP），且大多以信托方式管理运作。

经过多年的发展完善，加拿大养老金制度取得了不错的成绩。首先，从总体发展看，加拿大养老基金是全球养老金市场的主要成员之一。根据韦莱韬悦（Willis Towers Watson，2019）统计，截至 2018 年底，加拿大养老基金的总资产规模约为 1.63 万亿美元，在过去十年间的年均增速为 6.8%，超过全球 6.4% 的平均水平。[①] 同时，加拿大养老基金占 OECD 国家养老基金总资产的 5.9%，仅次于美国（64.8%）和英国（6.6%），位列第三。[②] 从全球养老基金资产排名来看，截至 2017 年底，加拿大总共有 9 只养老基金进入全球前 300 名。其中，国内排名第一的是加拿大养老基金（Canada Pension），资产规模为 2834.5 亿美元，几乎是排名第二的安大略教师养老基金（Ontario

---

① Willis Towers Watson. Global Pension Assets Study 2019 ［R/OL］. https：//www. thinkingaheadi nstitute. org.

② OECD. Pension Markets in Focus 2019 ［R/OL］. http：//www. oecd. org/pensions/pensionmark etsinfocus. htm.

Teachers）的两倍，却仅排到全球第八位（如表 5 - 4 所示）。在质量评估方面，根据美世咨询公司（Mercer）2019 年发布的墨尔本美世全球养老金指数显示，加拿大养老金体系的质量评估也仅次于荷兰、丹麦、澳大利亚、瑞典等国之后，位列第九。其获得的 B 等级表明该制度具有健全的结构和很多好的特征，但它与 A 等级的养老金制度之间还有一些提升的空间。

表 5 - 4 加拿大最大的养老基金排名

国内排名	基金名称	基金类型	资产规模（亿美元）	全球前 300 排名
1	Canada Pension	公共基金	2834.5	8
2	Ontario Teachers	公共基金	1507.3	17
3	Public Service Pension Plan	公共基金	783.3	45
4	Ontario Municipal Employees	公共基金	757.3	50
5	Healthcare of Ontario	行业基金	618.5	62
6	Quebec Pension	公共基金	552.1	73
7	B. C. Municipal	公共基金	409.7	104
8	Alberta Local Authorities	公共基金	339.9	135
9	B. C. Public Service	行业基金	232.3	197

资料来源：Towers Watson. The world's largest pension funds-year ended 2017 ［R/OL］. 2018. https：// www. thinkingaheadinstitute. org/en/Library/Public/Research – and – Ideas/2018/09。

其次，从基金类型看，绝大多数加拿大养老金计划采用现收现付（DB）模式，且公共部门持有的养老基金资产远大于私营部门。由于加拿大养老基金分布广泛，全国共有超过 5000 个公司养老金计划，它们管理的资产规模在几百万到 1000 亿美元不等。以就业为基础的强制性养老金计划——加拿大和魁北克养老金计划的缴费仍在继续增加，而一些自愿性养老金计划则处境艰难，很多成熟的 DB 型养老金计划只有负的净缴费现金流收入，不得不关闭。从 2009 ~ 2019 年，加拿大 DB 型养老金计划资产规模已从 96% 降至 94%，而 DC 型养老金计划资产规模从 4% 升至 6%（Willis Towers Watson，2019）。

最后，从资产配置看，加拿大养老基金投资组合日趋多元化，投资现金、股权、债权和其他资产的比例已从 2008 年的 3%、46%、31%、21% 调整为 2018 年的 2%、38%、31%、30%（Willis Towers Watson，2019）。同时，投资工具的多样化和投资范围的国际化程度也较高。根据加拿大养老基金投资协会（PIAC）统计显示，截至 2018 年底，DB 型养老金计划的投资组合为股权 38.11%、固定收益类产品 28.96%、房地产 12.78%、私募股权（或风险资本）12.43%、基础设施 8.15%、对冲基金 1.71%、其他资产 6.89%。其中，股权投资的总体比例与国际平均水平基本一致，但国内股票投资仅占28.05%，其他则投资于美国、欧洲、新兴市场和全球股权。而固定收益类产品投资方面则对国内债券的偏好程度较高，国内债券的投资比例占到整个债券投资的 80.15%。此外，基础设施投资从 2008 年的 3.59% 增加到 2018 年的 8.15%，累计增速高达 227.02%。[①]

三、加拿大养老基金投资基础设施的探索

（一）加拿大养老基金投资基础设施的现状

1. 加拿大养老基金投资基础设施的整体现状

加拿大养老基金投资基础设施开始于 20 世纪 90 年代末，略晚于澳大利亚超级年金，早期的代表性机构投资者有安大略教师养老基金（OTPP）和安大略雇员退休基金（OMERS）。根据全球私募股权行业研究机构普瑞奇（Preqin）的统计，80% 的加拿大投资者通过非上市基金的方式投资基础设施，通过上市基金的方式只有 15%，这主要是因为加拿大基础设施基金的发展相对滞后。根据韦莱韬悦（Willis Towers Watson）发布的《2017 年全球另类投资调查报告》显示，全球前二十的基础设施基金管理者中只有博勒菲资产管理公司（Brookfield Asset Management）一家是来自加拿大，它以 546.42 亿美元的资产管理规模位列第十八，以 157.43 亿美元的养老基金资产管理规模而位列第三十二。[②] 然而，加拿大养老基金直接投资基础设施的比例目前是最高。因此，这种模式也被称为是"加拿人模式"，在全球范围内引起广泛关注。从投资额度来看，基础设施直接投资占到该类资产总投资的 3/4，

---

① PIAC. Asset Mix Reports ［R/OL］. 2018. https：//www.piacweb.org/publications/asset – mix – report.html.

② Willis Towers Watson. Global Alternative Investment Survey 2017 ［R/OL］. https：//www.thinkingaheadinstitute.org/en.

而间接投资仅占1/4。其原因在于：（1）直接投资比外部投资基金的成本更低；（2）直接控制基础设施资产，比以有限合伙人的身份投资更容易控制投资期限和进出决策；（3）直接投资可以实现长期的价值优化，更好地匹配养老基金的负债。就整个养老基金行业对基础设施的投资而言，自2007年以来一直呈现稳步增长的趋势（如图5－2所示）。根据加拿大养老基金投资协会（PIAC）的统计显示，截至2018年底，DB型养老基金对基础设施的总投资额高达1705.2亿加元，占整个投资组合的8.17%，分别为2006年的8.16倍和3.41倍，已成为加拿大PPP基础设施项目的重要融资来源。

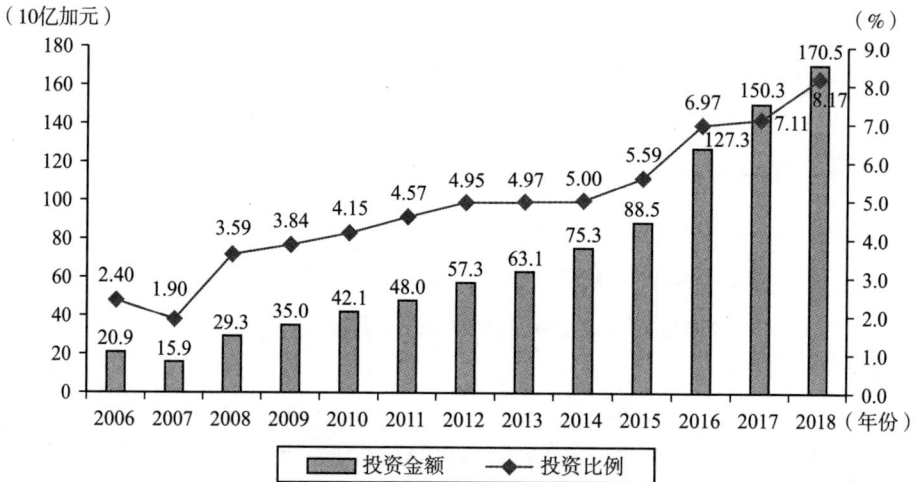

图5－2　加拿大养老基金行业的基础设施资产配置

资料来源：PIAC. Asset Mix Reports ［R/OL］. 2018. https：//www. piacweb. org/home. html。

2. 部分大型养老基金投资基础设施的现状

在加拿大基础设施市场上，安大略省教师养老金计划（OTPP）、安大略市雇员退休金计划（OMERS）、加拿大养老金计划投资委员会（CPPIB）、公共服务养老金计划（PSPP）等养老基金都是非常活跃的机构投资者，它们在过去积累了大量直接投资基础设施所需的专业人才及相关资源。它们不仅采用合作投资的方式，还通过组建投资联盟的方式在基础设施项目竞标过程中与其他基金和财务融资者展开竞争。这也意味着它们不需要依赖外部的投资咨询机构，而使用内部资源来完成基础设施项目的投资研究和风险评估工作。

从实际投资情况来看，2018 年 CPPIB 投资的基础设施资产最多，为 286 亿加元，几乎是 2015 年投资总额的两倍。随后分别是 OMERS 为 203 亿加元、OTPP 为 178 亿加元、PSPP 为 32 亿加元（如表 5－5 所示）。在整个养老基金投资组合中，大型养老基金对基础设施资产的平均配置比例在 8% 以上。其中，最高的是 OMERS 为 18.2%，随后分别是 PSPP 为 10.3%、OTPP 为 9.0%、CPPIB 为 8.0%。从投资区域来看，绝大部分集中于北美、欧洲和澳大利亚这些发达国家，对发展中国家基础设施的投资多在南美国家，但 CPPIB 的首席执行官也表示看好"一带一路"基础设施投资前景，未来将显著增加在华投资规模。从投资项目来看，CPPIB 持有澳大利亚西连高速公路（Westconnex）20.5% 的股权、印度第一家私人基础设施投资信托基金 IndInfravit Trust 30% 的份额、墨西哥 Pacifico Sur 收费公路 29% 的股权。[1] 由此可见，加拿大养老基金 CPPIB 已实现了基础设施资产配置的多样化与全球化。

表 5－5　　　　　　加拿大部分大型养老基金投资基础设施的情况

基金名称	基金规模（亿加元）	基础设施投资金额（亿加元）				基础设施投资占比（%）			
	2018 年	2015 年	2016 年	2017 年	2018 年	2015 年	2016 年	2017 年	2018 年
OTPP	1911	157	178	187	178	9.0	10.0	10.0	9.0
PSPP	316	19	21	30	32	7.0	8.0	10.4	10.3
CPPIB	3561	152	213	243	286	5.7	7.6	7.7	8.0
OMERS	970	152	165	170	203	16.4	16.0	16.3	18.2

注：OTPP—Ontario Teachers' Public Pension Plan；PSPP—Public Service Pension Plan；CPPIB—Canada Pension Plan Investment Board；OMERS—Ontario Municipal Employees Retirement System。
资料来源：根据各基金的年度报告归纳整理而得。

通过比较分析，发现这四大养老基金的共同特征是：（1）均为 DB 型养老金计划，但养老基金资产规模较大，其长期负债促进了长期投资；（2）主要投资于交通、能源、水务等领域的大型基础设施项目；（3）完善的治理模式，拥有独立专业的投资委员会，能够理解复杂的直接投资项目；（4）内部

---

① 周文渊，安国志. CPPIB 的资产配置方法［J/OL］. 清华金融评论，2019（9）. http：//dy. 163. com/v2/article/detail/ERV1VHLN0530P452. html.

管理能力强，在过去多年中建立了专业的内部投资管理团队，能够有效地做出基础设施项目的风险评估和投资决策；（5）以市场为基准，包括基本工资、年终红利以及长期绩效奖金的薪酬体系有利于吸引顶尖的投资人才。由此可见，基础设施投资对养老基金本身也有较高的门槛。虽然加拿大的其他中小型养老基金表示在未来将增加基础设施投资，但目前中小型养老基金整体的基础设施投资比例很低，绝大多数小型养老基金几乎为零。它们面临的主要障碍在于基金规模较小，基金本身的管理、治理和运营资源不能满足基础设施投资要求，投资基础设施项目数量过少可能导致投资组合风险集中，以及投资失误所涉及的声誉风险和法律问题等。

（二）加拿大养老基金投资基础设施的收益

目前，尚无加拿大养老基金行业投资基础设施的专项统计数据。但从各大型养老基金的年报中，我们可以获得它们各自投资基础设施的年度收益率和基准收益率（如表5-6所示）。从基准收益率看，由于各养老基金投资战略重点、投资工具选择和基准制定原则的不同，它们各自使用相对独立的业绩基准。而从实际收益率看，OTPP、PSPP、OMERS和CPPIB投资基础设施的整体效果较好，在2006～2018年间的几何平均收益率在6.2%～12.1%之间。其中，OMERS作为基础设施投资时间最早、投资比例最大的养老基金，也是投资收益率最高和波动性最小的养老基金，除2011年外，每年的基础设施投资收益率均在10%以上。这也得益于它从1999年就成立了全资子公司Borealis基础设施，通过养老基金的授权将基础设施作为单独的资产类别进行直接投资，非上市基础设施基金在其投资组合中的比例非常有限。同时，OMERS广泛投资于加拿大、美国、英国、欧盟等地区的基础设施项目。例如，OMERS在2018年新增了对美国Leeward可再生能源公司、美国BridgeTex管道公司、英国Thames泰晤士水务公司的投资，投资总额高达27亿美元。[①] 而且OMERS主要选择它可以严重影响其战略方向的基础设施资产，这意味着它将在任何的基础设施投资中获得不低于25%的所有权，为适当的治理和控制权力进行谈判协商，对与资产和业务相关的所有事项积极发表自己的看法和意见。

---

① OMERS. 2018 Annual Report［R/OL］. 2019. https：//www.omers.com/About – OMERS/Annual – Reporting.

表 5 - 6 加拿大部分养老基金投资基础设施的收益情况 单位：%

年份	OTTP		PSPP		OMERS		CPPIB	
	收益率	基准	收益率	基准	收益率	基准	收益率	基准
2006	17.0	5.6	NA	NA	14.0	10.8	18.4	NA
2007	0.8	-4.3	14.8	7.0	12.4	9.9	23.6	NA
2008	6.3	13.5	6.0	5.8	11.5	9.8	-5.0	NA
2009	-5.5	-1.0	7.2	3.7	10.9	9.0	-6.5	NA
2010	3.0	4.0	-1.6	6.8	10.1	8.5	13.3	NA
2011	7.7	6.1	2.7	9.6	8.8	8.0	12.8	NA
2012	8.4	8.0	10.1	7.0	12.7	8.6	8.8	NA
2013	16.8	10.9	8.5	8.0	12.4	9.0	16.6	NA
2014	10.1	5.9	12.7	8.0	13.4	9.6	16.5	NA
2015	13.0	11.8	9.4	8.0	17.3	9.4	16.5	NA
2016	5.3	3.4	9.4	8.0	10.9	9.8	9.3	NA
2017	18.2	8.0	9.5	7.0	12.3	8.7	7.4	NA
2018	8.8	8.2	12.8	7.0	10.6	8.6	15.2	NA
几何平均	8.4	6.2	8.4	7.1	12.1	9.2	11.3	NA

资料来源：根据各基金的年度报告归纳整理而得。

　　除 OMERS 外，其他养老基金的年度基础设施投资收益率均存在较大波动，并且受 2008 年国际金融危机的影响，出现了负收益率。例如，CPPIB 在 2007 年投资基础设施的收益率高达 23.6%，2009 年又降至 -6.5%；OTTP 在 2017 年投资基础设施的收益率高达 18.2%，2009 年又降至 -5.5%，而实际上，OTPP 是从 2001 年开始投资基础设施，将其作为套期保值的工具，用来支付因通货膨胀而不断增加的养老金支付成本。因此，非上市基础设施基金在其投资组合中的比例很低，并表示未来也没有增加该投资工具的计划。而 CPPIB 是从 2006 年开始投资基础设施，其目的一方面在于降低投资组合的风险，另一方面在于加入更高风险的资产以实施更为激进的投资策略。整体来看，CPPIB 是以非上市基础设施基金和对基础设施项目或公司的直接投资为主。此外，为了进行基础设施直接投资，各大型养老基金还专门组建了基础设施投资团队。比如，Borealis 建立了 25 人的专家组、CPPIB 建立了 26 人的专家组、OPTrust 建立了 35 人的专家组，而且这些养老金计划都设置了海外办事处，以管理日益增加的全球基础设施投资组合（袁中美，2016）。

（三）加拿大养老基金投资基础设施的创新

1. 基础设施联合计划

基础设施联合计划由渥太华大学养老基金和教师退休津贴基金领导，该计划是加拿大中小型机构投资者的一种合作，通过汇集它们的资金、雇佣经验丰富的管理者而为其量身定制专门的基础设施投资计划。此次投资者们共筹集期限为 20 年的 1.05 亿美元长期资金以投资 OECD 国家的核心基础设施资产，并选择 Aquila 基础设施管理公司作为资产管理者。由其负责构建地域、部门和成熟度等多样化的投资组合，以确保投资于提供稳定收益的基础设施资产。由于 Aquila 是一个独立的资产管理者，这不仅能最大限度地减少冲突，而且在计划交易中获得具有共同投资权利的基础设施基金的结构优势。除了明显改进治理结构外，该计划中竞争性的收费结构也促进了投资者与管理者之间利益的一致性。更特别的是，管理费用是采用基于预算的方法构建，承诺投资增加将会使管理成本相对下降，不论投资规模的大小如何投资者都会相应地增加收益。同时，该费用结构的设计也激励管理者长期持有该资产并提供稳定的收益。

2. "预先打包"的顾问财团——Kindle 资本

它是一家为小规模的机构投资者提供独立的财务咨询服务的公司，通过逐个分析后与小规模机构投资者进行合作，再以合作投资者的身份与其他大型的领导投资者一起投资，最终通过该方式获得一系列的潜在投资机会。比如：（1）通过一个平台建立直接的基础设施投资计划；（2）投资 OECD 的新建基础设施项目；（3）参与主要基础设施资产的全球并购；（4）获得世界级的投资团队和投资能力；（5）降低基金管理成本；（6）实现知识、资源、支出等的规模经济效应；（7）从 Kindle 资本获得有价值的财务咨询和资产管理服务。以 Kindle 资本管理的 407 收费公路为例，它联合 8～10 只养老基金承诺投资 2 亿美元，满足了包括 CPPIB 在内的投资者集团最低出资 1 亿美元的投资要求，而且它的收费基础明显低于其他股权投资模式。此外，为促进投资财团利益的一致性，它将把超过一半的费用投资于项目资产本身。交易结束后，它将继续作为管理者提供与长期的直接基础设施投资有关的传统资产管理服务。

3. 债务基金——石桥（Stonebridge）资本

该公司与 PBI 咨询有限公司密切合作创建了基础设施债务基金，并获得加拿大国家级 PPP 基金（PPP Canada）的支持和加拿大商业发展银行的参与，它们将通过石桥资本基础设施债务基金 Fund Ⅰ和 Fund Ⅱ解决基础设施项目融资短缺的问题。其中，Fund Ⅰ于 2011 年 11 月发起，采用长期固定利率募集资金为市政基础设施、社会基础设施（包括医院、长期护理设施、学校、法院、社区中心、休闲娱乐设施等）以及可再生能源项目的建造和运营提供主要的债务融资。第一笔募集的资金大约 1.5 亿美元，2012 年底的第二笔资金募集的目标规模约 2 亿美元。目前，该基金已不对新投资者开放。而Fund Ⅱ是在 2014 年 12 月发起，依然采用长期固定利率。截至 2016 年底，加拿大机构投资者（包括养老基金、保险公司和加拿大商业发展银行）已总共提供了 2.742 亿美元的资本承诺。目前，该基金面向新投资者开放，主要集资对象是实施"购买并持有"投资策略的小型养老基金。① 由此可见，石桥资本通过 Fund Ⅱ为养老基金、保险公司等机构投资者提供了参与加拿大投资级私人债务交易的渠道，其特点是长期、可预测的现金流和高于政府债券收益率的溢价。

4. 共同投资平台——全球战略投资联盟（GSIA）

共同投资平台的出现源于许多机构投资者对金融中介机构所提供的基础设施基金模式的不满。为了规避通过非上市股权基金投资的高额费用，许多大型养老基金和主权财富基金都考虑汇集它们的财务资源和内部资源共同投资于基础设施项目。而全球战略投资联盟是由安大略市政府雇员养老基金（OMERS）于 2012 年发起设立的全球共同投资平台，其设计的初衷在于聚集志同道合的投资者（主要是养老基金）直接投资基础设施资产。参与联盟的成员将通过全球战略投资联盟（GSIA）投资于企业价值超过 20 亿美元的核心基础设施资产，投资行业包括机场、铁路、港口、发电及配送、北美和欧洲的天然气管道等。在 OMERS 提供 50 亿美元的资金情况下，GSIA 旨在筹集

---

① Stonebridge. Stonebridge Infrastructure Debt Fund［N/OL］. 2017. http：//stonebridge. ca/services/.

200 亿美元。2012 年 4 月，三菱公司与日本主要的养老基金和金融机构，即养老基金协会、日本国际合作银行和瑞穗实业银行签订合作协议，共同投资 25 亿美元于优质的基础设施资产。2014 年 3 月，OMERS 与世界上最大的养老基金——日本政府养老金投资基金（GPIF）和日本开发银行（DBJ）签订共同投资协议，使得 GSIA 的总资本增至 112.5 亿美元。[①]

第三节　澳大利亚的实践探索
——基础设施基金

一、澳大利亚基础设施市场的发展

在经历 1989～1990 年的经济衰退后，澳大利亚开始推动基础设施私有化改革。通过能源、交通和通信部门等领域大规模的基础设施资产私有化，不仅提高了私人部门投资的积极性，而且促进了基础设施投融资市场的创新和发展。其中，具有里程碑意义的是 1989 年私人部门参与悉尼收费公路的建造和运营，1992 年维多利亚州电力资产私有化以及 1994 年澳大利亚机场的私有化。特别是 2000 年，维多利亚州政府颁布了《维多利亚州合作政策》，正式提出了公私合作（PPP）模式。随后在 PPP 模式的推广执行方面，澳大利亚十分注重政府层面的协调，成立了澳大利亚基础设施和区域发展部，负责制定全国各级政府基础设施建设规划并出台指引政策。

在 2008 年金融危机后，扩大基础设施投资被高度提上政治议程。同年，澳大利亚政府颁布了《国家公私合作制政策和指南》，承诺在 2008～2014 年出资 360 亿美元支持国内交通基础设施的发展，并成立澳大利亚建设基金（Building Australia Fund）为交通、通信、能源和水利基础设施提供融资。同时，还专门组建了澳大利亚基础设施局（Infrastructure Australia），负责为解开基础设施瓶颈提供战略发展蓝图和实现全国经济基础设施的现代化，并网络公共部门和私营部门的专家组成基础设施融资工作小组，以明确新的基础

---

① OECD. Infrastructure Financing Instruments and Incentives ［J/OL］. 2015. www.oecd.org/finance/lti.

设施融资方式。2015 年 10 月，澳大利亚基础设施和区域发展部更新了全国
PPP 政策框架，详细介绍了 PPP 项目的实施政策，包括 PPP 项目集中采购方
法、投资者指南、社会性基础设施的商业原则、经济性基础设施的商业原则、
政府操作指南、财务计算方法等。2016 年 2 月，澳大利亚基础设施局公布了
首个专门针对基础设施领域的 15 年发展规划，即《澳大利亚基础设施规
划》。该规划总共提出了 78 项建议，涉及的主要改革内容包括：改革交通基
础设施的融资和运营方式、完善国家电力市场、改善水务部门的服务质量和
竞争力、使电信市场能更加灵活应对用户需求等。同时，该机构还发布了
《基础设施优先清单》，列出了 93 项优先项目和计划清单，作为未来基础设
施投资决议的重要支撑平台。① 此外，由于澳大利亚基础设施领域对外开放
程度较高，外国投资已经成为其基础设施建设和升级的重要资金来源。2017
年 1 月，澳大利亚联邦政府出于国家安全考虑，设立了关键基础设施中心，
未来将对外国投资者对澳大利亚的关键基础设施项目投资加强监管。由此可
见，澳大利亚已建立了完整有效的 PPP 法律和政策保障体系。

在 PPP 基础设施项目融资方面，根据 PWF（Public Works Financing）的
统计，1985 ~ 2011 年全球范围内的 PPP 项目总投资达 7700 多亿美元，其中
亚洲和澳大利亚合计占比为 24.2%。而根据澳大利亚基础设施局发布的审计
报告《2019 年澳大利亚基础设施审计》（*The Australian Infrastructure Audit
2019*）显示，2018 年澳大利亚政府用于基础设施建设的支出达 390 亿美元，
约占 GDP 的 2.1%。自上一次审计（2015 年）以来，已经开工的基础设施项
目超过了 1230 亿美元，而未来承诺投资超过了 2000 亿美元。随着制造业等
传统产业向知识和服务业转移，基础设施正在推动澳大利亚经济的结构性变
化。2017 ~ 2018 财年，悉尼和墨尔本的经济活动占全国经济增长总量的
52.8%。为了支持当地经济发展，新南威尔士州和维多利亚州政府承诺在这
些城市的交通基础设施投资总额已超过 780 亿美元。② 然而，澳大利亚基础
设施依然面临着基础设施短缺的掣肘。目前它在全球经商便利程度方面的排

① 澳大利亚基础设施 15 年规划正式推出，将更好满足澳未来经济社会发展需求［N］. 中国国
际贸易促进委员会，（2016 - 02 - 23）. http：//www. ccpit. org/Contents/Channel _3866/2016/0223/
584189/content_584189. htm.

② Infrastructure Australia. Australian Infrastructure Audit 2019 ［R/OL］. 2019. https：//www. infr
astructureaustralia. gov. au/publications/australian - infrastructure - audit - 2019.

名已经从 2008 年的第 9 位下滑到 2018 年的第 18 位，正逐步落后于国际竞争对手。由于澳大利亚的全球竞争力和全国生产效率都依赖于高效的基础设施网络，2019 年 4 月，澳大利亚政府在 2019～2020 财年联邦财政预算案中宣布，未来十年内联邦政府在基础设施领域的投资将由 2018 年提出的 750 亿美元增加至 1000 亿美元。主要项目包括：（1）将联邦政府设立的"城市拥挤基金"从 10 亿美元增加到 40 亿美元，该基金将会被用于道路施工，提高交通安全性，提高城市地区通勤和货运网络的效率。（2）提供 20 亿美元用于建设墨尔本和吉朗之间的快速铁路，将两地通勤时间缩短一半。（3）成立 5 亿美元的"通勤停车场基金"，用于在公共交通枢纽周围建造更多的停车位以缓解交通压力等。随着联邦政府财政投资的杠杆效应逐步发挥作用，国外潜在投资者对增加澳大利亚基础设施投资的意愿已经从 2017 年的 70% 提高到了 2018 年的 90%。① 由此可见，澳大利亚政府和行业在推动改革、改善规划和减少基础设施投融资缺口方面取得了重要进展。

二、澳大利亚养老基金的投资运营

作为世界上最为成熟的养老金体系之一，澳大利亚率先建立了一个广覆盖、可接受、易操作、可持续的养老保障三支柱体系。其中，第一支柱基础养老金是由财政给付并覆盖全体国民的基本养老金；第二支柱补充养老金计划是雇主强制缴费的超级年金；第三支柱个人养老储蓄主要是自愿型超级年金。其中，超级年金是在 1991 年通过的《超级年金担保法案》指导下，建立起的"强制缴费、完全积累和市场化投资运营"的职业养老金制度。它要求雇主为雇员向经批准设立的职业养老基金机构缴费，缴费的最低标准从 1992～1993 财年的 3%～4% 逐步提高到 2018～2019 财年的 9.5%。目前，自愿性和强制性超级年金的合计平均缴费率已达年工资总额的 15%，且在 15～64 岁人口中的覆盖率大约为 77.78%。1998 年，澳大利亚政府根据沃利思调查的建议而建立澳大利亚审慎监管局（Australian Prudential Regulation Authority，简称 APRA），由其负责对所有商业银行、保险公司以及对大多数的养老

---

① 未来十年澳洲将在基础设施领域投入 1000 亿澳元［N/OL］. 中华人民共和国商务部，（2019 - 04 - 03）. http：//www. mofcom. gov. cn/article/i/jyjl/l/201904/20190402849231. shtml.

基金等进行审慎监管。从基金类型看，澳大利亚超级年金主要采用 DC 型、DB 型和混合型三类基金在市场中相互竞争。其中，DC 型基金制度尤以政策优惠多、操作简单、与市场化投资体制更吻合而呈现不断增长的趋势。

在整个澳大利亚超级年金体系中，目前包括公司基金、行业基金、公共部门基金、零售基金、小型基金和自我管理基金六类管理实体。其中：（1）公司基金是单个或一组相关雇主为其雇员而发起设立的基金，由雇员和雇主共同控制；（2）行业基金是面向同一行业或几个相关行业的雇主为其雇员而发起设立的基金，最初通过职业协议来组织，但 2005 年允许雇主选择基金后开始向行业外普通公众开放；（3）公共部门基金是州或联邦政府为政府雇员或法定机构的雇员而发起设立的基金；（4）零售基金是基于商业性质而面向所有雇员发起设立的基金，其成员主要从寿险代理商、投资顾问公司等中介机构购买保单或投资单位的方式参加；（5）小型基金和自我管理基金则主要包括由审慎监管局监管的小于五名成员的小型基金和由税务办公室监管的小型自我管理基金。经过三十多年的发展，澳大利亚超级年金制度取得了举世瞩目的成功。

首先，从总体发展来看，2008 年 6 月至 2018 年 6 月底，超级年金总资产规模从 1.1 万亿美元扩大到 2.7 万亿美元，增幅为 140.3%。其中，17740 亿美元由澳大利亚审慎监管局监管的超级年金实体所管理，4799 亿美元由澳大利亚税务局监管的自我管理超级年金基金持有。目前，该体系覆盖了澳大利亚 80% 以上的工作人口，德勤（2013）估计到 2028 年整个澳大利亚养老金资产规模将达到 7 万亿美元。从全球视角来看，根据 OECD 发布的报告（*Pension Markets in Focus 2019*）显示，2018 年澳大利亚拥有 OECD 国家养老基金总资产的 4.5%，仅次于美国、英国和加拿大而位列第四。其养老基金占 GDP 的比例为 132%，也是仅次于丹麦、荷兰、冰岛、加拿大和瑞士而位列第六。根据美世咨询（Mercer）发布的《2018 墨尔本美世全球养老金指数》报告，澳大利亚养老金体系的质量评估也仅次于荷兰、丹麦和芬兰，位列全球第四。[①]

其次，从各类型基金的基本特征来看，小型基金是基金数量和管理资产

---

① Mercer. 2018 Melbourne Mercer Global Pension Index［R/OL］. 2018. https：//www. mercer. com. au/newsroom/australia – falls – from – third – to – fourth – place – in – global – pension – index. html.

最多的基金。从 2008 年 6 月至 2018 年 6 月底，小型基金数量从 380177 只增长到 598176 只，增幅高达 57.3%，导致整个制度的碎片化现象十分严重。其中，自我管理的小型基金数量从 375577 只增长到 596225 只，增幅为 58.7%。而由澳大利亚审慎监管局管理的含有四个成员以上的小型基金数量却从 466 只下降到 198 只，降幅为 57.5%（APRA，2019）。值得注意的是，公司基金的数量从 2004 年的 1405 只显著缩减至 2018 年的 24 只，这表明大型基金在过去十几年间合并的趋势非常明显。这种行为可能基于以下原因：（1）减少公司运营成本；（2）更加专业和广泛的投资选择；（3）规模效应减少成本。而在资产规模方面，公司基金管理的资产最少，仅占总资产的 2.1%，而行业基金、公共部门基金、零售基金和小型基金管理的资产都较为接近，分别为 23.7%、22.7%、23.4% 和 28.2%。另根据韦莱韬悦（Willis Towers Watson，2019）统计，2018 年澳大利亚已有 4 只养老基金排进全球前 100 名，17 只排进全球前 300 名，合计管理养老金资产是 5 年前的两倍多。

最后，从投资运营来看，在 2018 财年澳大利亚超级年金的总投资收益率为 9.2%。其中，行业基金的投资业绩最佳，为 9.9%，然后依次是公共部门基金、公司基金和零售基金，分别为 8.9%、7.6% 和 7.4%。在过去 10 年间（2008～2018 年），除零售基金外的平均收益率都在 5.8% 以上，完全实现了超级年金的保值增值（如表 5-7 所示）。从更长的投资期限来看，澳大利亚超级年金获得了较为优异的长期投资收益。根据澳大利亚超级年金协会（ASFA）的统计显示，超级年金最近 20 年扣除 CPI 后的平均实际收益率达到 4.0%，最近 30 年的平均实际收益率达到 5.1%，有效地抵御了通货膨胀。另外，在资产配置方面，截至 2018 年 12 月底，其投资组合为：国内股票（21.7%）、国外股票（23.4%）、非上市股权（4.2%）、固定收益债券（22.0%）、不动产和基础设施（14.4%）、现金（10.3%）以及包含对冲基金和大宗商品等的其他资产（3.9%）。同时，67.7% 的基金管理实体为其成员提供了投资选择权，但仍有 43.7% 的养老金资产投资于默认投资策略组合。[①] 可见，它们在追求收益性、流动性和安全性等保障性目标的前提下很好地实现了资产类别和投资地域的多样化。此外，许多超级年金基金把"环境、社会、治理"（ESG）

---

① APRA. Quarterly Superannuation Performance December 2018［R/OL］. issued 26 February 2019. http：//www. apra. gov. au/publications/quarterly - superannuation - performance - statistics.

整合到其投资决策过程中，尤其是在上市资产和房地产投资领域。部分养老基金甚至开始考虑气候变化的问题，投资可再生能源项目等绿色基础设施。

表 5 - 7   澳大利亚超级年金制度的发展情况

基金类型	基金数目（只）		成员账户 （万个）	资产规模 （亿美元）	2018 年收益率 （%）	2008～2018 年 平均收益率（%）
	2004 年	2018 年				
公司基金	1405	24	294	560	7.6	5.80
行业基金	106	38	11617	6314	9.9	6.50
公共部门基金	42	37	3537	6042	8.9	6.00
零售基金	232	118	11398	6225	7.4	4.90
小型基金	279584	598176	1122	7520	NA	NA

资料来源：APRA. Annual Superannuation Bulletin June 2018 ［R/OL］. 2019. https：//www. apra. gov. au/news - and - publications/apra - releases - annual - superannuation - bulletin - for - 201819 - financial - year。

三、澳大利亚养老基金投资基础设施的探索

（一）澳大利亚养老基金投资基础设施的现状

目前，澳大利亚超级年金在基础设施领域的资产配置及其收益并没有明确的专项统计。根据普瑞奇（Preqin，2011）[1] 发布的调查报告显示，70% 的超级年金基金将基础设施作为独立的资产类别、6% 将其归入私募股权投资、6% 将其归入房地产投资、18% 将其归入另类投资。通过追踪调查，普瑞奇发现澳大利亚约有 94 位积极的基础设施投资者，仅次于美国和英国，其中70% 是超级年金，它们管理的平均养老金资产规模为 29 亿澳元，其对基础设施的平均资产配置比例为 6.4%，总配置比例为 9.0%。虽然总体投资比例上升，但是各类型超级年金基金的投资比例存在显著差异。而根据澳大利亚审慎监管局的统计显示，2018 年整个超级年金行业的基础设施资产配置比例为

[1] Preqin. Australian Infrastructure Universe ［J］. 2011. available at：https：//www. preqin. com/blog/101/3863/australian - infrastructure.

6%，比2015年的4%增长了一半，且主要投资国内非上市基础设施资产
（如表5-8所示）。从单个基金来看，行业基金投资基础设施的比例一直最
高，已从2015年的8%增加到2018年的10%。其次是MySuper，基本保持在
7%~8%不变。而零售基金投资基础设施的比例最低，仅为2%。尽管各基
金对基础设施的投资比例存在较大差距，但是75%的基础设施投资都集中在
国内，国际非上市基础设施资产仍然属于审慎投资的选择。

表5-8 澳大利亚超级年金的基础设施投资情况

类别	年份	总投资额（百万美元）	总投资比例（%）	上市（国内）（%）	非上市（国内）（%）	非上市（国际）（%）
公司基金	2015	1725	3	0	2	1
	2016	2109	4	1	2	1
	2017	1820	3	0	2	1
	2018	2110	5	1	3	1
行业基金	2015	33819	8	2	4	2
	2016	40496	8	2	4	2
	2017	50356	9	2	5	2
	2018	58189	10	2	5	3
公共部门基金	2015	13358	4	1	2	1
	2016	16367	5	1	2	2
	2017	17826	5	1	2	2
	2018	18599	5	1	2	2
零售基金	2015	7246	1	1	0	0
	2016	8764	2	2	0	0
	2017	11122	2	1	1	0
	2018	11366	2	1	1	0
MySuper	2015	30086	7	1	4	2
	2016	35343	8	1	4	3
	2017	43772	7	1	4	2
	2018	53832	8	1	4	3

续表

类别	年份	总投资额 （百万美元）	总投资比例 （%）	上市 （国内） （%）	非上市 （国内） （%）	非上市 （国际） （%）
整个超级年金行业	2015	56148	4	1	2	1
	2016	67736	5	2	2	1
	2017	81124	4	1	2	1
	2018	90264	6	1	3	2

资料来源：APRA. Quarterly Superannuation Performance 2015 – 2018 ［R］. （issued 26 February 2019）http：//www. apra. gov. au/Super/Publications/Pages/annual – superannuation – publication. aspx。

一般而言，大型养老基金比中小型养老基金具有更高的基础设施资产配置比例。如表5－9所示，在大型养老基金默认选择的战略投资组合中，基础设施资产的平均配置比例大约为8%，保守选择相对较低，但平衡选择的战略投资组合中基础设施资产的配置比例多在15%左右。然而，从单个基金来看，澳大利亚超级养老基金（AustralianSuper）作为澳大利亚第二大养老基金，管理着430亿美元的养老金资产，并于20世纪90年代中期开始基础设施投资，2000年开始海外投资，2005年开始于其他基础设施基金进行合作投资。截至2018年6月30日，其总资产中的基础设施投资比例约为13%，其中11.7%为非上市基础设施基金，其余为上市基础设施基金和直接投资。而其所投资的绝大多数非上市基础设施基金是由澳大利亚著名的外汇经纪商IFM所管理的开放式基础设施基金，这些基金投资于一系列的经济性和社会性基础设施项目以及使用PPP模式的基础设施交易，其余的非上市基础设施基金则是由麦格理集团所管理的封闭式基金。基于长远考虑，AustralianSuper的专家表示将减少非上市基础设施基金的目标配置而增加直接投资的比例，并希望这一比例能继续增长至15%。尽管其是澳大利业养老基金直接投资基础设施领域中的先行者，但目前的配置比例仅为0.7%，离其2%的目标配置比例还有很大差距。同时，UniSuper作为第六大养老基金，管理着290美元的养老金资产，其基础设施投资额高达12亿美元，包括直接持有悉尼机场和盎格鲁（Anglian）水务公司的股票以及麦格理集团所管理的上市或非上市基础设施基金。

表5－9　　　　　　澳大利亚前十名养老基金的基础设施配置比例

基金名称	基金性质	基金规模 （亿美元）	保守选择 （30/70）（%）	默认选择 （70/30）（%）
Futrue Fund	主权基金	730	5.20	NA
AustralianSuper	行业基金	430	9.00	14.00
QSuper	政府基金	324	3.10	6.20
State Super	政府基金	320	5.10	13.80
First State Superannuation Scheme	行业基金	312	17.00	3.50
UniSuper	行业基金	290	0.00	5.00
Retail Employee Supernannuation Trust	行业基金	204	4.00	6.00
Australian Reward Investment Alliance	政府基金	198	NA	13.80
HESTA Super Fund	行业基金	183	6.00	10.00
Sunsuper	行业基金	183	4.00	5.00

资料来源：Inderst G, Della C R. Pension Fund Investment in Infrastructure：A Comparison between Australia and Canada ［J］. OECD Working Papers on Finance, Insurance and Private Pensions, No. 32, 2013。

（二）澳大利亚养老基金投资基础设施的收益

虽然澳大利亚养老基金把基础设施作为单独的资产类别进行投资，但在年报中却并未提供该项投资的收益率数据，更没有建立统一明确的内部收益率基准。由于澳大利亚养老基金大多数的基础设施投资都是外包给专业的基金管理者，比如麦格理集团、罗素投资、布克朗等资产管理公司，再由它们将私有化的基础设施资产与其他资产打包融入基金投资工具。因此，可以从基础设施行业和基金的整体收益情况去看养老基金投资基础设施的收益。

首先，从整体来看，在截至2013年的过去五年间，澳大利亚季度非上市基础设施指数在扣除费用后的平均年收益率为8.3%，而同期的S&P/ASX300指数的年均收益率为7.1%，UBSA综合债券指数年均收益率为6.9%。而罗素投资（2012）汇总了澳大利亚非上市基础设施基金在过去15年间的收益率（该年化收益率是基于8只批发基础设施基金的季度收益率等量加权而获得），发现尽管受到2008年国际金融危机的影响，但就包含费用和税收情况下非上市基础设施基金的年平均总收益来看，长期（15年为12%）、中期

（7 年为 10%）、短期（1 年为 13%）的收益率均表现良好，年均资产增值速度随着期限的延长而增加，并且非上市的基础设施资产可以产生每年约 5% 的稳定现金流。[①]

其次，从部分基础设施基金的投资业绩来看，截至 2019 年 10 月 31 日的估值时刻，除麦格理已对冲的国际基础设施基金（MAQ0432AU）表现相对较差外，罗素投资全球上市基础设施基金（RIM0042AU）、麦格理对冲指数全球基础设施基金（MAQ0829AU）、麦格理真实指数全球基础设施基金（MAQ0831AU）和麦格理未对冲的国际基础设施基金（MAQ0825AU）自成立以来的平均收益率都在 10% 以上，近 1 年的收益率甚至超过 20%（如表 5-10 所示）。

表 5-10　　　　　　　　　部分基础设施基金的业绩情况　　　　　单位：%

基金代码	1 个月	3 个月	6 个月	1 年	3 年	5 年	自成立以来
MAQ0829AU	-0.16	3.06	5.95	20.16	11.25	10.35	12.08
MAQ0831AU	-1.46	3.34	8.47	23.82	14.45	13.18	11.44
MAQ0432AU	0.22	3.12	5.99	18.58	9.62	7.68	8.01
MAQ0825AU	-0.33	3.62	8.21	21.43	12.45	9.96	10.98
RIM0042AU	0.08	3.64	NA	21.29	9.64	8.44	12.29

资料来源：Macquarie Group Limited. Fund Performance [R/OL]. 2019. https：//www. macquarie. com/au/advisers/solutions/investments/managed - funds/fund - performance/。

最后，从单个养老基金的投资业绩来看，AustralianSuper、UniSuper 和 QSuper 等行业基金通过收购港口和收费公路等非上市资产实现了巨额的投资回报。例如，截至 2019 年 6 月 30 日，AustralianSuper 的平衡资产配置组合在近一年、三年和十年获得的平均收益率分别为 8.7%、10.7% 和 9.8%，其基础设施的投资比例约为 11.7%，2020 年的目标配置比例为 15.0%，领跑行业平均水平。[②] 而养老储备基金——未来基金（Future Fund）近一年、三年和

[①] Russell Investment. Australians and Infrastructure Investments [R/OL]. 2012. http：//www. russell. com/AU/_pdfs/capital - markets - reserach/research/2012 - March - Aus And Infra. pdf.

[②] AustralianSuper. Annual Report 2019 [R/OL]. 2019. https：//www. australiansuper. com.

十年的平均收益率分别为 8.7%、9.5% 和 11.6%，其基础设施的投资比例约为 8.9%，也是明显高于行业平均水平[①]。由此可见，养老基金的投资收益与基础设施的投资比例存在明显的正相关。

第四节　智利的实践探索
——债权投资

一、智利基础设施市场的发展

在 20 世纪 90 年代初期，智利基础设施领域出现严重的赤字。1993 年，智利的公共工程部（MOP）估计从 1995～1999 年其基础设施赤字约为 125 亿美元，由于基础设施领域缺乏竞争而导致的年度损失为 23 亿美元，分别占 GDP 的 15% 和 3%。于是决定引进私营部门为生产性基础设施提供融资和管理服务，建立新的特许权制度（建造—运营—移交，BOT），这意味着企业将获得特许权而参与公共基础设施的融资、建造、运营过程，从而显著降低阻碍经济增长的基础设施赤字。第一个获得 BOT 合同的项目是 1993 年的"El Melón"隧道，该合同的缺陷在随后的立法中得到了修正，并于 1996 年为防止破产而引入了针对 BOT 合同的第三方责任担保，担保资金来自公司收益或政府。这种创造长期投资担保的法律观念成为其通过债券获得融资的基本前提条件，有助于促进基础设施的发展和吸引机构投资者的投资。2010 年智利大地震后，智利宣布在道路、桥梁、港口等基础设施上投资 27 亿美元，并推出了 2010～2014 年投资 80 多亿美元的特许经营工程计划。[②] 尽管这使得智利在基础设施方面领先于其他拉美国家，但智利在 5G、物联网等新型基础设施项目建设和现有基础设施的升级改造方面仍面临较大压力。

根据智利建筑商会（CChC）2018 年 6 月 19 日在其发布的《着眼于发展

---

① Future Fund. Annual Report 2019 [R/OL]. 2019. https：//www.futurefund.gov.au/about－us/annual－reports.

② 智利的基础设施状况 [N/OL]. 中华人民共和国商务部，（2012－05－08）. http：//www.mofcom.gov.cn/aarticle/i/dxfw/nbgz/201205/20120508110370.html.

的关键基础设施报告》中预计，在 2018～2027 年间，智利将有必要实施总额为 1745.05 亿美元的关键基础设施建设投资。具体包括：基本基础设施（含水资源、能源、通信 3 个领域），物流基础设施（含市区内道路、城市间道路、机场、港口、铁路、物流 6 个领域）和社会基础设施（含公共空间、医院、监狱、教育 4 个领域）。其中，所需投资额最大的几个领域分别是：市内道路为 607.76 亿美元，通信为 248.38 亿美元，城市间道路为 203.43 亿美元，水资源为 182.54 亿美元，教育为 158.53 亿美元。[①] 因此，智利新任总统皮涅拉就职后制定了一项长期基础设施投资计划。2018 年 10 月，智利公共工程部发布了《2018—2023 年 PPP 规划》，该计划 2023 年底之前通过 PPP 模式开展 60 个基础设施建设项目，总值达 146 亿美元。其中，对外招标项目为48 个，包括 26 个公路项目（96.31 亿美元）、7 个医院项目（26.18 亿美元）、6 个机场项目（5.04 亿美元）、2 个水库项目（8.23 亿美元）、3 个有轨电车项目（7.22 亿美元）、2 个缆车项目（1.68 亿美元）、1 个市政中心项目（4000 万美元），1 个体育场项目（3100 万美元）及其他项目（5400 万美元）。[②] 而且据智利公共工程部统计，从 1993～2018 年全国共计 94 个基础设施项目采用 PPP 模式，总投资额约 230 亿美元。从已运行的基础设施项目来看，投资回报率基本超过 5%，部分甚至达到两位数。由此可见，智利在采用 PPP 模式开展基础设施和公共服务项目融资方面拥有多年的成功经验。

但对实施严格数量限制型投资监管模式的智利养老基金而言，没有 3 年以上经审核的资产负债表记录和近 2 年公布的营运收益记录的 PPP 基础设施项目，将因为无法评估其投资级别而不能成为养老基金的投资选择。因此，智利财政部和公共建设部于 1998 年联合研究了一种新的投资产品，允许获得特许权的公共基础设施公司发行基础设施债券，其收益依赖于服务收费或其他经营性收入，并由国际保险公司提供 100% 的担保而获得外部信用支持，使得绝大多数债券的投资等级都为 AAA。以高速公路债券为例，其融资规模大，投资期限在 5～20 年不等，平均收益率约为 5%，完全符合养老基金中

---

① 智利建筑商会预计未来十年智利基础设施建设需投资 1745 亿美元 [N/OL]. 中华人民共和国驻智经商参处，(2018 - 06 - 21). http：//cl. mofcom. gov. cn/article/jmxw/201806/20180602758037. shtml.

② 来华推介 146 亿美元基建项目　智利称中企有优势 [N/OL]. 中国一带一路网，(2018 - 11 - 10). https：//www. yidaiyilu. gov. cn/xwzx/roll/71248. htm.

长期投资的要求。目前，智利发行的基础设施项目债券主要分为运营前债券（pre-operative bond）和运营债券（operative bond）两种。(1) 运营前债券发行于基础设施项目建设完成之前，主要为项目建设提供融资，其债务偿还取决于项目建设是否成功。该债券是不可撤销的，并由国际保险公司为其发行合同中规定的本金和利息提供无条件全额担保。第一个基础设施运营前债券发行于 2003 年 6 月，其信用等级为 AA－，债券的收益结构基于政府补贴和最低担保的现金流收益。此外，在建造合同中还有履约保证金条款以减少项目建造阶段的风险。(2) 运营债券主要是为已建成的项目融资，是一种纯收益债券，其债务偿还取决于该项目未来的收益，而且要求运营机构也必须进行 15%～20% 的投资。债券的发行还要求项目具有投资等级，且由多边机构或单独的保险公司提供财务担保。① 由于近十年来智利高速公路车流量以每年 10% 的速度增长，不仅减少了基础设施债券的风险，而且为养老基金提供了更多的投资机会。

二、智利养老基金的投资运营

1981 年，智利军政府通过 3500 号法令，率先建立起了"以个人账户为基础、完全积累、分散管理、市场运营、统一监管"的强制性私营养老金制度。个人账户缴费由强制缴费（参保成员按其缴费工资的 10%）和自愿缴费构成，采取"一人一账户"和"一人一公司"模式。2008 年，智利国会通过养老金改革法案（DL 20255），建立了一个新的非缴费性养老金支柱——社会团结养老金，同时对于过去行政管理费过高的现象也进行了改革。2018 年，智利在新的养老金改革法案中明确，个人账户缴费率将逐步从 10% 提高到 15%（其中，3% 将记录于个人账户名下，2% 记为共同基金），且增加的缴费由雇主承担。个人账户养老金从征缴、管理、投资、给付等工作均由专门成立的民营养老基金管理公司（AFPs）负责，并收取缴费工资的 1.2%～1.3% 作为管理费②。同时，接受养老基金监管局（Superintendency of AFPs，SAFP）的监管。

---

① David T. Infrastructure Investment in Latin America Pension Funds, Capital Markets and Financial Regimes [J]. BBVA Research, 2015. https://www.bbvaresearch.com/en/publicaciones/.

② 大卫·布拉沃. 智利多层次养老金的改革进程与最新动向 [J]. 社会保障评论, 2018 (3): 33－34.

在 2000 年以前，AFP 只能为参保成员设立一只投资基金，这意味着选择了 AFP 后，也就选择了相应的投资组合。2000 年，法律允许 AFP 可以设立两只投资基金，其中第二只基金为固定收益类基金，它是为临近退休期的参保人员设计的（例如距离退休年还有 10 年）。2002 年，智利开始正式实施多种投资基金制度（Multifunds），每家 AFP 可以为参保人员提供 A、B、C、D、E 五只投资基金，雇员则根据个人风险偏好和投资收益需求进行自由选择，且一年内可免费改变 2 次投资基金种类。当然，由于五只基金对股票和债券投资比例的限制不同，它们具有不同的投资策略和风险回报组合。以股票投资为例，它们投资的上下线分别为 A 基金 40% ~ 80%、B 基金 25% ~ 60%、C 基金 15% ~ 40%、D 基金 5% ~ 20%、E 基金 0% ~ 5%。政策规定的选择原则是距退休时间较长可选择收益和风险越大的基金，越短则选择收益和风险越小的基金。同时，规定 55 岁以上男性和 50 岁以上女性不得选择风险最大的 A 类基金，退休人员只能将其养老储蓄投向风险较小的 C、D、E 三类基金，而对于没有进行自主选定基金种类的参保人，AFP 将根据其年龄并综合考虑基金风险系数自动将其 50% 投资于其中一类基金，剩下的 50% 在一年后再转投。在风险控制方面，政策要求 AFP 必须建立最低收益率担保制度和准备金制度。根据现有规定，AFP 公司每年必须保证最近 36 个月的平均实际回报率高于以下两个业绩比较基准（所有 AFP 公司同类基金的加权平均实际回报减去 2 个或 4 个百分点、所有 AFP 公司同类基金的平均实际回报率的50%）中的较低者。同时，将当年的真实收益率比高于上述比较基准的部分提取转做收益波动准备金，并自行筹措不低于所管理全部养老基金 1.5% 的资金作为强制准备金。

历经四十多年的改革发展和投资运营，智利养老金制度取得了令人瞩目的成绩。据养老基金监管局统计，截至 2018 年底，强制性个人账户的养老基金资产总额为 1931.1 亿美元，相当于智利 2018 年 GDP 总量的 75.2%。而自愿性个人账户的养老基金资产总额为 53.6 亿美元，仅占智利 2018 年 GDP 总量的2.4%。虽然两种个人账户养老基金的资产规模差距较大，但是在 2008 ~ 2018年间自愿性个人账户的参保人数的增长率明显高于强制性个人账户。而且在全部个人账户养老基金中，A、B、C、D、E 五只投资基金的资产占比分别为14.4%、16.3%、35.5%、17.2% 和 16.4%。同时，养老基金的充足性和可持续性也明显提高。根据美世（Mercer）发布的《2018 年墨尔本美世全球养老金指数》，智利养老金指数总体评分为 69.3 分，较 2017 年提高了 2 分，已超过 60.9 分的全球均值。其中，养老金充足性指数得分从 2009 年的 48.9 分上升到了 2018 年的 59.2 分，而可持续性指数得分从 54.1 分上升到了 73.3 分（如表 5-11 所示）。在养老金市场上，目前总共有 6 家 AFP（Capital、Cuprum、Habitat、Modelo、Planvital 和 Provida），它们各自管理的养老基金资产占比分别为 19.2%、18.8%、28.0%、5.7%、3.5% 和 24.8%。而 Habitat 和 Provida 两家公司的市场份额就高达 50% 以上，表明智利养老基金管理的市场集中度较高。从投资分布来看，AFP 管理的养老基金中有 42.8% 投资于海外市场，57.2% 投资于国内市场。从资产类别来看，养老基金配置固定收益类资产比例最高，为 60.5%，投资规模达 859.8 亿美元；其次是权益类资产，占比为 39.4%；衍生品和其他投资比例较小，仅为 0.1%。同时，境内外投资结构也存在明显差异。例如，境内权益投资（10.4%）显著低于固定收益类投资（47.0%），而境外权益投资（29.0%）却显著高于固定收益类投资（13.6%）。[①]

表 5-11　　　　　　　　智利个人账户养老金制度历年的发展情况

年份	强制性个人账户				自愿性个人账户				养老金指数评分	
	参保人员		基金总额（亿美元）	基金/GDP（%）	参保人员		基金总额（亿美元）	基金/GDP（%）	充足性	可持续性
	人数（万人）	增长率（%）			人数（万人）	增长率（%）				
2008	837.2	4.1	743.1	41.4	46.9	9.0	18.4	1.0	NA	NA
2009	855.9	2.2	1180.5	68.5	51.8	10.3	30.7	1.8	48.9	54.1
2010	875.1	2.3	1484.4	67.9	58.3	12.6	40.7	1.9	52.1	54.7
2011	895.7	2.4	1349.6	53.5	69.3	18.8	36.2	1.4	53.1	67.8
2012	926.9	3.5	1620.2	60.7	79.8	15.2	43.1	1.6	50.1	67.7
2013	952.5	2.8	1629.4	58.5	89.9	12.5	43.5	1.6	58.6	65.6
2014	974.6	2.3	1654.3	63.5	98.8	10.0	44.5	1.7	57.3	68.7
2015	996.2	2.2	1547.1	63.4	108.1	9.8	42.3	1.7	62.8	65.0
2016	1017.8	2.2	1744.8	69.8	117.4	8.3	47.7	1.9	56.5	68.4

---

① Superintendencia de Pensiones. Inversiones y rentabilidad de los Fondos de Pensiones [R]. Marzo de 2019. http://www.spensiones.cl/portal/institucional/594/w3-article-13604.html.

续表

年份	强制性个人账户				自愿性个人账户				养老金指数评分	
	参保人员		基总额（亿美元）	基金/GDP（%）	参保人员		基金总额（亿美元）	基金/GDP（%）	充足性	可持续性
	人数（万人）	增长率（%）			人数（万人）	增长率（%）				
2017	1043.3	2.5	2105.1	76.0	129.6	10.4	58.3	2.1	58.0	69.1
2018	1070.5	2.6	1931.1	75.2	138.5	6.9	53.6	2.4	59.2	73.3

资料来源：根据 FIAP 发布的历史数据和美世（Mercer）的全球养老金指数整理计算而得。FIAP. Historical Statistics 2007—2018 ［R］. Available at：https：//www. fiapinternacional. org；Mercer. Melbourne Mercer Global Pension Index 2009—2018 ［R］. Available at：https：//www. mercer. com。

三、智利养老基金投资基础设施的探索

（一）智利养老基金投资基础设施的现状

尽管智利的数量限制型养老基金投资管理模式对其进行基础设施投资造成了巨大障碍，但养老基金仍然做出了积极探索。根据西班牙毕尔巴鄂比斯开银行研究部（BBVA Research）统计，截至 2014 年底，智利养老基金对基础设施的投资总额达 144 亿美元，占整个投资组合的 10.0%，相当于当年GDP 总量的 4.5%（如表 5 - 12 所示）。其中，基础设施的直接投资为 23 亿美元，占整个投资组合的 1.1%，仅相当于当年 GDP 总量的 0.6%，远低于墨西哥和巴西。基础设施的间接投资为 121 亿美元，占整个投资组合的 8.9%。根据大卫（David，2011）[①] 的研究，智利养老基金在基础设施领域的投资工具主要包括股票、债券和共同基金。首先，从养老基金在国内各基础设施部门的股票投资来看，截至 2010 年底，A、B、C、D、E 五只基金对基础设施股票的投资合计为 75.1 亿美元，占到养老基金国内股票投资的 33%。其中，对电力和电信这样的典型基础设施部门投资总计 71.7 亿美元，对提供饮用水和天然气的基础设施服务公司投资约 3.4 亿美元。其次，从养老基金在国内各基础设施部门的债券投资来看，截至 2010 年底，A、B、C、D、E 五只基金的总

［①］ David T. Infrastructure Investment and Pension Funds in Chile ［J］. BBVA Research，2011. available at：https：//www. bbvaresearch. com/en/publicaciones/.

投资为 18.67 亿美元，占养老基金国内固定收益类投资的 3.8%。其中，对电力和电信部门投资 3.42 亿美元，对基础设施服务公司（医疗保健公司、水和天然气供应公司）投资 8.03 亿美元，对地铁和铁路等公共基础设施公司投资 7.63 亿美元。最后，从养老基金对基础设施项目共同基金的投资来看，它对国内投资基金、国内共同基金和国外资本投资基金的总投资为 38.27 亿美元，占养老基金及其国内股权投资的比例分别为 2.7% 和 14.4%。

表 5 – 12　　　　　　　　拉美国家养老基金投资基础设施的情况

国家	养老基金		对基础设施的总投资			对基础设施的直接投资		
	总额（亿美元）	占 GDP 百分比（%）	总额（亿美元）	占 GDP 百分比（%）	占投资组合百分比（%）	总额（亿美元）	占 GDP 百分比（%）	占投资组合百分比（%）
巴西	4800	16.1	970	3.0	25.0	48	0.1	2.0
哥伦比亚	960	20.0	140	3.7	19.1	9	0.2	0.7
智利	1650	69.5	144	4.5	10.0	23	0.6	1.1
墨西哥	1590	14.2	163	1.4	10.3	76	0.7	4.8
秘鲁	390	19.4	40	2.0	10.1	9	0.4	2.2
拉美国家	9400	22.3	1467	3.3	17.4	165	0.7	2.6

资料来源：David T. Pension Fund's Experience Investing in Infrastructure [J]. BBVA Research, 2015. https://www.bbvaresearch.com/en/publicaciones/。

　　由此可见，债券和股票是智利养老基金直接投资公共基础设施项目的主要工具，原因在于养老基金监管条例阻碍了其对新建基础设施项目的直接融资。具体表现为：（1）风险评级。要求由独立的风险评估机构进行资产价值的风险评估。（2）流动性要求。为保证养老基金投资组合的简单透明，不能公开交易或缺乏流动性的有价证券投资将受到限制或禁止，监管机构甚至要求建立专门的流动比率。（3）估价标准。绝大多数监管要求按市价估计投资组合，形成了对频繁交易的投资工具的偏爱，但基础设施项目融资工具的买卖交易频率极低。（4）投资限制。个人账户养老基金管理体制对投资工具的类型有严格标准，随着资本市场的发展和对投资体制信心的增强，政府才逐步放宽对养老基金投资工具和比例的限制。（5）业绩评估。AFP 投资管理绩效的评估是基于每个基金的月度收益做出的，法律要求其年度真实收益率必须高于最低担保收益率，若 AFP 的月收益率低于该标准则必须补足中间的差额，致使其倾向于投资短期的具有平均盈利能力的投资工具。

（二）智利养老基金投资基础设施的收益

由于智利养老基金没有把基础设施作为单独的资产类别进行投资，在年报中也并未提供该项投资的收益率数据，因此只能从养老基金的实际投资收益来考察投资效果。根据养老基金监管局统计，在 2012～2018 年间，AFP 管理的 A、B、C、D、E 五只基金的投资收益率均存在较大幅度的波动。例如，投资风险最高的 A 基金的实际收益率从 2016 年的 −0.87% 提高到 2017 年的 15.44%，而 2018 年又突降到 −5.59%（如表 5−13 所示）。同时，各基金在过去 10 年间还表现出不稳定的风险回报模式，与最保守的 E 基金相比，风险较高的 B 基金经风险调整后的收益率反而较低。但是整体而言，高效而市场化的投资管理模式和多元化的投资组合策略依然让它们获得了较好的投资回报。特别是多种投资基金制度实施以来（2002 年 9 月～2019 年 3 月），五种基金的年化实际收益率分别为 A 基金 6.20%、B 基金 5.32%、C 基金 4.96%、D 基金 4.47%、E 基金 3.85%。而同期的累计年度收益率从 A 基金的 268.5% 到 E 基金的 160.2% 不等，也就是说在不包含参保成员额外缴费的情况下，初始 100 万美元的养老储蓄投入 E 基金后获得的最终的养老储蓄是 260 万美元，投入 A 基金后获得的是 368 万美元。虽然无法将基础设施投资对养老基金投资收益的直接贡献分离出来，但是基础设施对其保值增值依然具有重要作用。

表 5−13　　　　　　　智利多种投资基金的年化实际收益率　　　　单位：%

时间	A 基金 （最高风险）	B 基金 （有风险）	C 基金 （中等风险）	D 基金 （保守）	E 基金 （最保守）
2012 年	6.06	4.88	4.61	3.81	3.15
2013 年	6.79	4.33	4.68	5.42	5.09
2014 年	8.86	8.27	9.00	7.68	6.78
2015 年	3.79	2.49	2.16	2.02	0.71
2016 年	−0.87	1.07	1.74	2.60	3.89
2017 年	15.44	11.79	7.51	3.09	1.01
2018 年	−5.59	−3.70	−0.89	1.21	3.07
2019 年（2019 年 1～3 月）	5.96	5.51	5.20	4.67	3.43

续表

时间	A 基金 （最高风险）	B 基金 （有风险）	C 基金 （中等风险）	D 基金 （保守）	E 基金 （最保守）
过去 12 个月 （2018 年 4 月 ~ 2019 年 3 月）	2.23	2.78	4.48	5.47	5.70
过去 36 个月 （2016 年 4 月 ~ 2019 年 3 月）	5.79	5.25	4.54	3.60	3.15
多种基金制度实施以来 （2002 年 9 月 ~ 2019 年 3 月）	6.20	5.32	4.96	4.47	3.85

资料来源：Superintendencia de Pensiones. Gestión de las AFP ［R］. 2019. available at：http：//www. spensiones. cl/portal/institucional/594/w3 – propertyvalue – 9973. html。

第五节　案例分析：荷兰养老基金 PGGM 投资沃尔尼海上风电场

该案例的主要投资亮点：

- 机构投资者：PGGM（养老基金：1400 亿欧元的资产管理规模）和 Ampère 股权基金（私募股权基金：超过 10 亿欧元的资产管理规模）
- 绿色投资：海上风电场（总发电能力 367.2 兆瓦）
- 地理位置：国际（英国）
- 投资回报：8% ~ 10%
- 投资类型：直接股权投资

一、案例的背景分析

（一）项目的具体情况

在 2010 ~ 2011 年，沃尔尼（Walney）海上风电场股份有限公司在距离英国爱尔兰海沃尔尼海岛约 15 公里的地方建造了"沃尔尼 1"和"沃尔尼 2"海上风电场，总共包括 51 台涡轮机，其总发电能力 367.2 兆瓦，在 2012 年投入商业运营时是全世界最大的海上风电场。2013 年，该项目继续向政府提交了将其总发电能力提高到 750 兆瓦的扩建计划，并于 2014 年开始动工。[①] 它们被期望帮助英国实现减少二氧化碳排放的目标，为也 32 万英国家庭提供可再生的清洁电力资源。实际上，当 2007 年该项目刚获得批准时，项目发起人丹麦大型海上风能开发商丹能（DONG Energy）面临严峻的融资挑战。首先，海上风电还是风力发电技术的新应用，目前技术还不是很成熟，相对于其他低碳技术或陆地上的风力发电技术而言属于比较昂贵的投资，而且建造和经营都存在很大的不确定性。比如，其建造受天气条件和材料供应链的影响，在恶劣天气下很难及时对涡轮机进行修理和维护。其次，367.2 兆瓦的发电规模使得它必须比以前的海上风电场修建得离海岸线更远、在海底更深，增加了该项目的成本和价格风险，对潜在投资者和开发商造成了进一步的障碍。尤其是在国际金融危机和欧洲次贷危机之后，银行更不愿意提供项目融资，使得项目面临的融资挑战进一步恶化。在这样的情况下，该项目结合政府的减排目标，增加可再生能源投资稳定、可靠的政策背景，从而降低监管和政策不确定而带来的政治风险。同时，丹能利用更广泛的融资结构重新配置项目的风险和收益以吸引养老基金等机构投资者，从而成功地解决了可再生能源的投资障碍。

（二）英国政府的政策框架

作为全球应对气候变化和发展"低碳经济"的先行者，英国通过《2008 气候变化法案》建立了世界上第一个具有法律约束力的气候变化目标，旨在将英国温室气体的排放在 2050 年实现 1990 年基准上至少降低 80%。2009 年，英国颁布了《低碳转型计划》和《可再生能源战略》，提出到 2020 年将碳排放量在 1990 年基础上减少 34% 的具体目标，且要求全国 40% 电力来自可再生能源、核能、清洁煤等低碳能源。通过展现其可再生能源路线图，英国政府明确了在电力、供热、交通等部门增加可再生能源发展的承诺，将可再生能源作为能源部门实现低碳化目标的重要组成部分。2010 年，英国颁布了《2010 能源法》，提出引入补贴和维护能源市场公平的关键措施。2019 年，英国发布了《海上风电产业战略规划》，选择海上风能作为其未来低碳经济发展的基石，明确提出作为清洁能源的海上风电将在 2030 年前装机容量

[①] Walney Offshore Wind Farm Project［J/OL］. Power Technology, 2015. https：//www. power - technology. com/projects/walneyoffshorewindfa/.

达到 3000 万千瓦，为英国提供 30% 以上的电力。[①] 同时，在政策支持方面，英国从 2002 年开始引入可再生能源配额制，规定符合条件的可再生能源发电商必须每月向监管机构报告可再生能源发电量，获得相应数量的可再生能源义务证书（renewables obligation certificates，简称 ROC)[②]。然后，发电商向供电商或交易商出售 ROC，获得批发市场电价之外的溢价收入。由此可见，可再生能源发电商的收入主要来自电力市场售电收入和绿证市场的绿证收入，这为可再生能源项目吸引开发商和创造有吸引力的收益流产生了必不可少的作用。在沃尔尼海上风电项目中，皇家地产通过竞标程序向海上风电开发商拍卖海底租约，英国能源和气候变化部（DECC）和天然气与电力市场办公室（OFGEM）负责授予风电场建造许可证、管理投标程序、向合格的可再生能源生产者发行可再生能源义务证书等。而公共融资所扮演的关键角色就是在 20 年的期限内提供绿色的可交易证书，估计将提供约 60% 左右的预期项目收益。

二、项目的融资结构

在沃尔尼海上风电项目的融资结构中，实体投资人丹能和苏格兰南方能源（SSE）分别持有 50.1% 和 25.1% 的股份，而荷兰 PGGM 养老金集团和安培（Ampère）股权基金组成的财团（OPW）作为财务投资人持有 24.8% 的股份（如图 5 - 3 所示）。丹能是建造和运营该海上风电场的主要参与方，扮演着开发商、主要持股人、建造经理、运营和维护服务提供者等多重角色。在整个项目中，养老基金等机构投资者将面临价格风险、早期阶段融资风险、建造风险、运营绩效风险等，它们都将影响未来的现金流收益，必须将其绝大部分转移给项目发起人。因此，丹能采取了多种风险管控策略。

---

① 影响未来十年 英国海上风电"产业战略"重磅发布［N/OL］. 国际节能环保网，（2019 - 03 - 04）. http://www. gjjnhb. com/info/detail/16 - 35458. html.

② ROC 是一种用来证明向英国消费者供应了可再生能源的绿色证书，可以在市场上公开交易或转让。按照能源供应形式的不同，绿色证书主要有两类：一类是可再生能源电力义务证书，另一类是可再生交通燃料义务证书。同时，可再生能源电力义务证书根据适用地域的不同分为三种，ROC 只是其中一种。对于那些没有在义务期间内实际供应规定数量的可再生电力的供应商来讲，可以通过在市场上购买绿色证书来履行义务。

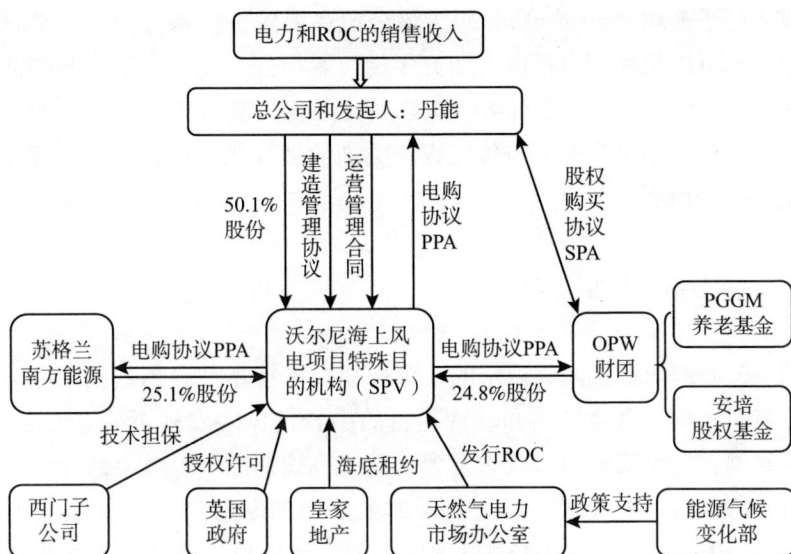

图 5 - 3　沃尔尼海上风电项目的交易结构

资料来源：Climate Policy Initiative. San Giorgio Group Case Study：Walney Offshore Windfarms CPI Report, and Walney Offshore Windfarms ［R/OL］. Walney Offshore Windfarms（brochure），2013. available at：http：//climatepolicyinitiative. org/wp－content/uploads/2013/02/Walney－Offshore－Windfarms. pdf。

首先，现行电价和 ROC 价格的波动会对未来收益造成重大风险，降低项目的内部投资回报率，假设能够以 7% 的资本成本维持每个 ROC 的价格在 35 英镑以上将对项目的生存能力产生决定性影响。由于 PGGM 和安培股权基金在该项目中持有少数股权，它们需要获得电价和相关利益价格波动的充分保护，因此项目公司与股东签订了 15 年期固定价格的电力购买协议（PPA）。

其次，建造成本是影响项目收益的第二大因素，海上发电厂作为资本密集型投资，建造成本超支或延迟完工的风险将破坏整个项目，危及项目的融资进程、政策激励期限或增加营运资本要求。因此，该项目的特设目的机构（SPV）与总公司丹能签订了建造管理协议（CMA），并由其出任施工经理。同时，将延迟付款作为与苏格兰南方能源和 OPW 签订的股权购买协议（SPA）的一部分，股权购买最后的分期付款根据项目能否按时试运行而定。

最后，项目的发电量及其价格直接影响项目的盈利能力，因此特设目的机构（SPV）与总公司丹能签订了运营和维护合同（O&M），由其作为运营和维护服务的提供者。在最开始的五年里，运营和维护团队的员工中有一半将来自西门子公司（Siemens），因为该公司在涡轮机技术方面有非常卓越的业绩记录，可以给该项目提供为期五年的技术担保。正是由于这些降低风险的措施，PGGM 养老基金在可再生能源项目的直接股权投资具有了准固定收益证券的特征，不仅实现了与传统资产类别的多样化，而且比投资标准基础设施基金的费用更低。

三、案例的成功经验总结

第一，政府需提供明确稳定的政策框架以支持新型绿色基础设施项目发展，这将对机构投资者评估和管理项目的中长期风险发挥至关重要的作用。在该项目中，一个明确的、以激励为基础的、长期的政策框架结合设计良好的政策支持工具（这里指 ROC），再加上广泛的财务结构（如电力购买协议），很好地增加了该项目收益流的吸引力，使项目投资的风险和收益更符合投资者的预期，这说明政府必须为可再生能源项目的发展创造更好的投融资环境。

第二，创新绿色基础设施投融资工具，提供有效的风险转移机制，从而降低投资风险，增加投资吸引力。同时，鼓励养老基金将基础设施纳入长期战略投资的重要组成部分，并与其他机构投资者组成财团共同投资，以实现优势互补。此外，本案例中各种各样的财务结构方法（如电力购买协议和股权购买的延迟分期付款）也帮助丹能很好地实现了海上风电项目投资的去风险化，尤其是在运营阶段使机构投资者获得类似固定收益证券的收入，从而将机构投资者难以管理的建造、运营和维护风险转移给项目的发起人，通过规避风险吸引机构投资者对绿色基础设施项目的长期投资。

第六节　国外养老基金投资基础设施的经验总结

一、驱动养老基金投资基础设施的主要因素

尽管养老基金投资基础设施在近年来增长迅速，但全球养老基金在整个

基础设施融资中的份额仍然有限，而且显然各国养老基金在投资基础设施的演进过程中处于不同的发展阶段，其中影响其增长的关键因素可以归纳为：

（1）养老基金在自己国家或所处地区所面临的基础设施投资机会的可获得性。受经济发展阶段和宏观政策的影响，PPP 基础设施领域的私人融资在不同国家采取不同的发展和演化路径，就为机构投资者提供了不同的投资机会和决策选择。尽管经济全球化已促使绝大多数国家的基础设施投融资市场发展成为一个日益开放的国际市场，但是政府保护和投资者的本土偏见依然会产生很多影响，尤其是对规模较小的养老基金而言。

（2）市场的成熟度和规模。首先是养老金市场，比如养老基金的可投资额和它们在各市场中的平均资产规模。尽管整体的 OECD 养老金市场较大，但国内市场规模却明显不同。这主要源于公共养老金和私人养老金是自我投资还是委托投资，制度参与是强制性的还是自愿性的，以及各自投资监管政策的差异。其次是基础设施市场，PPP 模式的发展阶段、私营化、市场化、国际化程度等都潜在地决定了养老基金投资基础设施的风险收益特征和有效性。具体而言，包括准入限制的取消、融资渠道的拓宽、投资工具的丰富、投资风险的保障、退出机制的完善等。

（3）养老基金的监管模式。目前，国际上针对养老基金投资运营主要采取审慎人监管模式和数量限制监管模式。其中，前者是行为导向的监管，衡量的是投资决策过程而非结果，体现效率监管理念。而后者是对不同资产类别的投资进行禁止性规定或比例限制，并有严格的信息披露制度。比如拉丁美洲国家所采用的数量限制型监管模式，它对境外投资、投资工具、信用等级、投资额度、资产集中度等均有一定的要求。这也在很大程度上解释了为什么很多国家的机构投资者在最初以债券这样的债务融资方式进入基础设施领域。因此，未来必须积极推进基础设施投融资工具的创新，并确保养老基金获得在选择基础设施项目和融资工具等方面的政策支持和税收优惠。

（4）基础设施投资所面临的长期的学习曲线。养老基金投资基础设施是一个涉及多领域、多主体、多政策、多合同的纷繁复杂的体系，不论采取公私合营等直接投资的方式还是股票和债券等间接投资的方式，都需要一个较长的时期来完成对项目的尽职调查，教育养老金计划的发起人，提高养老金持有者和监管者对基础设施资产的理解和认识，设置适当的投资结构和风险管理体系等。考虑到该类资产本身的特殊风险，必须建立基础设施项目库，并提供专门的项目收益率统计。同时，在传统的绩效评估和风险测量方法的基础上，研究更加先进的风险分析、价值评估和投资基准体系。

二、养老基金投资基础设施面临的主要障碍

虽然养老基金投资基础设施自 2008 年后在各国已悄然兴起，但它目前还不是基础设施领域的主要投资者，而且未来养老基金在扩大该投资比例的过程中还存在很多障碍。

（一）外部障碍

从外部条件看，首先是缺乏专业知识和有关经验。在养老基金的资产配置中，基础设施投资（尤其是以非上市基金或直接投资的方式）还是比较新的一类资产。养老基金受托人在这方面的实践经验都比较短，一般只有几年，投资过程中难免面临未知的受托人风险。而且有关的投资管理机构和投资咨询机构也比较缺乏，大多数的基础设施基金都成立于 2005 年左右。受托人对基础设施投资工具缺乏了解，业界也没有客观有效的信息和统计数据，在业绩评估和风险管理方面都存在极大的不确定性。尤其是直接投资给予了养老基金直接的所有权和控制权，要求基金内部具有在基础设施的投标、建造、收购、管理、处置等一系列过程中的专业人才储备，且交易成本和投资规模都相对较高，这对中小型养老基金而言是不现实的。其次，缺乏透明性。很多养老基金都是投资于上市基础设施项目，而对非上市基础设施项目的有关目标信息掌握有限。因为，基础设施基金和非上市基础设施公司没有上市公司那种信息公开的法规要求，很难评价其投资过程、年度投资收益和资产价值。为了对基础设施项目的现金流及成本进行准确分析，不得不高价聘请第三方机构进行财务咨询和相关评估工作，大大增加了交易费用和投资成本。再次，存在政府干预。基础设施并不是纯粹的私人投资，养老基金通常会考虑其公共产品特征，即其与政治的关联度。政府的干预主要体现在相关法律法规的制定和执行上面，比如对铁路、机场、医院等设置的特许经营年限，对高速公路的收费和费率增加的限制，对项目的最终审核将比私人项目更加严格等。最后，存在特定风险。尤其是发展中国家的基础设施项目大多为全新的投资项目，除了一般的收益波动性风险外，投资基础设施项目还面临建

造风险，比如项目不能如期完工、成本超出预算等；运营风险，比如经营管理不善；商业风险，比如更多竞争者进入、消费者的偏好和需求发生变化、技术进步等；资本充足率风险，比如一般的财务杠杆率为 30% ~ 90% ，从而导致较高的利率风险；监管风险，比如费用上升落后于预定计划；以及政治风险、法律风险、环境风险等。而且养老基金投资新兴市场国家的 PPP 基础设施项目（尤其是非上市的项目）将面临更加复杂的制度约束、政治约束和可行性约束（如表 5 – 14 所示），这些对养老基金内部专业人才及其完善的风险管理机制都有更高的要求。

表 5 – 14 新兴市场基础设施投资的约束

制度约束	政治约束	可行性约束
缺乏可行的 PPP 法律体制	监管政策和竞争政策	缺乏使 PPP 可行的金融机制
项目设计和实施的技术能力不足	对实施 PPP 要求的主要制度变迁的政治承诺薄弱	缺乏对支持 PPP 模式投资工具的了解
项目管理及问责效度低	政策风险和政府的参与	缺乏合格的第三方机构
公共基础设施运行的信用文化缺失	收购要约、PPP 项目及合同的管理	—
跨政府间的协调水平	—	—
跨区域和国境投资的协调	—	—
利益相关者磋商机制		

资料来源：Shendy R，Kaplan Z，Mousley P. Towards Better Infrastructure Conditions，Constraints and Opportunities in Financing Public-Private Partnerships in Select African Countries ［R］. World Bank Study 63433. 2011。

（二）内部障碍

从内部条件看，养老基金的投资法规、监管框架、内部治理及风险管理能力等都直接或间接地影响其对基础设施的投资。具体来讲：（1）资产类别的限制。首先是股票投资比例的限制，大部分国家（丹麦、瑞典、德国、韩国、波兰、挪威等）都对养老基金的股票持有比例具有封顶线的规定。例如，德国养老基金投资于上市和非上市股票的最高比例分别为 35% 和 10% 。其次是投资私募股权基金的数量限制。例如，丹麦的最高比例为 10% ，西班牙为 30%，还有的国家甚至将私募股权基金的排除在养老金的可投产品外，例如，波兰、俄罗斯、智利等。最后是海外投资的限制。例如，奥地利、韩国、墨西哥、瑞士的海外投资上限分别为 30%、20%、20%、30%，而巴西、哥伦比亚、南非等还特别规定不许投资国外的私募股权基金。(2) 上市或流动性要求。例如，排除未上市的和不能在证券交易所交易的资产，使用资产最低流动性指数等，而与基础设施投资相关的往往是低流动性的有价证券。所以，墨西哥规定自 2008 年开始养老基金可将其 10% 的资产通过结构性产品"CKDs"(Certificados de Capital de Desarrollo) 进行基础设施投资，并可将其 10% 的资产通过房地产投资信托产品 FIBRAS 进入基础设施领域。这些有价证券在交易所挂牌报价，为养老基金投资基础设施的初级阶段提供明确的现金流，可以满足一定的风险控制和流动性要求。(3) 多元化投资的要求。例如，对股权集中度的限制，加拿大规定养老基金拥有一家公司的投票权股份不得超过 30%。或对单一资产或单个发行人存上数量限制，例如，丹麦就规定对单一资产的最大投资额度不得超过养老基金总资产的 5%。(4) 投资业绩的要求。例如，养老基金投资存在绝对或相对的最低收益率规定，以及投资过程中的资本充足性要求等。(5) 投资选择权的规定，例如，在 DC 型养老金计划中允许参保成员对养老金管理机构或投资基金进行转换，但存在年度最高转换次数的规定，而且参保人对基础设施投资的不了解可能导致投资选择的两极分化。(6) 风险管理制度的要求。例如，是否实施审慎人投资监管，强制使用特别的风险管理技术（压力测试或 VaR 方法等）、对基础设施债券存在最低投资等级、对偿付能力和融资规则的规定等。智利基础设施债券的成功在很大应该归功于其设计的各种担保制度，1998 年智利的监管机构首次允许养老基金通过项目债券的方式投资非上市基础设施，该债券由国际保险公司全额担保，将其信用等级提高到了 AAA，而且由智利政府提供的最低投资收益率担保也为其基础设施投资多加了一层保障。

三、未来养老基金投资基础设施的 SWOT 分析

从 OECD 国家的实践探索来看，养老基金在基础设施领域的投资比重从 1%～25% 不等。虽然 2008 年金融危机之后其快速增长的态势十分明

显，但整体来看依然不超过 5%。这主要是由于各国养老基金的财务机制、资产规模、投资政策、治理能力和监管模式等的差异。根据基础设施的私有化和市场化程度不同，加拿大、澳大利亚和智利等的养老基金选择了不同的基础设施投融资工具，并取得了相对较好的投资业绩。未来随着"一带一路"沿线国家基础设施项目建设和改造升级需求的扩大，将给养老基金投资基础设施带来巨大的潜在机遇。因此，分析养老基金投资基础设施的优点（S）、缺点（W）、机会（O）和威胁（T）就显得极为重要（如表5-15 所示）。

表 5-15 未来养老基金投资基础设施的 SWOT 分析

项目	分析内容
优点（S）	• 投资周期长，有利于养老基金实现长期资产与负债的匹配 • 规模经济，有利于降低交易成本，提高社会整体福利 • 投资收益高，可较好抵御通胀，实现养老基金保值增值 • 与其他资产的相关性低，有利于分散养老基金投资组合风险
缺点（W）	• 行业垄断程度较高，可能出现政府干预 • 缺乏专业投资团队，有关知识和管理经验不足 • 缺乏投资的透明性，风险控制难，投资成本高 • 涉及的环节和参与主体较多，直接投资的治理难度较大
机会（O）	• 基础设施缺口——"一带一路"沿线国家基础设施建设与改造升级 • 基础设施投资——实现养老基金与实体经济同步发展 • 新型清洁能源——促进绿色发展，为节能减排和污染治理创造机会 • 基础设施专项债券、PPP、PE、REITs 日趋成熟——促进资本市场发展 • 养老基金逐步放宽境外投资和另类投资的限制，内部治理能力提高
威胁（T）	• 缺乏长期基础设施发展规划和政治承诺 • 非上市基础设施项目资产或价值评估难度高 • 绿色基础设施产业和相关技术发展尚不成熟 • 各国基础设施市场和资本市场的发展阶段不同，政府监管能力不足

资料来源：根据相关理论和学者研究整理而得。

第六章

"一带一路"背景下我国养老基金
投资基础设施的实证检验

第一节　养老基金投资基础设施的
最优资产配置

一、投资组合模型构建

传统的投资组合理论中进行资产配置的有效前提是满足正态性假设，即单个金融资产的收益率满足独立性和正态分布特征，而多个金融资产收益率之间是线性相关的，所以投资组合的整体风险可以通过简单加总得到多元正态分布来进行描述。然而，现实中的金融市场运行复杂多变，导致金融资产收益率大多呈现尖峰、厚尾和波动率集聚等重要特征。倘若在进行资产配置时忽视这些特征，就很容易低估投资损失出现的概率，导致投资组合最终的有效前沿和最优配置与真实情况产生较大偏差，从而危及养老基金的安全性和财务可持续性。因此，本研究将金融资产收益率的非正态性特征和养老基金资产配置约束有机结合。首先，对养老基金投资组合中各大类资产收益率建立更加复杂的时间序列模型进行拟合，并利用 GARCH 模型得到边缘分布。然后，针对各大类资产之间的非线性相关特征，引入 Copula 函数。考虑到 t 分布比正态分布能够更好地描述相关性上升的效应，选用 t-Copula 函数模型来构造资产收益率联合分布的相依关系。最后，以 CVaR 作为投资组合的风险测度，构建基于 Copula-GARCH-CVaR 的养老基金投资组合优化模型。

（一）针对资产收益边缘分布的 GARCH 模型

在 1982 年恩格尔（Engle）提出的自回归条件异方差模型（ARCH 模型）基础上，波勒斯列夫（Bollerslev，1986）[①] 提出了广义自回归条件异方差模型（GARCH 模型），解决时间序列的异方差性和波动率积聚问题，特别适用于金融资产收益率的波动性分析和预测。鉴于金融资产收益率普遍存在明显的自相关性、异方差和波动性重聚等特征，采用 $ARMA(p, q)$-$GARCH(m, n)$ 模型来刻画养老基金投资组合中各大类资产收益率序列的边缘分布。

$$\begin{cases} r_t = c_0 + \sum_{i=1}^{p} c_i r_{t-i} + \sum_{j=1}^{q} \phi_j \varepsilon_{t-j} + \varepsilon_t \\ \varepsilon_t = \sigma_t z_t \\ \sigma_t^2 = \alpha_0 + \sum_{i=1}^{m} \alpha_i \varepsilon_{t-i}^2 + \sum_{j=1}^{n} \beta_j \sigma_{t-j}^2 \end{cases} \qquad (6-1)$$

其中，r_t 为某资产的收益率序列，服从 $ARMA(p, q)$ 过程。ε_t 为残差，服从 $GARCH(m, n)$ 过程。z_t 是均值为 0、方差为 1 的独立同分布的随机变量序列，一般假设服从标准正态分布、标准 t 分布或广义指数分布（GED）等。σ_t^2 是条件方差，与 z_t 相互独立。c_0，c_i，ϕ_j，α_0，α_i，β_j 是模型的待估参数，且满足 $\alpha_0 > 0$，$\alpha_i \geq 0$，$\beta_j \geq 0$，$\sum_{i=1}^{\max(m,n)} (\alpha_i + \beta_i) < 1$。

由于一般的 GARCH 模型既不能解释股票收益和收益变化波动之间出现的负相关现象，也无法描述资产波动率的杠杆效应，即"坏消息"引起的波

---

① Bollerslev T. Generalized Autoregressive Conditional Heteroscedasticity ［J］. Journal of Econometrics，1986，31：307 – 327.

动明显大于"好消息"引起的波动。针对这种非对称现象，很多学者对
GARCH 模型进行了不同程度的拓展，提出了 E-GARCH 模型、T-GARCH 模型、I-GARCH 模型等。以纳尔逊（Nelson，1991）[①] 提出的 E-GARCH(m, n)
模型为例，条件方差可以表示为

$$\ln(\sigma_t^2) = \alpha_0 + \sum_{i=1}^m \alpha_i \frac{|\varepsilon_{t-i}| + \varphi_i \varepsilon_{t-i}}{\sigma_{t-i}} + \sum_{j=1}^n \beta_j \ln(\sigma_{t-j}^2) \qquad (6-2)$$

其中，α_0，α_i，φ_i，β_j 是模型的待估参数，且满足 $\alpha_i \geq 0$，$\varphi_i < 0$，$\beta_j \geq 0$。该
模型的基本思想是认为正干扰和负干扰对条件方差的影响应区别对待，正的
ε_{t-i} 对对数波动率的贡献为 $\alpha_i(1 + \varphi_i)|\varepsilon_{t-i}|/\sigma_{t-i}$，负的 ε_{t-i} 对对数波动率的
贡献为 $\alpha_i(1 - \varphi_i)|\varepsilon_{t-i}|/\sigma_{t-i}$。

（二）针对资产收益联合分布的 t-Copula 函数模型

Copula 函数是把多元随机变量的联合分别与其一维边际分布联系起来的
函数，最早可以追溯到 1959 年的 Sklar 定理。该定理假设 F 是一个 n 维联合
概率分布函数，$F(x_1, x_2, \cdots, x_n) = C[F_1(x_1), F_2(x_2), \cdots, F_n(x_n)]$，
$F_i(x_i)$ 是一元随机变量 X_i 的分布函数，$X_i \sim F_i(x_i) = u_i$，$i = 1, 2, \cdots, n$。
如果 $F_i(x_i)$ 是连续函数，则 Copula 函数 C 存在且唯一。同时，变量越多
Copula 函数 C 的复杂度越高。令 $U_i = F_i^{-1}(x_i)$ 为随机变量的逆，则 $C(u_1, u_2, \cdots, u_n) = \Pr(U_1 \leq u_1, U_2 \leq u_2, \cdots, U_n \leq u_n)$。虽然 Copula 函数并不限
制边缘分布的选取，但是需要满足以下条件：

① $u_i \in [0, 1]$；
② $C(u_1, u_2, \cdots, u_n) \in [0, 1]$；
③ $\partial C/\partial u_i \geq 0$；
④ $C(0, \cdots, u_i, \cdots, 1) = u_i$；
⑤ $C(b_1, b_2, \cdots, b_n) - C(a_1, a_2, \cdots, a_n) \geq 0, \forall b_i > a_i$。

常用的 Copula 函数包括两类：椭圆族 Copula 函数和阿基米德族 Copula
函数。椭圆族主要有正态分布 Copula 函数与 t-Copula 函数；阿基米德族主要
有 Gumbel Copula 函数、Clayton Copula 函数和 Frank Copula 函数等。由于椭

---

① Nelson D B. Conditional heteroskedasticity in asset returns: A new approach [J]. Journal of the Econometric Society, 1991, 59 (2): 347 - 370.

圆族 Copula 函数是一系列具有椭圆轮廓分布的函数，其主要优势是可以运用于不同相关程度的分布函数。阿基米德族 Copula 函数克服了椭圆族 Copula 函数计算复杂的特点，也更容易捕捉尾部风险，但却不适合处理多变量的情况。因此，本研究采用 t-Copula 函数来构造各大类资产收益率的联合分布，具体表达式为：

$$C^T(u_1, u_2, \cdots, u_n; \Sigma, \nu) = T_{n, \Sigma, \nu}(T_\nu^{-1}(u_1), T_\nu^{-1}(u_2), \cdots, T_\nu^{-1}(u_n))$$

$$(6-3)$$

其中，$T_{n, \Sigma, \nu}$ 是 n 维 t 分布函数，Σ 是相关系数矩阵，ν 是自由度，$T_\nu(u_i)$ 是自由度为 ν 的一维 t 分布函数。

（三）基于 Copula-GARCH-CVaR 的投资组合优化模型

假设养老基金投资组合中有 K 项大类资产，每项资产的收益率各自服从一个 ARMA(p, q)-GARCH(m, n) 过程，而各项资产收益率之间的相依结构可以使用特定的多元 t-Copula 函数来描述，则投资组合中各大类资产收益率的联合概率分布可由 Copula-GARCH 模型来刻画：

$$\begin{cases} r_t^k = c_0^k + \sum_{i=1}^p c_i^k r_{t-i}^k + \sum_{j=1}^q \phi_j^k \varepsilon_{t-j}^k + \varepsilon_t^k, \forall k = 1, 2, \cdots, K \\ \varepsilon_t^k = \sigma_t^k z_t^k, \forall k = 1, 2, \cdots, K \\ (\sigma_t^k)^2 = \alpha_0^k + \sum_{i=1}^m \alpha_i^k(\varepsilon_{t-i}^k)^2 + \sum_{j=1}^n \beta_j^k(\sigma_{t-j}^k)^2, \forall k = 1, 2, \cdots, K \\ (z_t^1, z_t^2, \cdots, z_t^K) \mid I_{t-1} \sim C_{\Omega, t}(F_1(z_t^1), F_2(z_t^2), \cdots, F_1(z_t^K) \mid I_{t-1}) \end{cases}$$

$$(6-4)$$

其中，r_t^k 是大类资产 k 在 t 时刻的收益率，$k = 1, 2, \cdots, K$，$t = 1, 2, \cdots, T$。Ω 是 Copula 函数的参数集，I_{t-1} 是 $t-1$ 时刻的信息集。

然后，以条件风险价值（CVaR）为投资组合的风险测度指标，在置信度 δ 下，假设 r 为资产收益率向量，资产收益率的分布函数为 $F(r)$，概率密度函数为 $p(r)$，w 为养老基金资产配置的权重向量，$f(w, r) = -w'r$ 为投资组合的损失函数，则 CVaR 可用下式表述：

$$\mathrm{CVaR}_\delta = E[f(w, r) \mid f(w, r) \geq \mathrm{VaR}_\delta] = \frac{1}{1-\delta} \int_{-\infty}^{\mathrm{VaR}_\delta} f(w, r) p(r) \mathrm{d}r$$

$$(6-5)$$

透过该定义可知，直接计算和优化 CVaR 是非常困难的。因此，诺克菲勒和尤瑟夫（Rockafellar & Uryasev, 2000）[①] 等提出通过引入特定的函数 F 进行转化后求解，并证明 $\mathrm{CVaR}_\delta(w) = F_\delta[w,\ \mathrm{VaR}_\delta(w)]$ 总是成立的。根据 K 元联合分布，模拟生成 N 个 K 维收益率序列，记 $\{r_n = (r_{1,n},\ r_{2,n},\ \cdots,\ r_{K,n})\}_{n=1}^N$。令 $u_n = [f(w,\ r_n) - \mathrm{VaR}_\delta(w)]^+$，则 CVaR 可用近似地表示为

$$\mathrm{CVaR}_\delta(w) = \mathrm{VaR}_\delta(w) + \frac{1}{1-\delta} \int_{r \in R^K} [f(w,\ r) - \mathrm{VaR}_\delta(w)]^+ p(r)\mathrm{d}r$$

$$\approx \mathrm{VaR}_\delta(w) + \frac{1}{N(1-\delta)} \sum_{n=1}^N [f(w,r) - \mathrm{VaR}_\delta(w)]^+$$

$$\approx \mathrm{VaR}_\delta(w) + \frac{1}{N(1-\delta)} \sum_{n=1}^N u_n \qquad (6-6)$$

因此，最终基于 Copula-GARCH-CVaR 的投资组合优化模型为

$$\min \mathrm{CVaR} = \mathrm{VaR}_\delta(w) + \frac{1}{N(1-\delta)} \sum_{n=1}^N u_n$$

$$\mathrm{s.\,t.} \begin{cases} u_n \geqslant f(w,\ r_n) - \mathrm{VaR}_\delta(w) \geqslant 0, \forall n = 1,\ 2,\ \cdots,\ N \\[2mm] f(w,\ r_n) = -\sum_{k=1}^K w_k r_{k,n}, \forall n = 1,\ 2,\ \cdots,\ N \\[2mm] \sum_{k=1}^K w_k E(r_k) = E(r_p) \geqslant E_0(r_p) \\[2mm] \sum_{k=1}^K w_k = 1,\ 0 \leqslant w_k^l \leqslant w_k \leqslant w_k^u, \forall k = 1,\ 2,\ \cdots,\ K \\[2mm] r_{n,t}^k = c_0^k + \sum_{i=1}^p c_i^k r_{n,t-i}^k + \sum_{j=1}^q \phi_j^k \varepsilon_{n,t-j}^k + \varepsilon_{n,t}^k \\[2mm] \varepsilon_{n,t}^k = \sigma_{n,t}^k z_{n,t}^k \\[2mm] (\sigma_{n,t}^k)^2 = \alpha_0^k + \sum_{i=1}^m \alpha_i^k (\varepsilon_{n,t-i}^k)^2 + \sum_{j=1}^n \beta_j^k (\sigma_{n,t-j}^k)^2 \\[2mm] (z_{n,T+1}^1,\ z_{n,T+1}^2,\ \cdots,\ z_{n,T+1}^K) \mid I_T \sim C_{\Omega,t}(F_1(z_T^1),\ F_2(z_T^2),\ \cdots,\ F_n(z_T^K) \mid I_T) \end{cases}$$

$$(6-7)$$

其中，$E(r_p)$ 是养老基金投资组合的期望收益率，$E_0(r_p)$ 是最低保证收益

---

① Roekafellar R T, Uryasev S. Optimaization of Conditional Value-at-Risk [J]. The Journal of Risk, 2000（2）：21 – 41.

率，w_k^l 和 w_k^u 分别是大类资产 k 的投资比例上限和下限。

对于该模型的求解，第一步是利用 T 时刻之前 K 项大类资产收益率的历史数据，估计出 ARMA(p, q)-GARCH(m, n) 模型和 t-Copula 函数的具体形式；第二步是对资产收益率的残差项进行模拟，结合 ARMA-GARCH 部分预测出 $T+1$ 时刻的收益率分布，进而得出有效前沿；第三步是利用既定预期收益率下投资组合风险最小化的思路，求得养老基金的最优资产配置权重。

二、数据准备和研究假设

（一）数据准备

参考养老基金"长期投资、多元投资和责任投资"的基本理念和投资管理办法的规定，本研究分别选取流动性资产、固定收益类资产、权益类资产和另类资产等四种大类资产代表构建投资组合。具体而言：（1）流动性资产。由于养老基金不仅投资银行存款，还可投资一年期以内的票据和债券，因此选择由当前市场上的所有开放式货币基金组成的中证货币型基金指数（H11025）作为代表。（2）固定收益类资产。由于中证国债、企业债和金融债指数系列的成分股数量均高于上证国债、企业债和金融债指数系列，为了更好反映市场的整体状况，因此选择中证国债指数（H11006）、中证金融债指数（H11007）和中证企业债指数（H11008）作为代表。（3）权益类资产。由于股票与股票基金和股票型养老金产品等存在较大相关性和相似性，因此选择由上海和深圳证券市场中市值大、流动性好的 300 只股票组成的沪深300 指数（000300）作为代表。（4）另类资产。暂不考虑大宗商品和对冲基金，主要以基础设施为主。然而，由于我国基础设施投资指数编制和发布的时间较晚，它的替代指标在学界尚无统一共识。在 2013 年 8 月 26 日正式发布的中证城镇基建指数（H30143）是由房地产管理与开发、建筑材料、建筑产品、建筑与工程等主题中的股票作为样本股编制，其样本股数量（100 只）大于中证内地基建主题指数（50 只）、上证 180 基建指数（21 只）和沪深300 基建主题指数（29 只），因此选择中证城镇基建指数（H30143）作为国内基础设施投资的代表。而对于"一带一路"基础设施投资而言，目前尚未编制专门的指数。虽然正式发布于 2015 年 2 月 16 日的中证"一带一路"主题指数

（399991）和2015年6月24日的上证"一带一路"主题指数（000160）均是在综合考虑市值和"一带一路"业务相关性的基础上，从基础建设、交通运输、高端装备、电力通信、资源开发等五大产业中选取最具代表性的股票编制而成，但前者的样本股数量（82只）大于后者（56只），因此选择中证"一带一路"主题指数（399991）作为代表。样本期间为2015年2月~2019年3月，样本数据为这些指数的历史月度收益率。本研究的原始数据均来自RESSET数据库，并采用EViews 10.0和Matlab 18a进行数据处理和模型求解。

从表6-1的描述性统计结果来看，各大类资产的投资风险和收益率各有不同。首先，从最大值和最小值来看，基础设施资产的投资收益都是最高的，而且"一带一路"基础设施资产收益率波动的范围更广。其次，从均值和标准差来看，国内基础设施资产的平均投资收益最高，而"一带一路"基础设施资产的平均收益率最低，其标准差确是所有大类资产中最大的，说明"一带一路"基础设施资产收益率波动最为剧烈。同时，中证货币型基金指数的标准差仅为0.0006，基本可以将其视为无风险资产。而国债、金融债和企业债的平均收益率虽略低于股票，但标准差却不到股票的1/10。再次，从偏度和峰度看，各大类资产均是有偏的，而且Jarque-Bera正态性检验结果同样证明各大类资产收益率都不符合正态分布。如果在进行养老基金投资组合的资产配置时，忽略各大类资产收益率存在有偏、尖峰、厚尾的特性，简单地假设它们服从正态分布，极有可能低估该类资产的潜在风险和投资组合的整体风险，造成意料之外的巨额亏损。最后，为更好地刻画各大类资产收益率的序列特征，本研究还对它们做了进一步的数据检验。其中，ADF检验表明，在1%的置信水平下，国债、金融债、企业债、股票和基础设施都是平稳序列，而中证货币型基金指数进行一阶差分后才是平稳序列。Ljung-Box检验表明，各大类资产收益率存在显著的自相关性，因而可以使用ARMA模型来描述这一特征。此外，ARCH效应的检验结果表明各大类资产收益率存在强烈的条件异方差性，需要用GARCH模型加以刻画。

表 6 – 1 各大类资产收益率的描述统计

指标	H11025 (r_1)	H11006 (r_2)	H11007 (r_3)	H11008 (r_4)	000300 (r_5)	H30143 (r_6)	399991 (r_7)
观察值	50	50	50	50	50	50	50
最小值	0.0020	– 0.0142	– 0.0175	– 0.0149	– 0.2104	– 0.2302	– 0.2613
最大值	0.0040	0.0172	0.0199	0.0154	0.1725	0.2323	0.3457
均值	0.0028	0.0038	0.0036	0.0044	0.0048	0.0055	0.0022
标准差	0.0006	0.0075	0.0077	0.0063	0.0650	0.0819	0.0923
偏度	0.2186	– 0.4525	– 0.5576	– 0.7591	– 0.3144	0.2660	0.7189
峰度	1.8145	2.5725	3.3739	3.6234	4.3019	4.3061	6.5973
Jarque-Bera	93.326 **	459.087 ***	302.882 ***	345.612 ***	64.355 **	84.143 **	97.266 **
ADF 统计量 (10 阶)	– 2.1054	– 6.321 **	– 5.838 ***	– 5.733 ***	– 5.321 **	– 5.523 ***	– 5.079 ***
Q 统计量 (自相关)	104.48 ***	36.101 ***	23.437 ***	29.862 ***	9.058 ***	6.049 ***	4.047 ***
ARCH 检验 (异方差)	18.941 ***	9.780 ***	14.398 ***	18.707 ***	23.636 ***	13.688 ***	24.093 ***

注：** 表示在 5% 的水平上显著，*** 表示在 1% 的水平上显著。

从表 6 – 2 中各大类资产收益率的相关系数矩阵来看，中证货币型基金指数（r_1）与其他各大类资产均存在微弱的正相关关系。国债、金融债和企业债三者之间存在较强的正相关关系，但均与股票存在较弱的负相关关系。而且除金融债以外，国债和企业债均与基础设施之间存在一定的正相关关系。股票与国债、金融债和企业债均存在较弱的负相关关系，但是与国内基础设施和"一带一路"基础设施均存在较强的正相关关系。同时，国内基础设施和"一带一路"基础设施也存在较强的正相关关系，这是因为构建基础设施指数的样本股与沪深 300 指数的样本股之间存在交叉重合。综上所述，这与金融市场经验数据是基本一致的。

表 6-2　　　　　　　　　各大类资产收益率的相关系数矩阵

变量	H11025 (r_1)	H11006 (r_2)	H11007 (r_3)	H11008 (r_4)	000300 (r_5)	H30143 (r_6)	399991 (r_7)
r_1	1.0000	0.0655	0.0041	0.0246	0.1579	0.1481	0.1274
r_2	0.0655	1.0000	0.8402	0.6842	-0.0344	0.0329	0.0407
r_3	0.0041	0.8402	1.0000	0.8469	-0.0610	-0.0283	-0.0117
r_4	0.0246	0.6842	0.8469	1.0000	-0.0162	0.0543	0.0455
r_5	0.1579	-0.0344	-0.0610	-0.0162	1.0000	0.9360	0.9252
r_6	0.1481	0.0329	-0.0283	0.0543	0.9360	1.0000	0.9130
r_7	0.1274	0.0407	-0.0117	0.0455	0.9252	0.9130	1.0000

（二）研究假设

本研究以我国基本养老保险基金为例，在最低收益率保证制度下，以投资组合整体风险最小化为目标函数，采取积极的资产配置策略考察基础设施资产对养老基金投资的风险和收益的影响，分别构建三种投资组合：（1）不含基础设施的投资组合Ⅰ；（2）包含国内基础设施的投资组合Ⅱ；（3）在放宽养老基金境外投资限制的情形下，包含"一带一路"基础设施的投资组合Ⅲ。根据《基本养老保险基金投资管理办法》规定："（一）养老基金限于境内投资。（二）投资银行活期存款，一年期以内（含一年）的定期存款，中央银行票据，剩余期限在一年期以内国债等的比例，合计不得低于养老基金资产净值的5%。（三）投资一年期以上的银行定期存款、协议存款、同业存单，剩余期限在一年期以上的国债，政策性、开发性银行债券，金融债，企业（公司）债，地方政府债券，可转换债（含分离交易可转换债），短期融资券，中期票据，资产支持证券，固定收益型养老金产品，混合型养老金产品，债券基金的比例，合计不得高于养老基金资产净值的135%。其中，债券正回购的资金余额在每个交易日均不得高于养老基金资产净值的40%。（四）投资股票、股票基金、混合基金、股票型养老金产品的比例，合计不得高于养老基金资产净值的30%。（五）投资国家重大项目和重点企业股权的比例，合计不得高于养老基金资产净值的20%。"因此，假设基本养老基金投资组合包括流动性资产（如货币基金 r_1）、固定收益类资产（如国债 r_2、

金融债 r_3 和企业债 r_4)、权益类资产(如股票 r_5)、另类资产(如国内基础设施 r_6 和 "一带一路" 基础设施 r_7)等四大类资产。同时,假设养老基金在市场化投资过程中不考虑管理费用、交易费用和税收,金融市场有效且无套利,投资者均是市场价格的接受者,且暂不考虑允许债券回购融资的情形。由于养老基金投资政策仅要求受托机构按照养老基金年度净收益的 1% 提取风险准备金,专项用于弥补养老基金投资发生的亏损,并未建立最低收益率保证制度。为了使养老基金真正实现保值(能够抵御通货膨胀)和增值(能够分享经济发展成果),假设最低的预期月收益率分别取 0.3%、0.4% 和 0.5%(即对应的年化收益率分别为 3.6%、4.8% 和 6.0%),在置信水平为 95% 的情形下所能承受的最大损失为 $VaR_0 = 0.01$,则简化后的具体模型为

$$minCVaR_\delta$$

$$s.t. \begin{cases} VaR_\delta(w) \leqslant 0.01, \ \delta = 95\% \\ E(r_p) = \sum_{i=1}^{7} w_i E(r_i) \geqslant E_0(r_p) \\ \sum_{i=1}^{7} w_i = 1, \ w_i \geqslant 0 \\ 0.05 \leqslant w_1 \leqslant 1 \\ 0 \leqslant w_2 + w_3 + w_4 \leqslant 1.35 \\ 0 \leqslant w_5 \leqslant 0.3, \ 0 \leqslant w_6 + w_7 \leqslant 0.2 \end{cases} \quad (6-8)$$

三、模型求解与结果分析

(一) 模型中的参数估计

从各大类资产收益率的自相关系数(ACF)和偏自相关系数(PACF)图像来看,r_1 的 PACF 显著异于零的滞后阶数是 4,r_2、r_3 和 r_4 的 PACF 显著异于零的滞后阶数是 3,r_5 的 PACF 显著异于零的滞后阶数是 1,r_6 和 r_7 的 PACF 显著异于零的滞后阶数是 2。同时,均未呈现显著的指数衰减形态。考虑到模型的简洁性,在各大类资产收益率序列的 $ARMA(p, q)$ 过程中,取 $p = 1$,$q = 0$。由于前人的研究结论证明 $GARCH(1, 1)$ 模型已经能够较好地刻画各大类资产收益率的条件异方差特性,但是鉴于机构投资者往往对好消

息和坏消息的反应并不对称，本研究选择 EGARCH(1，1) 模型来进行刻画。因此，最终的 AR(1)-EGARCH(1，1) 模型为

$$
\begin{cases}
r_t = c_0 + c_1 r_{t-1} + \varepsilon_t \\
\varepsilon_t = \sigma_t z_t \\
\ln(\sigma_t^2) = \alpha_0 + \alpha_1(|\varepsilon_{t-1}|/\sigma_{t-1}) + \alpha_2(\varepsilon_{t-1}/\sigma_{t-1}) + \beta_1 \ln(\sigma_{t-1}^2)
\end{cases}
\tag{6-9}
$$

通过对各大类资产的收益率序列进行拟合后，按照 AIC 和 BIC 最小的规则，r_1、r_2、r_3 和 r_4 选择的最优边缘分布模型为 AR(1)-EGARCH(1，1)-t 模型，r_5、r_6 和 r_7 选择的最优边缘分布模型为 AR(1)-EGARCH(1，1)-ged 模型，参数估计结果如表 6-3 所示。在 10% 的水平下，绝大部分参数的估计值都显著不为零，表明选择这些模型还是能够较好地拟合各大类资产的收益率序列。然而，股票资产收益率的一阶自回归项的参数估计值并不显著，但考虑到和其他资产模型的一致性，计算过程中依然保留了一阶自回归项。

表 6-3　　　　　　AR(1)-EGARCH(1，1) 模型的参数估计结果

变量	c_0	c_1	α_0	α_1	α_2	β_1
r_1	0.0006 *** (4.371)	0.7605 *** (12.019)	-14.1506 *** (-3.346)	-1.0393 (-1.469)	1.0186 ** (6.504)	0.4137 *** (9.256)
r_2	0.0025 ** (2.151)	0.0403 ** (2.206)	-11.8762 ** (-14.474)	-0.0624 ** (-8.239)	-0.3684 ** (5.391)	0.2081 ** (7.481)
r_3	0.0028 * (1.837)	0.1753 * (2.089)	-8.8996 ** (-6.564)	0.1286 * (-3.529)	-0.5013 ** (7.287)	0.1132 *** (8.065)
r_4	0.0054 *** (12.521)	0.0453 * (2.249)	-7.2249 *** (-11.526)	-2.3763 *** (-6.32)	-0.9214 *** (5.817)	0.1449 * (3.848)
r_5	0.0062 * (2.138)	0.1404 (0.945)	-9.1417 *** (-20.407)	-1.1528 * (2.739)	0.8256 ** (4.246)	-0.5737 *** (-9.144)
r_6	-0.0033 (-0.589)	-0.0262 ** (5.249)	-8.0786 *** (-12.742)	1.2204 * (2.629)	0.3191 * (6.738)	-0.4849 *** (-8.659)
r_7	0.0053 (-0.854)	0.0274 * (4.332)	-7.9864 *** (-9.051)	0.7006 * (3.337)	0.7107 * (3.582)	-0.5719 *** (-6.341)

注：括号内的数值为参数估计值的 z 统计量。* 表示在 10% 的水平上显著，** 表示在 5% 的水平上显著，*** 表示在 1% 的水平上显著。

（二）最优资产配置比例

为了分析基础设施投资对养老基金投资组合在收益率和风险控制上的贡献，本研究基于已估计得到的边缘分布和连接函数，运用 Matlab 软件计算了在最低保证月收益率分别取 0.3%、0.4% 和 0.5% 的情况下，养老基金投资组合中各大类资产的最优配置比例，具体实证结果如表 6-4 所示。

表 6-4　　　　　　　　最低保证收益率下养老基金的最优资产配置

项目		$E(r_p)=0.3\%$			$E(r_p)=0.4\%$			$E(r_p)=0.5\%$		
		I	II	III	I	II	III	I	II	III
最小方差		0.0068	0.0045	0.0032	0.2697	0.1522	0.1341	0.8903	0.4975	0.3162
CVaR		−0.0045	−0.0023	−0.0019	0.1856	0.0941	0.0703	0.6557	0.3238	0.2579
最优投资比例	货币基金（r_1）	0.8596	0.7464	0.5702	0.5786	0.4365	0.3208	0.0500	0.0500	0.0500
	国债（r_2）	0.0400	0.0698	0.1063	0.1409	0.1306	0.0941	0.2109	0.1406	0.1278
	金融债（r_3）	0.0000	0.0000	0.0000	0.0000	0.0000	0.0000	0.0000	0.0000	0.0000
	企业债（r_4）	0.1004	0.1132	0.1252	0.2180	0.2067	0.1953	0.4536	0.4021	0.3985
	股票（r_5）	0.0000	0.0625	0.1015	0.0625	0.1984	0.2532	0.2855	0.2408	0.2274
	国内基础设施（r_6）	—	0.0081	0.0931	—	0.0278	0.1366	—	0.1665	0.1827
	"一带一路"基础设施（r_7）	—	—	0.0037	—	—	0.0082	—	—	0.0136

首先，从总体来看，随着养老基金最低保证月收益率的提高，投资组合 I、投资组合 II、投资组合 III 的最小方差和 CVaR 值都在相应提高，这完全符合高收益、高风险的金融投资理论。但从资产配置结构来看，货币基金、国债、企业债、股票和基础设施的最优投资比例均存在较大幅度的波动。例如，在投资组合 I 中，随着最低保证月收益率逐步从 0.3% 提高至 0.5%，货

币基金的最优投资比例从 0.8596 下降至 0.5786 再下降至 0.0500，企业债和股票则从 0.1004 和 0.0000 增加至 0.2180 和 0.0625 再增加至 0.4536 和 0.2855。而在投资组合 Ⅱ 中，货币基金的最优投资比例从 0.7464 下降至 0.4365 再下降至 0.0500，企业债、股票和国内基础设施则从 0.1132、0.0625 和 0.0081 增加至 0.2067、0.1984 和 0.0278 再增加至 0.4021、0.2408 和 0.1665。同时，我们还发现金融债的最优投资比例一直为 0，这与全国社会保障基金的实际资产配置情况不符。一方面的原因是金融债在样本期间内的市场表现较差，最低收益率和波动率均大于国债和企业债；另一方的原因可能是本研究没有考虑债券回购融资、资产负债结构和交易成本等对养老基金投资组合调整的影响。

其次，从基础设施投资对养老基金投资组合的影响来看，在相同的最低保证月收益率情况下，投资组合 Ⅱ 和投资组合 Ⅲ 的最小方差和 CVaR 值相对于投资组合 Ⅰ 都出现明显下降，而投资组合 Ⅲ 的最小方差和 CVaR 值相对于投资组合 Ⅱ 并无明显改善，表明国内基础设施对降低养老基金投资组合的整体风险具有较高的贡献度。这主要是因为国内基础设施市场发展较为成熟，而"一带一路"基础设施项目大多处于建造阶段，在样本期间内的市场表现整体较差，在短期内尚不适宜纳入养老基金投资范围，至于其他境外基础设施资产还需进一步研究。同时，随着最低保证月收益率逐步从 0.3% 提高至 0.5%，投资组合 Ⅱ 中国债和企业债的最优投资比重之和从 0.1830 增加至 0.3373 再增加至 0.5427，而股票和基础设施（国内 +"一带一路"）的最优投资比重之和也从 0.0706 增加至 0.1262 再增加至 0.4073。在投资组合 Ⅲ 中，这种变化趋势和增幅更为明显。这主要是因为在样本期间内股票和债券的相关系数为负，投资管理人如此进行资产配置比例的调整将更有利于提高养老基金的收益率，实现投资组合的风险对冲。

最后，从养老基金投资组合的战略投资基准来看，在实际投资过程中还需根据资本市场的发展和运行状况以及养老基金的投资管理能力对最优投资比例进行适时调整。（1）银行存款和短期国债是养老基金进行市场化投资的基础工具，无论从流动性还是安全性的角度看都应该保持一定的投资比例。考虑到养老基金年度给付的需要和长期负债的期限结构，维持 3%～5% 左右的一年期银行存款投资比例是比较合理的。（2）债券是养老基金进行市场化投资的稳健工具。随着我国债券市场的日趋完善，企业债和金融债的投资种类和规模也日益增加。在控制债券投资风险等级的情况下，取消养老基金投资国债、企业债和金融债的单一比例限制，实施整体投资比例限制更为合理。（3）股票通常被视为是养老基金进行市场化投资的高风险权益类工具，需要进行严格的数量限制监管，但国外大量实证研究表明股票投资的风险与持有期密切相关。例如，伊伯森公司（Ibbotson Associates）计算出在 1926～2003 年这 78 年间，养老基金股票投资的复合年收益率高达 10.4%，而美国长期政府公债的投资收益率仅为 5.4%，而且当股票的投资期限超过 30 年时其标准差还要小于债券，所以股票是发达资本市场国家养老基金长期投资的最好选择（大卫·F. 史文森，2010）。考虑到我国股票市场的成熟度和上市公司的平均生命周期，养老基金投资股票的比例还可以适当放宽，比如提高至40%。（4）基础设施是养老基金进行市场化投资的另类工具，在我国尚属投资需求量大、投资周期长、资金回报率高和投资波动性小的一种新型投资产品，是养老基金非常理想的投资对象。但考虑到直接投资基础设施项目的管理成本、"一带一路"基础设施市场的成熟度以及对养老基金投资管理能力的要求，初级阶段应主要通过金融机构或金融产品的渠道间接投入基础设施项目，待时机成熟再采取直接投资和境外投资，总体投资比例依然可保持不高于20%。

第二节　基础设施投资对经济增长的贡献测算

一、模型构建

自阿绍尔（Aschauer，1989）关于基础设施资本对经济增长的开创性研究以来，基础设施投资的正外部性得到了国内外广泛认可，大量学者纷纷采用不同方法估算基础设施的产出效率，发现其产出弹性在 0.04～0.58 不等。从理论模型的构建来看，目前国际上对基础设施与经济增长之间关系的实证研究主要采用总量生产函数法、行为方法、向量自回归法、面板数据回归法等进行量化分析。具体而言：（1）总量生产函数法是将基础设施作为一种与劳动和资本同样的投入要素纳入柯布道格拉斯生产函数中，通过估算其产出弹性来研究它对提高生产率和社会总产出的作用。（2）行为方法则假设公共基础设施是政府免费提供的外生变量，企业遵循在生产过程中追求利润最大化或成本最小化的目标，通过构建成本函数和利润函数来分析基础设施对社会总产出及其价格的影响。（3）向量自回归法主要是构建向量自回归模型或向量误差修正模型，通过当期变量对变量自身和其他变量的滞后值进行回归，分析它们之间的协整关系和格兰杰因果关系，从而探讨基础设施与经济增长之间的长短期均衡关系。代表性研究有郭庆旺和贾俊雪（2006）以我国1981～2004年的年度数据为基础，利用格兰杰因果分析、脉冲响应分析和方差分解分析考察了基础设施投资的经济增长效应，并得出我国基础设施投资在总体水平和具体构成上均对社会总产出具有持续较强的正影响，而且时滞相对较短。（4）面板数据回归法则是利用国内外的面板数据构建多元回归模型，探讨基础设施与经济增长的相互关系。代表性研究有廖茂林和许召元（2018）利用1994～2016年中国省级面板数据进行实证研究发现，总体上基础设施投资对中国经济增长有显著正向的影响，但这种影响呈现出明显的"倒U型"特征。虽然这四种方法都等到广泛应用，而且绝大多数研究也得出它们之间的正相关关系，但是要综合度量基础设施对经济增长的直接和间接作用，还需要从整个宏观经济运行框架去分析其传导机制。

从国内外现有研究来看，基础设施对经济增长的作用主要体现在增加物质资本存量、带动私人投资、降低生产成本和贸易成本、促进经济和产业结构的多样化、提供现代技术的应用渠道，以及通过健康、减贫、教育和环境影响等促进人类社会发展。为了简化分析，本研究在模型构建过程中将其分为直接效应和间接效应。直接效应主要体现在 $F(K_t, L_t, G_t)$ 中，即将基础设施看作增加物质资本存量的一种投资，直接以要素投入的方式纳入总量生产函数中。而间接效应主要体现在 $A_t(c, G_t)$ 中，即基础设施通过网络效应和规模效应提高全要素生产率。假定采用柯布道格拉斯生产函数作为总量生产函数，则具体的估计模型为

$$Y_t = A_t(c, G_t) \times F(K_t, L_t, G_t) = A_t(c, G_t) \times (K_t)^\alpha \times (L_t)^\beta \times (G_t)^\gamma$$

$$(6-10)$$

其中，Y_t 表示以不变价格计算的第 t 年的国内生产总值，A_t 表示第 t 年的技术水平，也称为全要素生产率，K_t 表示以不变价格计算的第 t 年的非基础设施资本存量，L_t 表示第 t 年的劳动力投入，G_t 表示以不变价格计算的第 t 年

的基础设施资本存量，α、β、γ 分别表示非基础设施资本存量、劳动力投入、基础设施资本存量对国内生产总值的产出弹性。

为了使数据具有更好的统计性质，同时消除模型估计时可能产生的异方差，对总量生产函数（6-10）两边同时取对数得

$$\ln Y_t = \ln A_t + \alpha \times \ln K_t + \beta \times \ln L_t + \gamma \times \ln G_t \qquad (6-11)$$

假定总量生产函数对非基础设施资本、劳动力投入和基础设施资本具有规模报酬不变的性质，即 $\alpha + \beta + \gamma = 1$，则方程（6-11）可以等价转化为

$$\ln Y_t - \ln L_t = \ln A_t + \alpha \times (\ln K_t - \ln L_t) + \gamma \times (\ln G_t - \ln L_t) \qquad (6-12)$$

假定总量生产函数仅对非基础设施资本和劳动力投入具有规模报酬不变的性质，即 $\alpha + \beta = 1$，而对所有的生产要素具有规模报酬递增的性质，则方程（6-11）可以等价转化为

$$\ln Y_t - \ln L_t = \ln A_t + \alpha \times (\ln K_t - \ln L_t) + \gamma \times \ln G_t \qquad (6-13)$$

为了分析基础设施投资对经济增长的贡献度，将 GDP 的增长率进行分解，在方程（6-10）的两边分别进行求导得

$$\frac{\Delta Y_t}{Y_t} = \frac{\Delta A_t}{A_t} + \alpha \times \frac{\Delta K_t}{K_t} + \beta \times \frac{\Delta L_t}{L_t} + \gamma \times \frac{\Delta G_t}{G_t}$$

即

$$GY_{(t)} = GTFP_{(t)} + \alpha \times GK_{(t)} + \beta \times GL_{(t)} + \gamma \times GG_{(t)} \qquad (6-14)$$

其中，$GY_{(t)}$ 表示第 t 年国内生产总值的增长率，$GTFP_{(t)}$ 表示第 t 年全要素生产率的增长率，$GK_{(t)}$ 表示第 t 年非基础设施固定资本存量的增长率，$GL_{(t)}$ 表示第 t 年劳动力投入的增长率，$GG_{(t)}$ 表示第 t 年基础设施固定资本存量的增长率。因此，两边同时除以 $GY_{(t)}$，则可获得非基础设施资本对经济增长的贡献度 $\xi_K = \alpha \times GK_{(t)} / GY_{(t)}$，劳动力投入对经济增长的贡献度 $\xi_L = \beta \times GL_{(t)} / GY_{(t)}$，基础设施资本对经济增长的贡献度 $\xi_G = \gamma \times GG_{(t)} / GY_{(t)}$，全要素生产率对经济增长的贡献度 $\xi_{TFP} = 1 - \xi_K - \xi_L - \xi_G$。

同时，为考察 1998 年和 2008 年金融危机后，政府投资计划对基础设施资本存量以及非基础设施资本存量和劳动力投入的交互影响，特引入时间虚拟变量 $D1$ 和 $D2$，则方程（6-11）扩展为

$$\ln Y_t = \ln A_t + \tau \times D + \alpha \times \ln K_t + \beta \times \ln L_t + \gamma \ln G_t + \psi \times (\ln G_t \times D)$$
$$+ \rho \times (\ln K_t \times \ln G_t \times D) + \overline{\omega} \times (\ln L_t \times \ln G_t \times D) \qquad (6-15)$$

如果不考虑要素之间的交互影响，则方程（6-11）扩展为

$$\ln Y_t = \ln A_t + \tau \times D + \alpha \times \ln K_t + \beta \times \ln L_t + \gamma \ln G_t + \psi \times (\ln G_t \times D) \qquad (6-16)$$

$$D1 = \begin{cases} 0\,(t < 1999) \\ 1\,(t \geqslant 1999) \end{cases} \qquad D2 = \begin{cases} 0\,(t < 2009) \\ 1\,(t \geqslant 2009) \end{cases}$$

二、数据来源及处理

从前面的理论模型可知，总量生产函数中的待估参数为三种要素投入的产出弹性，需要的原始数据为每年的实际国内生产总值（GDP）、非基础设施资本存量、劳动力投入和基础设施资本存量。本研究数据来源于历年的《中国统计年鉴》和《中国固定资产投资统计年鉴》，并选择1978年为基期，利用GDP平减指数和固定资产投资价格指数进行价格调整，从而更好地体现数据的内在规律性。

（一）历年实际GDP的估算

实际GDP是名义GDP扣除市场价格因素影响后的数值，由于统计年鉴中只提供了历年的名义GDP和以1978年为基期的不变价格GDP指数，因此以1978年为基期的历年实际GDP = 1978年的名义GDP×历年以1978年为基期的不变价格GDP指数。

（二）历年资本存量的估算

资本存量的估算主要包括基础设施资本存量和非基础设施资本存量的估算，由于基础设施投资是全社会固定资产投资的一部分，可以通过估算出历年的全社会固定资本存量和基础设施资本存量后，再反推出非基础设施资本存量。估计方法是国内外学者广泛采用的戈登斯密斯（Goldsmith）在1951年提出的永续盘存法（单豪杰，2008；金戈，2012），则具体公式为

$$K_{(t)} = I_{(t)}/P_{(t)} + (1 - \delta)K_{(t-1)} \qquad (6-17)$$

其中，$K_{(t)}$ 表示第 t 年的资本存量，$I_{(t)}$ 表示第 t 年的固定资产投资总额，$P_{(t)}$ 表示第 t 年的固定资产投资价格指数，δ 为固定资产折旧率。在利用永续存盘法估算资本存量时，主要涉及四个变量：（1）基期资本存量的确定；（2）每年新增投资额的确定；（3）固定资产投资价格指数的确定；（4）资本折旧率的确定。

1. 历年全社会固定资本存量

全社会固定资产投资[①]是一个官方的统计指标，是以货币形式表现的在一定时期内全社会建造和购置固定资产的工作量以及与此有关的费用的总称。在其资本存量估算过程中，各变量的数据处理如下：（1）1978年全社会固定资本存量的确定。已有研究文献中多以1952年为基期进行估算，最终由于方法和估算范围的不同使得结果存在较大差异。例如，以1978年的价格计算，黄勇峰（2002）估计1978年的固定资本存量为5821.66亿元，李治国和唐国兴（2003）估计为14112亿元，王小鲁（2009）估计为7006亿元，通过价格折算比较后，王小鲁的结果更为可信。（2）每年新增全社会固定资本投资额的确定。直接采用统计年鉴中当年的全社会固定资产投资的统计数据。（3）固定资产投资价格指数的确定。由于统计年鉴只提供了1991年以后的固定资产投资价格指数，若以1978年为基期则必须重新构造这一指数。在前期研究中，黄永峰等（2002）直接采用零售物价指数替代，张军（2004）采用上海固定资产投资价格指数替代，金戈（2012）则自行估算了1953～2008年间以1953年为基期的固定资产投资价格指数。因此，本研究中1990年以前的固定资产投资价格指数参考金戈（2012）的研究结果，并将其转化为以1978年为基期的指数，对于1990年后的价格指数则采用官方公布的数据进行相应折算而得。（4）固定资本折旧率的确定。由于数据资料、折旧方法和初始年份选择的不同，过去的研究中对固定资本折旧率的设定存在较大差异。例如，王小鲁和樊纲（2000）将其设定为5%，张军（2004）估算其为9.6%，白重恩等（2007）估算出其在10.47%～12.06%之间，单豪杰（2008）估算其为10.96%。比较而言，单豪杰的估算方法更为科学，因此参照其研究结果将折旧率设定为11%。

2. 历年基础设施资本存量

目前国内外关于基础设施尚无明确统一的定义，前期研究中既有使用实物形态的基础设施，比如交通基础设施用铁路、公路、航道里程等作为代理

[①]（1）1995～1996年，除房地产投资、农村集体投资、个人投资以外，投资统计的起点为5万元；自1997年起，除房地产投资、农村集体投资、个人投资以外，投资统计的起点由5万元提高到50万元；自2011年起，除房地产投资、农村个人投资外，固定资产投资的统计起点由50万元提高至500万元。（2）从2011年起，城镇固定资产投资数据发布口径改为固定资产投资（不含农户），固定资产投资（不含农户）等于原口径的城镇固定资产投资加上农村企事业组织的项目投资。

变量，通信基础设施用电话或互联网普及率作为代理变量，能源基础设施用人均能源消费总量或发电量作为代理变量（刘生龙，2010），又有使用价值形态的基础设施（金戈，2012）。2015 年，《国民经济和社会发展统计公报》首次对基础设施投资进行专项统计，它是指建造或购置为社会生产和生活提供基础性、大众性服务的工程和设施的支出，具体包括交通运输、邮政业，电信、广播电视和卫星传输服务业，互联网和相关服务业，水利、环境和公共设施管理业投资。根据养老基金投资的国际经验和数据的可获得性，本研究将基础设施投资设定为用于"电力、燃气及水的生产和供应业""水利、环境和公共设施管理业""交通运输、仓储和邮政业""信息传输计算机服务与软件业"四个项目的固定资产投资额。

在基础设施资本存量估算过程中，各变量的数据处理如下：（1）1978 年基础设施资本存量的确定。从现有研究看，范九利（2004）、张军（2004）等都运用初始年份的投资数据除以某一个比例以获得基年的资本存量。彭清辉（2011）也沿用了这样的方法，采用 1953 年基础设施实际投资额除以基础设施资本折旧率与 1953～1965 年基础设施实际投资的平均增长率之和，得出 1953 年的基础设施资本存量为 64.29 亿元，并推出 1978 年基础设施资本存量为 970.17 亿元（按 1953 年的不变价格）。此外，金戈（2012）用 1953 年的基础设施投资数据除以 10%，推算出 1953 年的全国基础设施资本存量为 202 亿元，1978 年上升为 1113 亿元（按 1953 年的不变价格）。它们的估算结果在 1953 年存在很大差距，但 1978 年的水平却基本接近，主要原因在于基础设施资本折旧率和价格指数的选择，本研究参照金戈（2012）的估算结果进行价格折算，得出以 1978 年为基期的基础设施资本存量为 1135.26 亿元。（2）每年新增基础设施投资额的确定。由于各种统计年鉴中只提供了 2003 年后全社会分行业固定资产投资的原始数据，而金戈（2012）采用两年移动平均法补齐了缺失的基础设施投资数据，因此本研究在 2002 年以前缺失的每年新增基础设施投资额就直接引用其估算结果。（3）基础设施资产投资价格指数的确定则直接采用全国固定资产投资价格指数替代，此处不再赘述。（4）基础设施资本折旧率的确定。由于基础设施和非基础设施的使用年限存在较大差别，折旧率也应该分别估算。张军（2004）根据"建筑安装工程投资""设备工器具购置""其他费用"这三类固定资本的使用寿命，估算出它们的折旧率分别为 6.9%、14.9% 和 12.1%。金戈（2012）在此方法的基础

上，利用算术平均和几何平均的方法计算得出基础设施资本的综合折旧率为
9.2%。此后，金戈（2016）又通过加权平均，计算出经济基础设施、社会
基础设施与非基础设施资本的综合折旧率分别为9.21%、8.51%和9.73%。
鉴于金戈的估算方法和数据相对可靠，本研究参照其研究成果将基础设施资
本折旧率设定为9.2%。

（三）历年劳动力投入的估算

从马克思政治经济学的角度来说，劳动力投入是采用标准劳动强度的劳
动时间来衡量实际生产过程中投入的劳动量。但由于数据难以获得，多数研
究往往采用就业人数作为其代理变量来衡量劳动力资源的投入，使得估算结
果降低了劳动力投入对经济增长的贡献。本研究在数据处理时既考虑劳动力
的数量（就业人口数量和平均的劳动时间），又考虑劳动力的质量（劳动年
龄人口的平均教育年限）。就业人口数量主要来自历年的《中国统计年鉴》，
平均劳动时间假定为人均每天8小时，1978～2007年劳动力的平均教育年限
则利用王小鲁（2009）的估算结果，后期数据则用同样的方法补齐。

（四）实证所需基础数据汇总

在实证检验过程中，选择样本区间为1978～2018年，原始数据主要来自
我国的各种统计年鉴和前人的研究成果，并按照上述方法进行计算处理后到
了以1978年为基期的实际GDP、基础设施资本存量、非基础设施资本存量、
就业人数以及人均受教育年限的具体数据（如表6-5所示）。

表6-5 实证研究的基础数据

年份	实际GDP（亿元）	就业人数（万人）	人均教育年限（年）	固定资产投资价格指数	基础设施资本存量（亿元）	非基础设施资本存量（亿元）
1978	3678.7	40152	3.87	1.00	1135.3	5870.7
1979	3958.3	41024	4.11	1.02	1212.0	5828.7
1980	4267.3	42361	4.46	1.05	1251.2	5882.6
1981	4488.0	43725	4.71	1.00	1251.9	6058.2
1982	4889.0	45295	4.92	1.11	1283.7	6330.7
1983	5418.7	46436	5.07	1.14	1344.8	6686.6

续表

年份	实际GDP（亿元）	就业人数（万人）	人均教育年限（年）	固定资产投资价格指数	基础设施资本存量（亿元）	非基础设施资本存量（亿元）
1984	6239.1	48197	5.21	1.19	1435.7	7252.4
1985	7077.8	49873	5.31	1.27	1607.3	8127.7
1986	7710.6	51282	5.4	1.35	1810.7	9164.9
1987	8611.8	52783	5.48	1.42	2031.7	10406.8
1988	9579.3	54334	5.54	1.61	2239.8	11783.2
1989	9980.3	55329	5.6	1.75	2375.6	12625.0
1990	10370.3	64749	5.67	1.85	2562.8	13229.5
1991	11334.1	65491	5.77	2.02	2815.4	14009.3
1992	12945.3	66152	5.85	2.33	3138.3	15303.5
1993	14740.6	66808	5.93	2.95	3607.2	17237.2
1994	16664.5	67455	6.01	3.26	4312.3	19466.8
1995	18489.1	68065	6.12	3.45	5050.7	21915.4
1996	20324.8	68950	6.22	3.59	5913.0	24469.5
1997	22201.0	69820	6.32	3.65	6948.0	26925.5
1998	23941.0	70637	6.43	3.65	8432.5	29497.5
1999	25776.7	71394	6.57	3.63	9886.6	32095.5
2000	27965.5	72085	6.69	3.67	11368.7	34964.8
2001	30297.8	72797	6.81	3.69	12820.9	38500.9
2002	33064.2	73280	6.92	3.69	14586.8	42878.2
2003	36382.3	73736	7.05	3.77	17562.6	48320.3
2004	40061.0	74264	7.17	3.98	21014.9	55328.8
2005	44626.3	74647	7.29	4.05	25260.4	64604.9
2006	50302.5	74978	7.41	4.11	30418.8	76324.9
2007	57461.3	75231	7.53	4.27	35963.1	91198.9
2008	63008.8	75564	7.68	4.65	42056.3	108285.3
2009	68931.5	75828	7.84	4.54	51815.5	131459.7
2010	76263.1	76105	7.99	4.69	62621.2	154157.6

续表

年份	实际 GDP （亿元）	就业人数 （万人）	人均教育 年限（年）	固定资产投 资价格指数	基础设施资本 存量（亿元）	非基础设施资 本存量（亿元）
2011	83547.0	76420	8.15	4.99	70817.8	184537.2
2012	90113.4	76704	8.32	5.05	80229.5	221233.4
2013	97114.0	76977	8.79	5.07	92033.1	264379.6
2014	104324.3	77253	9.26	5.10	106406.6	311288.6
2015	111670.6	77451	9.67	5.04	123824.4	359432.2
2016	119318.6	77603	9.94	5.00	144154.8	407236.6
2017	127606.7	77640	10.32	5.29	164982.1	446956.5
2018	136222.3	77586	10.78	5.58	182757.5	477664.7

资料来源：笔者根据历年的统计年鉴计算整理而得。

三、实证结果及分析

（一）数据的描述统计

从表 6-6 的描述性统计结果来看，1978~2018 年我国实际 GDP、劳动力投入、基础设施和非基础设施资本存量的最大值和最小值之间存在较大差异，且标准差均较大，这表明我国经济增长使得 Y、K、L、G 的波动差异非常大。然而，对各变量的原始数据取自然对数后，$\ln Y$、$\ln K$、$\ln L$ 和 $\ln G$ 的最大值、最小值和标准差之间的差异明显缩小。从 JB 统计量来看，均拒绝服从正态分布的原假设。

表 6-6　　　　　　　　　　　数据的描述统计

变量	观察值	均值	标准差	最大值	最小值	JB 统计量
Y	41	40267.50	39523.46	136222.3	3678.700	7.4522
K	41	93388.30	132479.6	477664.7	5828.700	24.977
L	41	458808.0	183675.6	836377.1	155388.2	1.3776
G	41	33227.84	48878.17	182757.5	1135.300	26.029

续表

变量	观察值	均值	标准差	最大值	最小值	JB 统计量
$\ln Y$	41	10.05777	1.123744	11.82204	8.210315	2.6533
$\ln K$	41	10.49941	1.409076	13.07666	8.670549	3.0424
$\ln L$	41	12.94719	0.446591	13.63683	11.95368	2.5072
$\ln G$	41	9.207972	1.671749	12.11592	7.034652	3.4441

（二）平稳性检验

由于实际 GDP、劳动力投入、基础设施和非基础设施资本存量的原始数据均为时间序列数据，而且 Y、K、L、G 均为非平稳的时间序列数据。为避免伪回归现象，本研究对各变量的原始数据取自然对数，并对 $\ln Y$、$\ln K$、$\ln L$和 $\ln G$ 进行 ADF 单位根检验来判断其平稳性。从表 6 - 7 的检验结果来看，$\ln Y$、$\ln K$、$\ln L$ 和 $\ln G$ 的 ADF 统计量均大于 5% 和 10% 的临界值，因此它们都是非平稳的序列。而二阶差分后的 ADF 统计量均小于 5% 和 10% 的临界值，因此它们都是二阶单整序列。

表 6 - 7　　　　　　　　　　各变量平稳性的检验结果

变量名称	检验类型 (c, t, n)	ADF 统计量	5% 的临界值	10% 的临界值	检验结果
$\ln Y$	$(c, t, 0)$	-0.834003	-3.526609	-3.194611	不平稳
$\ln K$	$(c, t, 0)$	-2.881327	-3.526609	-3.194611	不平稳
$\ln L$	$(c, t, 2)$	-2.858774	-3.533083	-3.198312	不平稳
$\ln G$	$(c, t, 2)$	-3.160952	-3.533083	-3.198312	不平稳
$\Delta\Delta\ln Y$	$(c, 0, 0)$	-5.351762	-3.536601	-3.200320	平稳Ⅰ（2）
$\Delta\Delta\ln K$	$(c, 0, 2)$	-3.017156	-1.950394	-1.611202	平稳Ⅰ（2）
$\Delta\Delta\ln L$	$(c, 0, 0)$	-6.886769	-3.536601	-3.200320	平稳Ⅰ（2）
$\Delta\Delta\ln G$	$(c, 0, 1)$	-5.292670	-2.943427	-2.610263	平稳Ⅰ（2）

注：$\Delta\Delta$ 表示原序列的二阶差分序列。(c, t, n) 表示单位根检验中的截距项、时间趋势项与滞后阶数。

（三）回归结果分析

考虑到多元回归过程中存在的自相关和异方差问题，本研究采用 EViews 10.0 提供的序列相关 AR（p）模型及稳健型异方差等进行估计，具体结果如表 6-8 所示。

表6-8　　　　　　　　　　　各模型的系数估计结果

解释变量	被解释变量 lnY				
	模型1	模型2	模型3	模型4	模型5
	无约束	$\alpha+\beta+\gamma=1$	$\alpha+\beta=1$	Dum1（$t=1999$）	Dum2（$t=2009$）
lnK	0.432 ** (0.104)	-0.181 ** (0.0762)	0.467 *** (0.0544)	0.499 *** (0.119)	0.450 *** (0.0917)
lnL	0.467 ** (0.213)	0.481 *** (0.0193)	0.533 ** (0.0348)	0.461 ** (0.214)	0.438 *** (0.165)
lnG	0.258 *** (0.0913)	0.700 *** (0.0625)	0.326 *** (0.0247)	0.318 *** (0.108)	0.347 ** (0.0684)
D1	—	—	—	2.530 *** (0.632)	—
lnGD1	—	—	—	-0.102 *** (0.0684)	—
D2	—	—	—	—	5.029 *** (0.553)
lnGD2	—	—	—	—	-0.038 *** (0.0534)
Constant	-1.672 (2.175)	-0.706 *** (0.0511)	-6.972 *** (0.339)	-3.098 (1.953)	-4.908 *** (1.530)
N	41	41	41	41	41
R-squared	0.983	0.987	0.999	0.997	0.998

注：系数下括号内为标准误差 se；*** 、** 、* 代表 0.01、0.05 和 0.1 对应的显著水平。

（1）无约束模型1完全通过了可决系数、F 统计量和 DW 统计量检验，表明模型 $\ln Y = -1.672 + 0.432 \times \ln K + 0.467 \times \ln L + 0.258 \times \ln G$ 的估计是非常可靠的。此时，各生产要素的产出弹性 $\alpha+\beta+\gamma=1.157>1$，比金戈

（2016）的估计结果 $\alpha + \beta + \gamma = 1.070 > 1$ 略高，这表明自 1978 年以来我国经济增长呈现出一定的规模报酬递增效应。然而，基础设施资本存量的产出弹性 0.258 比金戈（2016）以 1981 年为基期的估算结果 0.230 略高，但比王任飞（2006）以 1978 年为基期的估算结果 0.297 略低，其原因在于基础设施投资统计口径和基期选择的差异。

（2）系数约束模型 2 中估计结果的显著性水平比模型 1 明显提高，但资本的产出弹性为负，与经济增长理论和常识相违背，说明该系数约束条件的设定不合理。

（3）系数约束模型 3 中估计结果的可决系数、F 统计量和 DW 统计量均较好，$\ln Y = -6.972 + 0.467 \times \ln K + 0.533 \times \ln L + 0.326 \times \ln G$，$\alpha + \beta + \gamma = 1.326 > 1$，不仅我国经济增长的规模报酬递增效应越发突显，而且各生产要素的产出弹性均有所增加。特别是基础设施资本存量的产出弹性从 0.258 提高至 0.326，增幅高达 26.35%，这表明我国基础设施投资的直接经济效益十分显著。

（4）引入虚拟变量 D1 后，如果考虑各生产要素的交互影响，$\ln G$ 的系数不显著。而不考虑交互影响时，各项系数的显著性水平和可决系数都有所提高，这表明各生产要素之间的相互促进作用并不明显。其中，1999 年以前，$\ln Y = -3.098 + 0.499 \times \ln K + 0.461 \times \ln L + 0.318 \times \ln G$，$\alpha + \beta + \gamma = 1.178 > 1$，我国经济增长依然呈现规模报酬递增效应。虽然劳动力投入的产出弹性从 0.467 略微下降到 0.461，但非基础设施资本存量和基础设施资本存量的产出弹性分别从 0.432 和 0.258 提高到 0.499 和 0.318，表明基础设施投资在该阶段经济增长中的贡献较大，这也与当时我国的投资拉动型经济增长模式的特征十分吻合。而 1999 年以后，$\ln Y = 0.568 + 0.499 \times \ln K + 0.461 \times \ln L + 0.216 \times \ln G$，$\alpha + \beta + \gamma = 1.076 > 1$，虽然基础设施资本存量的产出弹性明显下降，但全要素生产率得到了大幅提升，说明基础设施投资对经济增长的贡献主要体现在优化产业结构、促进要素流动、提高社会福利等方面。这与王小鲁和樊纲（2009）的研究结论基本一致，他们通过对我国全要素生产率增长的影响因素分析，发现基础设施的改善对全要素生产率的贡献已经从 1989~1998 年间的 1.02 个百分点跃升至 1999~2007 年间的 2.57 个百分点，并在未来继续增加。

（5）引入虚拟变量 D2 后，如果考虑各生产要素的交互影响时，$\ln G$ 的系数不显著。而不考虑交互影响时，各项系数的显著性水平和可决系数都有所提高，这也表明各生产要素之间的相互促进作用并不明显。其中，2009 年以前，$\ln Y = -4.908 + 0.450 \times \ln K + 0.438 \times \ln L + 0.347 \times \ln G$，$\alpha + \beta + \gamma = 1.135 > 1$，我国经济增长依然呈现规模报酬递增效应。与模型 1 相比，虽然劳动力投入的产出弹性从的 0.467 略微下降到 0.438，但非基础设施资本存量和基础设施资本存量的产出弹性分别从 0.432 和 0.258 提高到 0.450 和 0.347，且后者的产出弹性比 1999 年以前的 0.318 更大，这表明在 1999～2009 年间我国基础设施以每年两位数以上的增速追加投资后，对拉动长期经济增长做出了巨大贡献。而 2009 年以后，$\ln Y = 0.121 + 0.450 \times \ln K + 0.438 \times \ln L + 0.309 \times \ln G$，$\alpha + \beta + \gamma = 1.097 > 1$，虽然基础设施资本存量的产出弹性出现下降，但下降幅度明显小于模型 4，这主要得益于 2008 年政府的"四万亿计划"带来的基础设施和非基础设施投资增长。同时，也印证了贾俊雪（2017）的研究结论，他认为基础设施投资对总产出具有明显的"倒 U 型"影响。综上所述，采用模型 4 和模型 5 进行分段回归的估计结果更能反映出不同阶段各生产要素对经济增长的贡献。

第三节 养老基金、基础设施与经济增长的互动关系检验

一、模型构建与数据说明

（一）模型构建

从索洛的宏观经济增长模型来看，养老基金投资基础设施从而促进经济增长可以获得较好的理论支撑，但它们之间的互动关系到底是什么，还缺乏动态的定量分析。为了考察养老基金、基础设施与经济增长之间是否存在长期均衡和短期波动的关系，本研究采用多元向量自回归（VAR）模型和多元向量误差修正（VEC）模型对它们进行实证分析。其中，VAR 模型是西姆斯（Sims）在 1980 年提出，他直接把系统中的每一个内生变量作为系统中所有

内生变量的滞后值的函数来构造模型，预测相互联系的时间序列系统及分析随机扰动对变量系统的动态冲击，从而解释各种经济冲击对经济变量造成的影响。滞后 P 阶的 VAR 模型表示如下：

$$Y_t = \Gamma_0 + \Gamma_1 \times Y_{t-1} + \cdots + \Gamma_p \times Y_{t-p} + \varepsilon_t, \text{ 其中,}$$

$$E(\varepsilon_t) = 0, \ E(\varepsilon_t, \ \varepsilon_\tau') = \begin{cases} \Omega, \ t = \tau \\ 0, \ t \neq \tau \end{cases}$$

$$Y_t = \begin{pmatrix} Y_{1t} \\ \vdots \\ Y_{kt} \end{pmatrix}, \ \Gamma_0 = \begin{pmatrix} c_1 \\ \vdots \\ c_k \end{pmatrix}, \ \Gamma_j = \begin{pmatrix} \beta_{11,j} & \cdots & \beta_{1k,j} \\ \vdots & \cdots & \vdots \\ \beta_{k1,j} & \cdots & \beta_{kk,j} \end{pmatrix}, \ \varepsilon_t = \begin{pmatrix} \varepsilon_{1t} \\ \vdots \\ \varepsilon_{kt} \end{pmatrix} \quad (6-18)$$

其中，Y_t 是 k 维内生变量列向量，Γ_j 是 $k \times k$ 维系数矩阵，p 是滞后阶数，t 是样本个数，ε_t 是 k 维随机向量，它们之间可以同期相关，但必须和自己的滞后值以及等式右边的变量无关。但是 VAR 模型面临的一个重要问题是滞后阶数的确定，既要完整反映模型的动态特征又要保证足够的自由度，一般采用 LR 检验、AIC 信息准则以及 SC 信息准则等确定最佳滞后阶数。

而不包含外生变量的误差修正模型可以写成

$$\Delta Y_t = \alpha \times Coint_{t-1} + \sum_{i=1}^{p-1} \Gamma_{t-i} \times \Delta Y_{t-i} + \varepsilon_t \quad (6-19)$$

其中，每一个方程都是一个误差修正方程，且所有方程的误差项都具备平稳性，$Coint_{t-1}$ 是误差修正项，它反映变量之间的长期均衡关系，系数矩阵 α 表示对变量偏离长期均衡的调整力度，所以解释变量差分项的系数反映了各变量短期波动对被解释变量短期变化的影响，可以删除其中统计不显著的滞后差分项使模型更合理。

（二）数据来源及处理

本研究选用国内生产总值（GDP）作为经济增长的替代变量，记为 Y；选取基础设施资本存量作为基础设施的替代变量，记为 G；选取城镇职工基本养老保险基金积累结余作为养老保险基金的替代变量，记为 P。由于我国是从 1997 年开始建立统一的企业职工基本养老保险制度，从 1998 年开始才有全国养老基金的统计数据，因此选择 1999～2018 年的年度数据作为研究样本。各类指标名义量的数据选取均来自各期《中国统计年鉴》和《中国固定资产投资统计年鉴》。为剔除物价因素的影响，以 1978 年为基期分别对各变量进行处理。其中，Y 和 G 的处理方式与上一节完全相同，而 P 的处理则是按照以 1978 年为基期城镇居民消费价格指数进行。为减少数据的波动性和异方差，对各变量取自然对数后进行数据分析和检验。

二、基于 VAR 模型的实证结果及分析

(一) 平稳性检验

由于模型中实际 GDP、基础设施和养老基金的原始数据均为时间序列数据，为避免伪回归现象和异方差的影响，本研究对各变量进行对数化处理后得到 $\ln Y$、$\ln G$ 和 $\ln P$ 的时间序列数据，并利用 ADF 单位根检验对它们的水平序列、一阶差分序列和二阶差分序列进行平稳性检验。从表 6-9 的检验结果来看，$\ln Y$、$\ln G$ 和 $\ln P$ 的 ADF 统计量均大于 5% 和 10% 的临界值，因此它们都是非平稳的。而进行二阶差分后，各序列的 ADF 统计量均明显小于 5% 和 10% 的临界值，这表明 $\ln Y$、$\ln G$ 和 $\ln P$ 的二阶差分序列是平稳的，即原序列是 I (2) 的二阶单整序列，因此可以进行协整检验。

表 6-9   平稳性检验结果

变量	检验类型 (c, t, n)	ADF 统计量	5% 的临界值	10% 的临界值	检验结果
$\ln Y$	$(c, t, 1)$	-0.968249	-3.690814	-3.286909	不平稳
$\ln G$	$(c, t, 1)$	-0.734126	-3.710482	-3.297799	不平稳
$\ln P$	$(c, t, 0)$	0.567869	-3.673616	-3.277364	不平稳
$\Delta\Delta\ln Y$	$(c, 0, 1)$	-3.569770	-3.065585	-2.673459	平稳 I (2)
$\Delta\Delta\ln G$	$(c, 0, 0)$	-4.408233	-3.081002	-2.681330	平稳 I (2)
$\Delta\Delta\ln P$	$(c, 0, 0)$	-7.588815	-3.052169	-2.666593	平稳 I (2)

注：$\Delta\Delta$ 表示原序列的二阶差分序列。(c, t, n) 表示单位根检验中的截距项、时间趋势项与滞后阶数。

(二) VAR 模型分析

为了明确养老基金、基础设施和经济增长之间的动态联系，本研究根据

LR 检验、AIC 信息准则以及 SC 信息准则等建立 VAR（2）模型进行实证研究。从模型运行结果来看，三个方程调整后的拟合优度分别为 0.999663、0.999429 和 0.996432，F 统计量的值分别为 8395.141、4964.475 和 792.242，这表明各方程的拟合效果都比较好。VAR（2）模型估计结果如下：

$$\begin{pmatrix} \ln Y \\ \ln G \\ \ln P \end{pmatrix} = \begin{pmatrix} 4.1944 \\ -3.4725 \\ 1.8801 \end{pmatrix} + \begin{pmatrix} 0.7779 & 0.2461 & 0.0826 \\ -0.2941 & 1.3967 & 0.1710 \\ 2.5737 & -0.2561 & 0.8277 \end{pmatrix} \begin{pmatrix} \ln Y \\ \ln G \\ \ln P \end{pmatrix}_{t-1}$$

$$+ \begin{pmatrix} -0.4651 & -0.0098 & 0.0184 \\ 1.0061 & -0.7831 & -0.1906 \\ -2.8305 & 0.3643 & 0.1570 \end{pmatrix} \begin{pmatrix} \ln Y \\ \ln G \\ \ln P \end{pmatrix}_{t-2}$$

由于 VAR 模型适用的前提是它必须具有稳定性，而模型稳定的充分必要条件是所有单位根的模都在单位圆以内，即小于 1。因此，本研究通过对 VAR（2）模型进行单位根检验，发现该模型共有 6 个单位根，其中 4 个是复根，2 个是实根，且所有单位根的模都小于 1（如表 6-10 所示），这表明所估计的 VAR（2）模型是非常平稳的。

表 6-10　　　　　　　　　　VAR 模型的单位根检验结果

单位根	模
0.946156 - 0.069838i	0.948730
0.946156 + 0.069838i	0.948730
0.326769 - 0.670691i	0.746059
0.326769 + 0.670691i	0.746059
0.390852	0.390852
0.065627	0.065627

（三）JJ 协整检验

由于该模型涉及多变量的非平稳时间序列，因此本研究采用约翰逊（Johansen）协整检验以判断各变量之间是否存在长期均衡关系。由于它是基于 VAR 模型的一种检验方法，对滞后期的选择比较敏感，必须根据非约束的 VAR 模型中的 AIC、SC 和 LR 等新型准则得到最佳滞后期，从而使得模型在动态性与自由度之间寻求一种均衡。根据以上准则，我们确定出 VAR 模型的滞后阶数为 2 阶。从表 6 – 11 的检验结果来看，当原假设为"不存在协整关系"和"至多存在 1 个协整关系"时，迹统计量的值均大于 5% 的临界值，因而拒绝原假设。当原假设为"至多存在 2 个协整关系"时，迹统计量的值小于 5% 的临界值，因而接受原假设，这表明 3 个内生变量之间存在 2 个协整关系。取标准化的协整向量得到长期协整方程为 $\ln Y = 0.363065 \times \ln G + 0.112737 \times \ln P + \hat{u}$。由此可见，我国基础设施和养老基金对 GDP 增长均有明显的促进作用。其中，基础设施资本存量增加 1 个单位，GDP 就增加 0.363065 个单位。而养老基金积累规模增加 1 个单位，GDP 就增加 0.112737 个单位。这表明基础设施资本存量对 GDP 增长的长期贡献度是养老基金积累规模的三倍以上，也为我国在后续将养老基金投资基础设施从而促进经济增长提供了有力的数据支撑。

表 6 – 11 约翰逊协整检验结果

原假设	特征根	迹统计量	5% 的临界值	P 值	检验结果
无	0.986737	108.4629	29.79707	0.0000	拒绝原假设
至多 1 个	0.861201	34.97551	15.49471	0.0000	拒绝原假设
至多 2 个	0.079329	1.405088	3.841466	0.2359	接受原假设

（四）格兰杰因果检验

从表 6 – 12 的格兰杰（Granger）因果检验结果来看，在 $\ln Y$ 方程中，$\ln G$ 是 $\ln Y$ 的格兰杰原因，而 $\ln P$ 则不是，但 $\ln Y$ 相对于 $\ln G$ 和 $\ln P$ 是联合显著的。在 $\ln G$ 方程中，$\ln Y$ 是 $\ln G$ 的格兰杰原因，而 $\ln P$ 则不是，但 $\ln G$ 相对于 $\ln Y$ 和 $\ln P$ 是联合显著的。在 $\ln P$ 方程中，$\ln Y$ 和 $\ln G$ 都不是 $\ln P$ 的格兰杰原因，而且 $\ln P$ 相对于 $\ln Y$ 和 $\ln G$ 的滞后项也不是联合显著的。由此可知，城镇职工基本养老保险制度在过去二十几年的过程中与 GDP 增长和基础设施的发展并不存在显著的因果关系，但 GDP 增长和基础设施之间却有显著的双向因果关系。如果在后续的养老基金市场化投资过程中增加对基础设施的投资，该双向因果关系也应该是联合显著的，这表明养老基金投资基础设施与经济增长之间将会产生一个良性循环。

表 6 - 12 格兰杰因果检验结果

原假设	原假设	自由度	卡方统计量	P 值	结论
lnY 方程	lnG 不能格兰杰引起 lnY	2	10. 13882	0. 0063	拒绝
	lnP 不能格兰杰引起 lnY	2	5. 561087	0. 0620	接受
	lnG、lnP 不能格兰杰引起 lnY	4	13. 73255	0. 0082	拒绝
lnG 方程	lnY 不能格兰杰引起 lnG	2	4. 776895	0. 0218	拒绝
	lnP 不能格兰杰引起 lnG	2	4. 323456	0. 1151	接受
	lnY、lnP 不能格兰杰引起 lnG	4	11. 95095	0. 0177	拒绝
lnP 方程	lnY 不能格兰杰引起 lnP	2	3. 046827	0. 2180	接受
	lnG 不能格兰杰引起 lnP	2	0. 103351	0. 9496	接受
	lnY、lnG 不能格兰杰引起 lnP	4	3. 840908	0. 4280	接受

(五) 脉冲响应函数分析

在 VAR (2) 模型基础上，本研究采用楚列斯基 (Cholesky) 分解技术，通过脉冲响应函数来直观地刻画出经济增长、基础设施和养老基金之间的动态交互作用及效应。从图 6 - 1 的脉冲响应结果来看，首先，当在本期给 lnG 1 个单位标准差的正向冲击后，lnY 的响应模式是从第 1 期开始逐渐增强，到第 4 期以后开始减弱，且逐渐趋近于零。而在本期给 lnP 1 个单位标准差的正向冲击后，lnY 则从第 1 期开始响应逐渐增强，到第 10 期以后开始减弱。这表明基础设施或养老基金受外部条件的某一冲击后，将会给经济增长带来同向的冲击，而且养老基金的冲击将在较长时期产生持续效应。其次，当在本期给 lnY 1 个单位标准差的正向冲击后，lnG 的响应模式是从第 1 期开始逐渐增强，到第 9 期以后开始逐渐减弱。而在本期给 lnP 1 个单位标准差的正向冲击后，lnG 的响应是在前 6 期呈现上下波动，然后稳步上升到第 15 期以后开始缓慢下降。这表明短期内 lnP 而对 lnG 产生的冲击幅度明显小于 lnY，但 lnP 和 lnG 对 lnY 的影响均具有较长持续效应。最后，当在本期给 lnY 和 lnG 1 个单位标准差的正向冲击后，lnP 的响应模式基本一致，即在前 5 期内会出现波动上升，到第 5 期以后开始减弱，且逐渐趋近于零。这表明经济增长和基础设施在长期内将促进养老基金积累，但经济增长拉动作用的时滞性明显低于基础设施，可能是因为财政拨款或参保人缴费基数增加导致养老基金当年的收入上升。

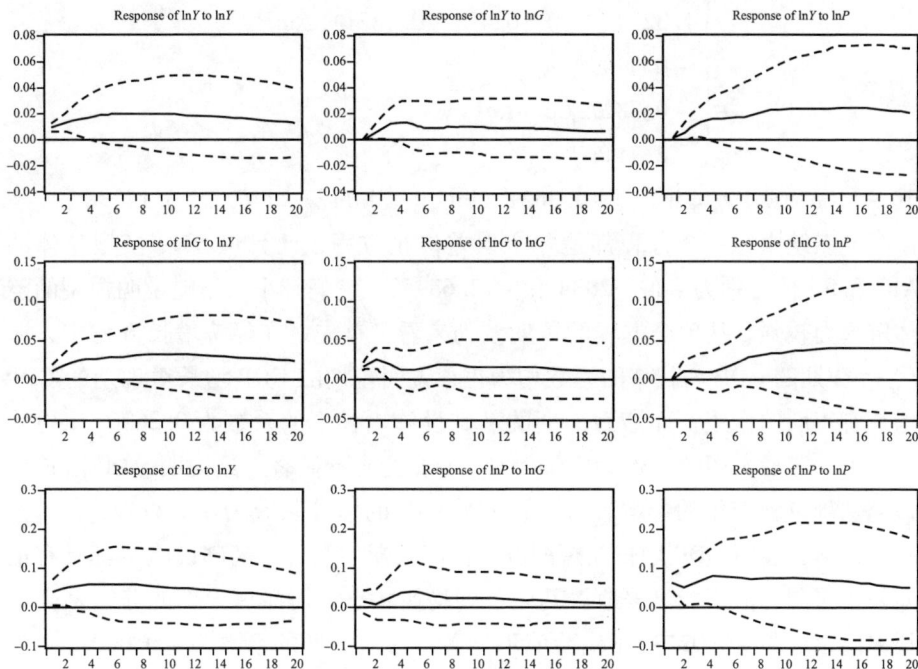

图 6 - 1　各变量对应的脉冲响应结果

注：横轴表示滞后期间，纵轴表示因变量对自变量的响应大小，实线表示脉冲响应曲线，虚线表示响应函数值正负两倍标准差的置信带。

（六）误差修正模型分析

通过前面对 $\ln Y$、$\ln G$ 和 $\ln P$ 进行协整检验可知它们之间存在长期均衡关系，但短期而言它们是不均衡的，这种长期稳定关系是在短期动态过程的不断调整下得以维持，任何一组具有协整关系的变量都存在误差校正机制。因此，为研究变量之间的长期均衡和短期动态关系，需在协整方程的基础上进一步建立多元向量误差修正模型。本研究的 VEC 模型估计结果如下：

$$\begin{pmatrix} \Delta\ln Y \\ \Delta\ln G \\ \Delta\ln P \end{pmatrix} = \begin{pmatrix} 0.0217 \\ 0.0695 \\ 0.2593 \end{pmatrix} + \begin{pmatrix} 0.3102 & 0.2620 & -0.0223 \\ -0.7547 & 0.8469 & -0.0398 \\ 2.0912 & -1.0313 & -0.4729 \end{pmatrix} \begin{pmatrix} \Delta\ln Y \\ \Delta\ln G \\ \Delta\ln P \end{pmatrix}_{t-1}$$

$$+ \begin{pmatrix} 0.\,2873 & -0.\,0536 & -0.\,0621 \\ 1.\,7044 & -0.\,6564 & -0.\,1641 \\ 1.\,3214 & -0.\,1624 & -0.\,1821 \end{pmatrix} \begin{pmatrix} \Delta \ln Y \\ \Delta \ln G \\ \Delta \ln P \end{pmatrix}_{t-2}$$

$$+ \begin{pmatrix} -0.\,3449 \\ -0.\,3827 \\ -2.\,7111 \end{pmatrix} CointEq1_{t-1} + \hat{\varepsilon}_t$$

其中，$CointEq1_{t-1} = \ln Y_{t-1} - 0.\,3631 \times \ln G_{t-1} - 0.\,1127 \times \ln P_{t-1} - 6.\,1408$。

　　此系统中每一个方程都是一个误差修正方程，而且该 VEC 模型整体的 AIC 和 SC 值分别为 −13.72834 和 −12.68958，它们越小则越能说明模型的整体解释力较强。从单个方程的短期波动来看，首先，在经济增长方程中，滞后 1、2 期的 GDP 增长率的系数均为正，说明短期的 GDP 增长对现期的 GDP 增长有正面的作用。而滞后 1 期的基础设施增长率的系数为 0.2620，t 检验值显著，滞后 2 期的系数为 −0.0536，t 检验值不显著，这说明 GDP 增长受短期基础设施变化的影响较大。误差修正项的估计系数为 −0.3449，但 t 检验不显著，表明 GDP 增长在短期波动偏离长期均衡时，基础设施对其具有正向修正机制，但不能显著地将其调整到均衡状态。而滞后 1 期的养老基金增长率的系数为 −0.0223，t 检验值不显著，滞后 2 期的系数为 −0.0621，t 检验值显著，说明短期的养老基金增长对现期的 GDP 增长有负面影响。其次，在养老基金方程中，滞后 1 期的 GDP 增长率的系数为 2.0912，t 检验值显著，滞后 2 期的系数为 1.3214，t 检验值不显著，表明经济增长在短期内对养老基金有正面影响，但随着滞后期的延长，它所发挥的正面促进作用将逐渐减弱。从基础设施的影响来看，滞后 1、2 期的基础设施增长率的系数均为负，但两者 t 检验值均不显著，说明基础设施的发展对养老基金存在非常微弱的消极影响。而从养老基金的自身作用来看，滞后 1、2 期的系数也均为负，且前者 t 检验值显著，后者 t 检验值不显著，这说明短期的养老基金对现期的养老基金有微弱的负面影响作用，但随着滞后期的延长将逐渐减弱。

第四节　养老基金投资基础设施拉动经济增长的预测

一、预测模型构建

随着 DC 型养老保障制度的增加和延迟退休政策的推进，我国养老基金的总体积累规模日益增大，养老基金通过直接投资的方式进入基础设施领域将对未来长期经济增长产生巨大的拉动效应。本研究通过建立动态积累方程预测 2019 ~ 2050 年间 A_t，K_t，L_t，G_t 的数值，并利用上一节估计的总量生产函数模型建立 GDP 增长的预测模型，从而分析个人账户养老基金以不同的比例直接投资基础设施对经济增长的促进作用。预测的原始模型为

$$\ln Y_t = \ln A_t + \alpha \times \ln K_t + \beta \times \ln L_t + \gamma \times \ln G_t \qquad (6-20)$$

（一）全要素生产率的预测

全要素生产率代表技术进步、城市化水平、产业结构效率、市场开发程度、金融发展水平等因素对长期经济增长的影响。在设定的总量生产函数中，$A_t = f(c, G_t)$，这表明全要素生产率的变动将受到基础设施资本存量增加能够解释的部分和其不能解释的部分的双重影响。因此，预测方程为

$$A_t = A_{t-1} \times \left\{ 1 + tfp + \phi \times (\Delta G_t / G_t) \right\} \qquad (6-21)$$

其中，A_t 和 A_{t-1} 为第 t 年和 $t-1$ 年的全要素生产率，tfp 为全要素生产率的内生增长率，ϕ 为基础设施资本存量增加 1% 所带来的全要素生产率的增长率，$\Delta G_t / G_t$ 为第 t 年基础设施投资的增长率。

（二）劳动力投入的预测

劳动力投入的预测需要同时考虑劳动力的数量和质量，预测方程为

$$L_t = FT_t \times (1 - U_t) \times H_t \times E_t \qquad (6-22)$$

其中，L_t 为第 t 年的劳动力投入，FT_t 为第 t 年的劳动年龄人口，U_t 为第 t 年的自然失业率，H_t 为第 t 年的平均劳动时间，E_t 为第 t 年劳动年龄人口的平均受教育年限。

(三) 非基础设施资本存量的预测

非基础设施资本存量的预测依然采用永续盘存法,预测方程为

$$K_t = s \times Y_{t-1} + (1-\delta) \times K_{t-1} \tag{6-23}$$

其中,K_t 为第 t 年的非基础设施资本存量,s 为每年 GDP 中的非基础设施资产的投资比例,Y_{t-1} 为第 $t-1$ 年的 GDP,δ 为年度折旧率,K_{t-1} 为第 $t-1$ 年的非基础设施资本存量。

(四) 基础设施资本存量的预测

基础设施资本存量的预测也采用永续盘存法,预测方程为

$$G_t = \partial \times Y_{t-1} + \theta \times AP_t + (1-\delta) G_{t-1} \tag{6-24}$$

其中,G_t 为第 t 年的基础设施资本存量,∂ 为每年 GDP 中的基础设施资产的投资比例,Y_{t-1} 为第 $t-1$ 年的 GDP,AP_t 为第 t 年的个人账户养老基金新增积累规模,θ 为每年新增养老基金对基础设施的直接投资比例,δ 为年度折旧率,G_{t-1} 为第 $t-1$ 年的基础设施资本存量。

(五) 个人账户养老基金新增积累规模的预测

本研究将中国基本养老保险制度中的统筹账户和个人账户分别视为现收现付制和基金积累制,且两者之间是实行完全的"统一运营、分账管理、独立核算"。根据 2005 年 12 月《国务院关于完善企业职工基本养老保险制度的决定》的规定:从 2006 年 1 月 1 日起,个人账户养老基金的缴费率统一由本人缴费工资的 11% 调整为 8%,并全部由个人缴费形成。而个人账户养老金的月给付额由退休时个人账户养老基金的累计储存额除以相应的计发月数,计发月数由国家统一根据职工退休时城镇人口平均预期寿命、本人退休年龄、利息等因素确定。虽然从 2018 年 4 月起,我国人力资源社会保障部陆续发布阶段性降低社会保险费率的通知,要求企业缴费率从 20% 逐步降低至 16%,但个人缴费率仍然维持 8%。

1. 基本假设

(1) 选择 2019 年为测算的基年,则 2019 年 1 月 1 日前已退休的参保职工为老人,2019 年 1 月 1 日前参加工作并在之后退休的参保职工为中人,2019 年 1 月 1 日后参加工作的参保职工为新人。

（2）不考虑性别差异和延迟退休的影响，将城镇企业职工的就业年龄和退休年龄均设为 25 岁和 60 岁，生存极限年龄为 ω，并且职工参保后连续缴费。

（3）不考虑参保职工因意外死亡、退保、继承等原因引起的个人账户养老基金的支出和上年投资收益的追加投资。

（4）所有的个人账户养老金的缴费和给付均值在年初按年进行，当参保职工的个人账户积累额发放完毕时，制度将继续发放养老金直至其死亡。

（5）由于此次是探讨个人账户养老基金投资，通过预先假定投资收益率来计算积累规模是不合理的，因此本研究选择国家规定的预期目标替代率来确定个人账户养老基金的给付标准。

2. 计算方法

为了明确第 t 年的个人账户养老基金新增积累规模，必须计算出它在该年的现金流入和流出。个人账户养老基金的现金流入主要是每年个人账户中参保职工的缴费收入和投资收益，而现金流出主要是每年个人账户中对退休职工的养老金给付，具体计算公式为

$$AP_t = IP_t - QP_t$$

$$IP_t = \eta \times \overline{W}_{2018} \times (1 + g)^{t-2018} \times \left(\sum_{x=(t-2018+25)}^{59} l_{x,t-1} \times {}_t P_{x,t-1} \right) \times C_t$$

$$QP_t = T \times \overline{W}_{2018} \times (1 + g)^{t-2018} \times \left(\sum_{x=(t-2018+60)}^{\omega} l_{x,t-1} \times {}_t P_{x,t-1} \right) \times F_t \qquad (6-25)$$

其中，IP_t 为第 t 年个人账户养老基金的缴费收入，QP_t 为当期给付，$\overline{W}_{2018}$ 为在岗职工的社会平均工资，g 为社会平均工资的实际增长率，η 为个人账户养老金的缴费率，$l_{x,t-1}$ 为第 $t-1$ 年 x 岁年龄组总人数，${}_t P_{x,t-1}$ 为第 $t-1$ 年 x 岁年龄组人口活到 t 年的存活概率，C_t 为第 t 年 25～59 岁劳动年龄人口中城镇职工养老保险的制度覆盖率，T 为个人账户养老金替代率，F_t 为第 t 年 60-ω 岁退休人口中的制度覆盖率。

二、数据来源及处理

（一）全要素生产率预测的基础数据

根据本章第二节的估算结果，利用 $A_t = Y_t / (K_t^{0.450} \times L_t^{0.438} \times G_t^{0.309})$ 得到全

要素生产率的时间序列数据，然后利用一阶自回归模型 $A_t = A_{t-1} \times (1 + tfp)$ 计算出其内生增长率 tfp。考虑到基础设施投资对全要素生产率的边际贡献度越来越大，在王小鲁（2009）预测结果 1.98% 的基础上，设 $\phi = 2\%$。第 t 年基础设施投资的增长率为前五年基础设施投资的增长率的移动平均值。

（二）劳动力投入预测的基础数据

本研究主要是基于 2019 年联合国经济和社会事务部下属的人口司发布的《世界人口展望》中方案预测结果获得未来历年劳动年龄人口数据，然后根据统计年鉴中 2000~2018 年我国劳动参与率和城镇登记失业率的平均值计算出未来各年全国的就业人口数量。在人力资本存量预测方面，考虑到我国教育条件的加速改善，特别是在九年制义务教育、成人教育和职业培训等方面的强化，假设我国劳动年龄人口平均受教育年限的未来增长率为 2%，从而推算出 2019~2050 年的平均受教育年限的时间序列数据。

（三）非基础设施资本存量预测的基础数据

根据第二节的估算结果，2018 年的实际 GDP 和非基础设施资本存量分别为 136222.3 亿元和 477664.7 亿元，每年 GDP 中的非基础设施资产的投资比例为近五年全社会固定资产投资中扣除四项基础设施投资后占上年 GDP 比重的平均值，年度折旧率 δ 保持 11% 不变。

（四）基础设施资本存量预测的基础数据

根据第二节的估算结果，2018 年的实际 GDP 和基础设施资本存量分别为 136222.3 亿元和 182757.5 亿元，每年 GDP 中的基础设施资产的投资比例为近五年四项基础设施投资占上年 GDP 比重的平均值，年度折旧率 δ 保持 9.2% 不变，每年新增个人账户养老基金对基础设施的直接投资比例分别设定为 5%、10% 和 20% 三种情形。

（五）新增个人账户养老基金预测的基础数据

根据国家统计局的数据，$\overline{W}_{2018} = 82461$ 元，假定 g 在 2019~2025 年为 10%，2026~2035 年为 8%，2036~2050 年为 5%。以 2019 年为基期的老人、中人和新人的参保总人数和退休总人数测算则根据《2018 年度人力资源和社会保障事业发展统计公报》和 2019 年联合国人口司发布的《世界人口展望》中方案预测结果整理得出。其中，C_{2018} = 在职职工参保人数/全国就业人员总数 = 30104 万人/77586 万人 = 38.80%，假定其按每年 1% 的速度递增。F_{2018} = 参保离退休人员/60 − ω 岁总人口 = 11789 万人/24949 万人 = 47.25%。而城镇职工基本养老保险的个人账户缴费率为 8%，且全部实现流量做实，个人账户养老金目标替代率为 24.2%（针对 25 岁起按规定连续缴费，60 岁时退休），但 2018 年我国城镇职工平均养老金约为每月 2636 元，扣除统筹账户养老金后替代率将不足 15%，但考虑到未来参保人的个人账户缴费时间更加，基金积累额更大，取 T = 20%。

三、实证结果及分析

根据前面有关经济参数、制度参数和人口参数的假设和估算，本研究模拟了 2019 ~ 2050 年间个人账户养老基金分别以年度新增积累规模的 0%、5%、10% 和 20% 直接投资基础设施后对实际 GDP 增长的影响。其中，将 0% 设为比较基准，相对 GDP 增长率是各情形下的实际 GDP 在同期比较基准之上的增长比例，相当于个人账户养老基金不直接进行基础设施投资所带来的机会成本。具体测算结果如表 6 - 13 所示。

表 6 - 13　　　　　　实际 GDP 及其相对增长率的预测结果

年份	实际 GDP（亿元）				相对 GDP 增长率（%）		
	（$AP = 0\%$）	（$AP = 5\%$）	（$AP = 10\%$）	（$AP = 20\%$）	（$AP = 5\%$）	（$AP = 10\%$）	（$AP = 20\%$）
2019	143620.0	144352.0	145077.4	146506.8	0.51	1.01	2.21
2020	**154305.0**	**155339.8**	**156362.7**	**158378.7**	**0.67**	**1.33**	**2.84**
2021	165797.3	167168.5	168520.5	171169.1	0.83	1.64	3.44
2022	177581.0	179316.5	181023.6	184364.6	0.98	1.94	4.02
2023	189808.4	191935.1	194022.7	198084.0	1.12	2.22	4.56
2024	202964.2	205515.2	208014.2	212868.9	1.26	2.49	5.18
2025	217097.7	220109.3	223054.0	228755.8	1.39	2.74	5.67

续表

年份	实际 GDP（亿元）				相对 GDP 增长率（%）		
	（AP=0%）	（AP=5%）	（AP=10%）	（AP=20%）	（AP=5%）	（AP=10%）	（AP=20%）
2026	232230.1	235740.1	239165.8	245792.3	1.51	2.99	6.14
2027	248636.5	252688.7	256636.6	264250.9	1.63	3.22	6.58
2028	265909.1	270541.0	275046.1	283698.4	1.74	3.44	6.99
2029	284242.7	289492.1	294589.5	304367.1	1.85	3.64	7.48
2030	**302054.8**	**307930.3**	**313626.8**	**324527.7**	**1.95**	**3.83**	**7.94**
2031	320993.0	327538.4	333875.1	345998.4	2.04	4.01	8.29
2032	341294.4	348540.0	355544.8	368905.1	2.12	4.18	8.39
2033	362807.2	370777.9	378474.0	393137.9	2.20	4.32	8.56
2034	385639.0	394362.6	402775.5	418765.4	2.26	4.44	8.79
2035	409864.4	419357.9	428503.4	445891.5	2.32	4.55	8.99
2036	435500.5	445775.6	455664.5	474434.2	2.36	4.63	9.14
2037	462197.2	473253.3	483884.7	504026.0	2.39	4.69	9.25
2038	490141.2	501978.8	513353.2	534891.1	2.42	4.74	9.33
2039	519312.5	531927.3	544040.4	566985.4	2.43	4.76	9.38
2040	**550078.4**	**563467.2**	**576316.2**	**600630.6**	**2.43**	**4.77**	**9.39**
2041	580393.2	594505.4	608042.0	633615.3	2.43	4.76	9.37
2042	611469.2	626276.8	640474.4	667296.3	2.42	4.74	9.33
2043	644090.1	659584.3	674435.0	702444.7	2.41	4.71	9.26
2044	677870.8	694025.4	709505.4	738743.6	2.38	4.67	9.18
2045	712259.3	729028.7	745093.4	775436.7	2.35	4.61	9.07
2046	746658.0	763970.4	780552.6	811841.2	2.32	4.54	8.93
2047	781262.2	799044.2	816074.3	848216.4	2.28	4.46	8.77
2048	816853.0	835044.9	852466.5	885305.3	2.23	4.36	8.58
2049	853181.1	871707.2	889448.4	922886.0	2.17	4.25	8.37
2050	**890877.0**	**909673.3**	**927673.5**	**961612.6**	**2.11**	**4.13**	**8.14**

（1）从实际 GDP 绝对额的增长趋势看，实际 GDP 随着个人账户养老基金直接投资基础设施数额的增长而增长。这表明目前投资不足的基础设施仍是实现经济快速增长的重要推动力，在一定的风险容忍度下提高养老基金对基础设施的投资比例具有明显的短期经济效益。而从纵向增长看，个人账户养老保险基金直接投资基础的比例越高，GDP 的年均增长率也越高，这既是基础设施投资具有滞后效应和规模效应的体现，同时也表明个人账户养老保险基金对基础设施的直接投资将带来正向的长期经济效益。

（2）从相对 GDP 增长率的增长趋势看，在横向维度，随着个人账户养老基金直接投资基础设施比例的成倍增长，相对 GDP 增长率在 2032 年以前按略高于该倍数的速度增长，而在 2032 年以后则略低于该倍数。这表明养老保险个人账户基金对基础设施的直接投资将带来规模报酬递增效益，且养老基金投资规模越大，这种规模报酬递增效益的持续时间越长。而在纵向维度，相对 GDP 增长率在 2019～2030 年的增速最快，2031～2040 年的增速相对减缓，并在 2040 年达到最大，2041～2050 年的增速略微开始下降。这主要是因为基础设施投资具有规模报酬递减特征，它存在一个最优投资规模，当基础设施资本存量超过最优规模后，其边际产出就会变为负值。从侧面反映出基础设施投资与经济增长之间不是简单的线性关系，而是呈现一种"倒 U 型"的关系。当然，这也与未来我国人口结构变化导致的劳动力投入减少有关。因此，2040 年后在保持经济性基础设施投资规模基本稳定的情况下，应通过适度提高非生产性基础设施投资的比重和增加教育投入来提高整体宏观经济的运作效率。但是，在现阶段利用个人账户养老基金等长期资本来实现基础设施的跨越式发展正好契合我国快速推进新型工业化和城镇化的目标，它在短期内对 GDP 增长的拉动效应比长期更为显著。

（3）从投资机会成本的国际比较来看，该预测趋势与阿隆索和比杰里克（Alonso & Bjelic，2010）对智利、哥伦比亚、墨西哥和秘鲁四国养老基金投资基础设施对人均 GDP 影响的测算结果基本一致。他们发现不论国别，在 2030 以前养老基金投资基础设施对人均 GDP 增速的影响明显高于 2031～2050 年，但是各国的机会成本却存在较大差异。比如，在同为 20% 的养老基金投资比例的情况下，智利和哥伦比亚因此获得的额外收益的现值分别占 2005 年 GDP 的 89.3% 和 49.1%。而我国在 20% 的养老基金投资比例情况下，相对 GDP 增长率在 2019 年为 2.21%，2030 年为 7.94%，几乎平均每年提高

0.6 个百分点。同时，在 2020～2050 年每十年的分界点上，预测的实际 GDP 分别是 2019 年 GDP 的 1.23 倍、2.82 倍、3.48 倍、3.01 倍，机会成本远高于智利。当然，具体的数据结果取决于各国经济发展速度、模型参数的设定以及各生产要素的产出弹性，但预测结果的趋势有助于理解养老基金投资基础设施的长期政策影响。

（4）从投资决策看，我国个人账户养老保险基金在未来十年间拓展基础设施直接股权或债权的投资比例不仅有利于提高自身的投资收益，也有利于提高实际 GDP 的增长率。因为根据预测数据，我们计算发现当养老基金投资基础设施的比例分别为 0%、5%、10% 和 20% 时，GDP 的年度增长率一直呈缓慢下降的趋势，在 2020 年分别为 7.54%、7.61%、7.88% 和 8.10%，而在 2030 年分别为 6.28%、6.37%、6.46% 和 6.63%，此后将进一步降低。但本研究探讨的目的是让个人账户养老基金分享经济社会发展成果，获得与 GDP 增长同步的投资组合收益率，因此从长期来看，随着基础设施最优投资规模的实现和经济增速的放缓，养老基金必须积极寻找其他高收益低风险的投资工具，而基础设施投资产品仍然可以作为其稳健投资组合的重要组成部分。

"一带一路"背景下我国养老基金投资基础设施的路径选择

第一节　养老基金投资基础设施的制度环境

一、政策环境：我国基础设施投资的市场化改革

由于基础设施具有部分公共产品性质，其投资市场是一个典型的以政策推动发展的市场。随着我国经济社会的发展，政府不断加大基础设施建设的财政投入，同时也认识到鼓励和引导民间资本投资基础设施的重要性，即它是促进经济发展、调整经济结构、繁荣城乡市场、增加财政收入、扩大社会就业和改善人民生活的重要力量。因此相继颁布一系列改革基础设施投融资体制的政策法规，初步确立了市场经济条件下基础设施领域投资主体多元化、投资方式多样化、投资监

管简单化的制度安排。具体的制度演进如下：

2001 年 12 月，国家计委发布《关于印发促进和引导民间投资的若干意见的通知》，鼓励和引导民间投资以独资、合作、联营、参股、特许经营等方式，参与经营性的基础设施和公益事业项目建设。

2004 年 7 月，国务院发布《关于投资体制改革的决定》，允许社会资本进入法律法规未禁入的基础设施、公用事业及其他行业和领域。同时，逐步理顺公共产品价格，通过注入资本金、贷款贴息、税收优惠等措施，鼓励和引导社会资本以独资、合资、合作、联营、项目融资等方式参与经营性的公益事业和基础设施项目建设。

2005 年 2 月，国务院发布《关于鼓励支持和引导个体私营等非公有制经济发展的若干意见》，允许非公有资本通过参股、独资、合资、合作、项目融资等方式进入电力、电信、铁路、民航、石油等垄断行业和领域。也允许非公有资本进入城镇供水、供气、供热、公共交通、污水垃圾处理等市政公用事业和基础设施的投资、建设与运营，以及教育、科研、文化、卫生、体育等社会事业的非营利性和营利性领域。

2010 年 5 月，国务院发布《关于鼓励和引导民间投资健康发展的若干意见》（俗称"民间投资 36 条"），鼓励民间资本参与交通运输建设、水利工程建设、电力和电信建设、石油天然气建设、市政公用事业建设、政策性住房建设，以及参与发展医疗事业、教育和社会培训事业、社会福利事业等，基本奠定了民间资本投资基础设施的政策和法治基调。

2013 年 9 月，国务院发布《关于加强城市基础设施建设的意见》，推进基础设施投融资体制和运营机制改革，要求建立政府与市场合理分工的城市基础设施投融资体制。明确政府应集中财力建设非经营性基础设施项目，要通过特许经营、投资补助、政府购买服务等多种形式，吸引包括民间资本在内的社会资金，参与投资、建设和运营有合理回报或一定投资回收能力的可经营性城市基础设施项目，在市场准入和扶持政策方面对各类投资主体同等对待。同时，创新基础设施投资项目的运营管理方式，实行投资、建设、运营和监管分开，并逐步向独立核算、自主经营的企业化管理模式转变。

2014 年 9 月，财政部发布《关于推广运用政府和社会资本合作模式有关问题的通知》，强调"政府和社会资本合作模式是在基础设施及公共服务领域建立的一种长期合作关系。"同年 10 月，国务院发布《关于加强地方政府性债务管理的意见》，明确提出推广政府和社会资本合作模式，鼓励地方政府通过 PPP 的模式推进基础设施及公用事业项目建设。同年 11 月，国务院发布《关于创新重点领域投融资机制鼓励社会投资的指导意见》，明确提出推进市政基础设施投资运营市场化，鼓励社会资本加强交通和能源设施投资，推进信息和民用空间基础设施投资主体多元化，健全政府和社会资本合作（PPP）机制。同时，大力发展债权投资计划、股权投资计划、资产支持计划等融资工具，引导社保资金、保险资金等用于收益稳定、回收期长的基础设施和基础产业项目。同年 12 月，国家发展改革委发布《关于开展政府和社会资本合作的指导意见》，专门提到"PPP 模式主要适用于政府负有提供责任又适宜市场化运作的公共服务、基础设施类项目。"此时，财政部还批准成立了政府和社会资本合作（PPP）中心。由此可见，2014 年是 PPP 政策密集出台的一年，也是 PPP 模式发展的爆发年。

2015 年 4 月，国务院发布《基础设施和公用事业特许经营管理办法》，提出在能源、交通、水利、环保、市政等基础设施和公用事业领域开展特许经营，鼓励和引导社会资本以设立产业基金等形式入股提供特许经营项目资本金，支持项目公司成立私募基金，发行项目收益票据、资产支持票据、企业债、公司债等拓宽融资渠道。同年 5 月，国务院办公厅转发《关于在公共服务领域推广政府和社会资本合作模式指导意见的通知》，明确提出在能源、交通运输、水利、环境保护、农业、林业、科技、保障性安居工程、医疗、卫生、养老、教育、文化等公共服务领域，广泛采用政府和社会资本合作模式。

2016 年 8 月，国家发展改革委发布《关于切实做好传统基础设施领域政府和社会资本合作有关工作的通知》，明确要求各地切实做好能源、交通运输、水利、环境保护、农业、林业以及重大市政工程等基础设施领域政府和社会资本合作（PPP）推进工作。同年 12 月，国家发展改革委又发布《关于推进传统基础设施领域政府和社会资本合作（PPP）项目资产证券化相关工作的通知》，强调与中国证监会共同培育多元化投资者，积极引入城镇化建设基金、基础设施投资基金、产业投资基金、不动产基金以及证券投资基金、证券资产管理产品等各类市场资金投资 PPP 项目资产证券化产品。

2017 年 7 月，国家发展改革委发布《关于加快运用 PPP 模式盘活基础设施存量资产有关工作的通知》，明确对拟采取 PPP 模式的存量基础设施项目，根据项目特点和具体情况，可通过转让—运营—移交、改建—运营—移交、转让—拥有—运营、委托运营、股权合作等多种方式，将项目的资产所有权、股权、经营权、收费权等转让给社会资本。

2018年3月，财政部印发《关于规范金融企业对地方政府和国有企业投融资行为有关问题的通知》，规范国有金融企业参与PPP项目融资行为，确保项目资本金来源合法、合规。同年6月，国家发展改革委印发《必须招标的基础设施和公用事业项目范围规定》，缩小了必须招标的范围。同年10月，国务院发布《关于保持基础设施领域补短板力度的指导意见》，提出支持"一带一路"建设，加大对在建项目和补短板重大项目的金融支持力度，鼓励通过发行公司信用类债券、转为合规的政府和社会资本合作（PPP）等市场化方式开展后续融资，充分调动民间投资积极性。

2019年3月，财政部发布《关于推进政府和社会资本合作规范发展的实施意见》，强调在公共服务领域推广运用政府和社会资本合作（PPP）模式，鼓励民营企业、外资企业参与PPP项目，并引导保险资金、中国PPP基金加大PPP项目的股权投资力度。同年6月，国家发展改革委发布《关于依法依规加强PPP项目投资和建设管理的通知》，要求全面深入开展PPP项目可行性论证和审查，严格实施方案审核和固定资产投资项目资本金制度，并将所有PPP项目纳入全国投资项目在线审批监管平台统一管理。

2020年1月，国务院常务会议就提出要加快传统基础设施和物联网、人工智能、5G网络、数据中心等"新型基础设施"的投资建设，并大力推广运用政府和社会资本合作模式（PPP模式）。同年4月，中国证监会、国家发展改革委联合发布《关于推进基础设施领域不动产投资信托基金（REITs）试点相关工作的通知》，正式启动基础设施领域的公募REITs试点工作。

由此可见，深化基础设施的投融资体制改革已成为政府决策层关注的焦点。近年来，我国始终坚持以促进民间投资为主线，及时完善细化相关政策，引导社会资本进入基础设施、基础产业和公用事业等领域，并把转变政府职能和推进行政审批制度改革结合起来，致力于为民间投资发展营造良好的市场、政策和法治环境。

二、人口环境：人口结构的老化和人口红利的消失

人口和资本一直是世界经济发展的两大永恒的主角，但人口增长过缓、人口结构老化将导致社会人口的抚养比率和赡养比率失调，对资本流动、技术进步、经济增长以及社会福利等产生多重负面影响。无论是 NDB 模式、FDC 模式还是 NDC 模式的养老金制度都无法避免人口老龄化对其财务平衡机制的冲击。因此，人口结构变迁将引发养老保障制度变迁。

虽然目前多项研究表明我国的第一次人口红利正在逐渐消失，但仍有迎接第二次人口红利的可能。按照索洛的新古典经济增长模型，人口因素是经济增长的三大主要决定因素之一。在解释日本和亚洲"四小龙"创造的"东亚奇迹"时，人口年龄结构的改善从而引致人口抚养比的下降为经济增长做出了很多贡献，可以解释超出稳态增长率部分的 25% ~ 100% 不等。对中国而言，人口抚养比每降低 1 个百分点，导致经济增长速度提高 0.115 个百分点，即人口红利对人均 GDP 的贡献率至少为 26.8%。[①] 但在计划生育政策和经济社会发展的双重作用下，中国用 30 年左右的时间完成了发达国家经历上百年才完成的人口转变过程，进入低出生、低死亡和低自然增长的人口再生产阶段，处于人口红利和人口老龄化并存时期。

一方面，人口结构老化会造成劳动力供给短缺，促使劳动力成本快速上升。截至 2019 年底，我国 16 ~ 59 岁劳动年龄人口为 89640 万人，占 64.0%，同比下降 0.3 个百分点，而 60 岁及以上人口为 25388 万人，占 18.1%，同比上升 0.2 个百分点（其中，65 岁及以上人口为 17603 万人，占 12.6%，同比上升 0.7 个百分点）。更重要的是，自 2012 年起，我国劳动年龄人口的数量和比重已经连续 8 年出现双降。同时，受劳动年龄人口持续减少的影响，劳动力供给总量也开始下降。截至 2019 年末，全国就业人数为 77471 万人，比上年略减 115 万人。[②] 而且预计今后几年还将继续下降，这意味着我国劳动力将从"无限供给"向"有限剩余"转变，单纯依靠劳动力投入的粗放型经

---

① 蔡昉. 劳动力无限供给时代结束 [J]. 企业经济, 2008 (2)：16 - 17.

② 张毅. 人口总量增速放缓 城镇化水平继续提升 [J/OL]. 国家统计局, (2020 - 01 - 19).
http://www.stats.gov.cn/tjsj/zxfb/202001/t20200119_1723767.html.

济增长模式将难以为继。

另一方面，人口老龄化还可能形成第二次人口红利。尽管人口转变将使得劳动年龄人口呈现负增长，从而减少养老保障制度的缴费来源，但随着劳动年龄人口的教育、技能和经验等增加，人力资本积累速度将快速提升。同时，智能技术对劳动力的替代仍然能保证充足的劳动力供给。根据德勤2019年发布的《全球人工智能发展白皮书》显示，2017～2025年，全球人工智能市场的复合增长率将达到30%以上，并释放巨大的效率红利，成为促进经济高质量发展的新动能。① 而且具有经济理性的参保人为应对人口年龄结构的预期变化，也会将一生的收入和消费在生命周期内进行有效平滑从而获得终生效用最大化，新的预防性储蓄动机将进一步提高国民储蓄率，这些长期养老储备不论投资于国内或国际金融市场，都将对经济增长产生巨大的推动作用。此外，养老基金在市场化投资过程中，也将分享经济发展成果，从而获得较高的投资收益率。反过来，养老保障制度也会通过改变消费者的预算约束和不同时期的福利状况，影响消费者的储蓄行为、就业选择、退休时点、人力资本投资等微观决策（如图7-1所示），进而影响宏观经济中物质资本和人力资本的积累，实现长期经济增长效应。

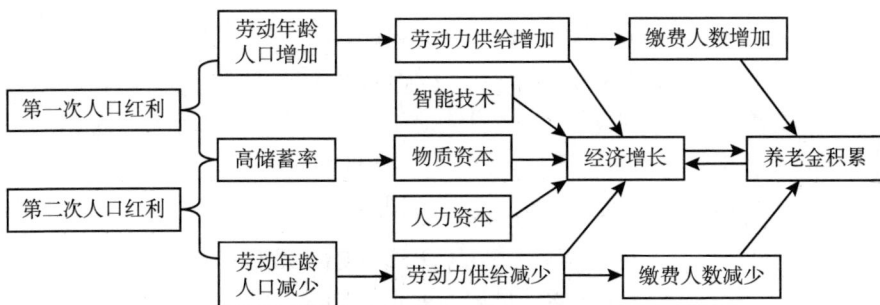

图7-1 人口红利、养老保障与经济增长的关系

资料来源：根据相关理论和学者研究整理而得。

---

① 德勤. 全球人工智能发展白皮书［M/OL］. 2019. https：//www2. deloitte. com/cn/zh/pages/technology – media – and – telecommunications/articles/global – ai – development – white – paper. html.

三、经济环境：中国长期经济增长驱动因素的转变

首先，我国经济发展的新旧动能快速转换。自改革开放以来，我国依靠"要素驱动"和"投资驱动"成功迈入了中等收入国家行列，GDP总量位居全球第二，这得益于低劳动力成本、高储蓄、高投资和对外出口。然而，随着全球金融危机和供给冲击的影响，依靠人口红利、土地红利、资源丰富和环境成本形成的所谓投资成本"洼地"效应逐步减弱，我国经济进入周期回落和结构调整的压力聚集期。全国GDP增长率从2010年的10.6%下降到2015年的6.9%再到2019年的6.2%，长期经济增速持续放缓。目前，我国经济已由高速增长阶段转向高质量发展阶段，以新产业、新业态、新模式为主要内容的新动能正在快速集聚，经济活力也得到有效释放。据国家统计局测算，2018年我国网络经济指数高达605.4，比上年大幅增长67.2%，对经济发展新动能指数增长的贡献率高达80.8%。随后是创新驱动指数（174.4）和转型升级指数（143.9），分别比上年增长21.8%和8.8%（如表7－1所示）。2018年12月，习近平在中央经济工作会议中也明确指出，"我国发展现阶段要发挥投资关键作用，加强人工智能、工业互联网、物联网等新型基础设施建设，加大城际交通、物流、市政基础设施等投资力度，补齐农村基础设施和公共服务设施建设短板。"由此可见，网络化、智能化和基础设施现代化将显著提升我国经济发展的速度和质量，提高资本利用率和劳动生产率，特别是全要素生产率对经济增长的贡献。

表 7－1　　　　　　　　2015～2018 年我国经济发展新动能指数

指标名称	2015 年		2016 年		2017 年		2018 年	
	指数值	贡献率（％）	指数值	贡献率（％）	指数值	贡献率（％）	指数值	贡献率（％）
经济发展新动能指数	123.5	100	156.7	100	210.1	100	270.3	100
知识能力指数	112.6	18.2	125.1	16.0	128.5	12.2	135.9	2.4
经济活力指数	144.4	23.4	205.5	26.2	284.3	27.1	292.0	2.6
创新驱动指数	113.5	18.4	126.3	16.1	143.3	13.6	174.4	10.3

续表

指标名称	2015 年		2016 年		2017 年		2018 年	
	指数值	贡献率（%）	指数值	贡献率（%）	指数值	贡献率（%）	指数值	贡献率（%）
网络经济指数	137.3	22.2	202.2	25.8	362.1	34.5	605.4	80.8
转型升级指数	109.7	17.8	124.3	15.9	132.3	12.6	143.9	3.9

资料来源：国家统计局.2018 年我国经济发展新动能指数比上年增长 28.7% ［N/OL］.（2019 - 07 - 31）http：//www.stats.gov.cn/tjsj/zxfb/201907/t20190731_1683083.html。

其次，制造业的比较优势削弱，产业布局和结构不断优化。随着工业革命、技术革命、生产制造范式的变革以及国内生产要素成本的上升，我国制造业将面临两个重大挑战：（1）发达国家实体经济的回归和再工业化，具有第三次工业革命来临前的重要转折意义。随着信息技术和先进制造技术的深度融合，柔性制造、网络制造、智能制造日益成为世界先进制造业的重要方向。全球化生产方式的变革可能绞杀中国出口导向型的经济增长模式，要求加速转变经济增长方式和结构调整，启动扩大内需的发展战略。（2）在今后相当长的时期内，发展中的新兴经济体如东盟、印度、拉美国家等将会以更加低廉的成本优势逐步实现对中国制造的供给替代。因此，要在后金融危机时代抢占未来竞争的制高点，必须实现经济结构的转变。例如：①在产业结构方面，从主要依靠第二产业带动向第一、第二、第三产业协同带动转变，大力培育知识密集度高、资源消耗少、环境污染小的战略型新兴产业；②在空间结构方面，调整城乡二元结构，缩小城乡差距，推进工业化、城镇化、农业现代化和信息化的同步协调发展；③在动力结构方面，促进经济发展由主要依靠投资拉动向消费、投资、出口协调拉动转变，从需求管理向供给管理方面转变；④在要素投入结构方面，以提高创新能力为核心，促进经济增长从"要素驱动型"向"创新驱动型"转变（任保平和郭晗，2013）。在这些转变过程中，现代服务业将成为新的经济增长点和经济转型的重要推动力，其兴旺发达将会对经济性和社会性基础设施的综合功能提出更高的要求。

最后，新型城镇化是未来我国经济增长的持久动力。诺贝尔经济学奖获得者斯蒂格利茨认为："决定 21 世纪人类发展的两件大事，一个是新技术革命，另一个是中国的城市化"。从实际发展来看，我国城镇化率从 1978 年的

17.92%提高到2018年的59.58%，一直保持增长趋势，但其增速从1996年开始呈现明显下降趋势（如图7-2所示）。然而，这并不能降低其对经济增长的贡献，通过简单的线性回归可以发现我国城镇化率与人均GDP对数的相关系数高达0.9。然而，过去的城镇化与传统的经济发展方式直接相关，其规模城镇化的特点比较突出。它以工业化为主导、以做大经济总量和承载投资为主要目标、以土地批租为重要手段。在促进经济增长的同时，也积累了产能过剩、资源浪费、环境破坏等突出问题。2014年3月16日，中共中央、国务院正式发布《国家新型城镇化规划（2014—2020年）》，明确了新型城镇化建设的主要指标，倡导未来应该重点推进规模城镇化向人口城镇化的转型，以人口城镇化为主要载体、以政策和体制创新为重点，有效释放城镇化所蕴含的巨大内需潜力。2019年2月19日，国家发展改革委印发《关于培育发展现代化都市圈的指导意见》，强调城市群是新型城镇化的主体形态，而都市圈是以大城市为中心的、以1小时通勤圈为基本范围的城镇化空间形态。都市圈内城镇协同发展就是推进基础设施一体化、强化城市间产业分工协作、推进公共服务共建共享、促进城乡融合发展。具体而言，新型城镇化将主要从以下两方面推动我国经济的高质量发展。一是释放巨大内需潜力。因为人口城镇化将改变人们的生活方式，从"吃、穿、用、住、行、学"等带来消

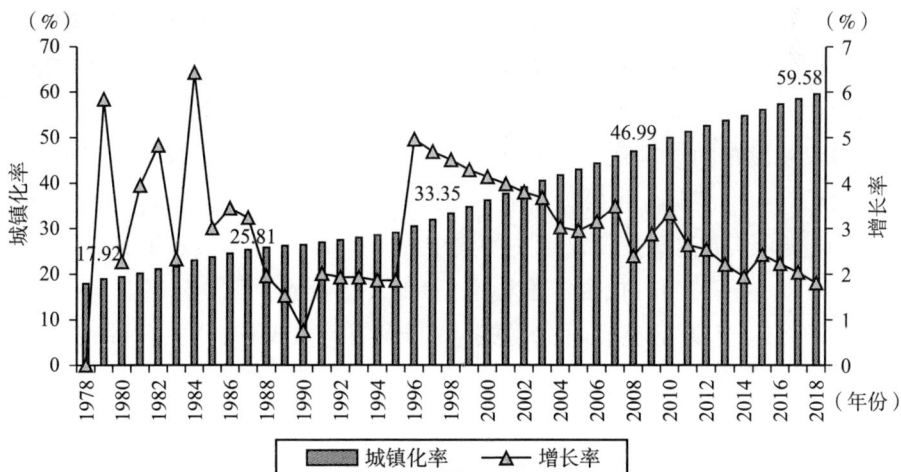

图 7-2　1978～2018 年中国的城镇化率及其增速

资料来源：根据历年的《中国统计年鉴》和《国民经济和社会发展统计公报》整理而得。

费需求的大幅增加和消费方式的升级，同时还将产生庞大的基础设施、公共服务设施以及住房建设等投资需求。二是加速产业转型升级。因为贯彻绿色理念的新型城镇化建设将形成产业新城，它是产业集聚、产业创新和产业迭代升级的主要阵地，更是一种全新的产业生态的营造。通过打破生产要素的流动障碍，优化资源配置，在区域空间内形成产业平台、创新平台、文化平台、旅游平台、环保平台、公共服务平台之间的互联互通，实现功能集成和有机融合，从而成为经济社会可持续发展的核心驱动力之一。

四、市场环境："一带一路"国家基础设施投资需求巨大

（一）"一带一路"国家基础设施投资需求大

2013 年 9 月和 10 月，习近平在出访哈萨克斯坦和印度尼西亚时先后提出共建"丝绸之路经济带"和"21 世纪海上丝绸之路"的重大倡议（简称"一带一路"倡议），得到国际社会的广泛认可和支持。截至 2019 年 4 月 30 日，中国政府已与 131 个国家和 30 个国际组织签署 187 份合作文件，共建"一带一路"国家已由亚欧延伸至非洲、拉美、南太平洋等区域。[①] 由于互联互通是"一带一路"的核心要义，建设高质量、可持续、抗风险、价格合理、包容可及的基础设施，将有利于各国充分发挥资源禀赋，更好地融入全球供应链、产业链和价值链。因此，可以说"一带一路"倡议为全球基础设施建设注入了有效动能。根据全球基础设施中心（Global Infrastructure Hub，简称 GIH）发布的数据显示，2019 年，全球交通行业投资需求将达到 1.6 万亿美元。其中，能源行业 0.9 万亿美元，通信行业 0.3 万亿美元，水务行业 0.2 万亿美元，而这些投资需求主要集中在"一带一路"热点国家。预计到 2040 年，全球基建项目投资需求将增至 94 万亿美元，而全球各类基建投资缺口总额将达 15 万亿美元。[②] 另据亚洲开发银行（Asian Development Bank，

---

① 毕马威. 共绘"一带一路"工笔画——吸引国际私有资本参与沿线国家基础设施建设［R/OL］. 2019. https：//home. kpmg/cn/zh/home/insights/2019/05/charting – the – course – of – belt – and – road – cooperation – together. html.

② "一带一路"国家基础设施发展放缓 交通业需求强劲［N/OL］. 中国经营网，（2019 – 06 – 01）. http：//www. cb. com. cn/index/show/bzyc/cv/cv13412461646.

简称 ADB）预测，作为"一带一路"重点地区的亚洲，2019 年的基础设施投资需求约为 4590 亿美元，相当于亚洲 GDP 的 2.4%。其中，南亚、东南亚和中亚地区的投资需求将分别达到 GDP 的 5.7%、4.1% 和 3.1%。① 考虑到各国经济、政治、法律环境的复杂性，以及许多国家存在的不可避免的项目拖延等因素，"一带一路"国家实际的基础设施投资需求缺口可能较预测值更大。

从当前"一带一路"国家基础设施发展形势来看，尽管面临全球地缘政治风险增加、贸易保护主义抬头、全球经济治理体系转变的新挑战，各国政府依然高度重视基础设施行业发展，纷纷推出多维度的支持政策以孕育多样化的投资机会，使得国际基础设施行业发展呈现出"稳中有变、变中有机"的局面。根据《"一带一路"国家基础设施发展指数（2019）》报告显示，"一带一路"国家基础设施发展虽略有放缓，总指数从 2018 年的 121 下调到 2019 年的 119，但仍保持在近五年的较高水平，表明未来 2 ~ 3 年"一带一路"国家基础设施发展仍然会有良好表现。虽然 2019 年"一带一路"国家基础设施发展需求指数（130）较 2018 年的 132 略有下降，但"一带一路"国家基础设施发展水平普遍较低，未来仍有较大的发展潜力。从具体行业来看，各国交通行业和能源行业发展需求指数分别为 199 和 180，普遍高于通信行业和水务行业的 138 和 135，短期内仍将是基础设施投资热点行业，而以风电、太阳能、核能为代表的清洁能源项目将成为能源行业投资重点领域。在发展成本指数方面，2019 年较 2018 年也略有下降，且东南亚地区的发展成本指数连续三年排名第一，低廉的劳动力及原材料成本是其基础设施建设的优势竞争因素（如图 7 - 3 所示）。此外，"一带一路"基础设施投资的资金来源也越来越多元化，而且吸引私人资本参与已成为普遍共识。根据世界银行私人参与基础设施（private participation in infrastructure，简称 PPI）数据库统计，2017 年"一带一路"国家基础设施私人投资额显著回升，达到 621.4 亿美元，同比增长 64.7%。随着主权基金、养老基金等私人资本参与"一带一路"基础设施的意愿逐步上升，或将成为"一带一路"基础设施融资创新的新兴力量。

---

① "一带一路"迈向高质量发展：从"大写意"到"工笔画"［N/OL］. 中国新闻周刊，（2019 - 04 - 24）. https：//m. sohu. com/a/309990272_220095/.

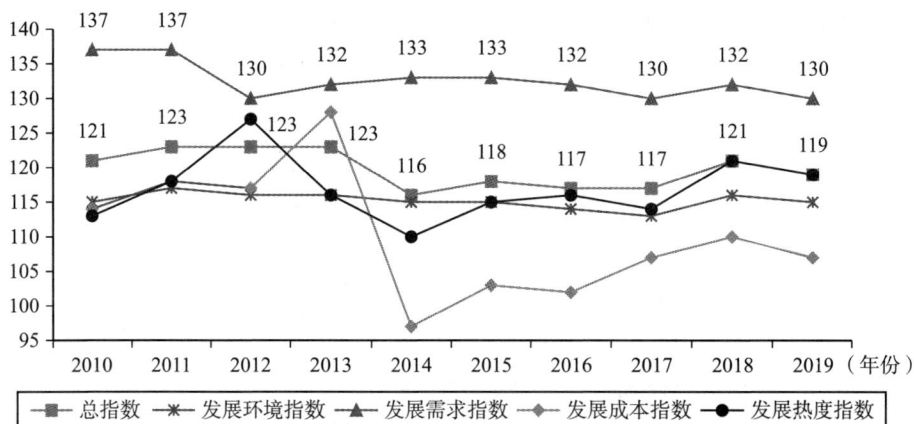

图7-3 2010~2019年"一带一路"国家基础设施发展指数

资料来源:"一带一路"国家基础设施发展指数(2019)[R/OL]. 中国对外承包工程商会,(2019-05-28). http://www.chinca.org/CICA/info/19052809174011。

(二) 国内基础设施投资融资难

在长期的经济发展过程中,我国基础设施投资总额从2004年的16278.3亿元不断增长到2017年的180359.0亿元,但投资增速却从23.9%逐步回落到13.7%。同时,也呈现如下几个特点:(1)区域结构差异大。国家在东部地区的基础设施投资比重较高,而在中西部地区较低,造成了区域经济发展不平衡,形成了穷的更穷、富的更富的"马太效应"。(2)产业结构不平衡。基础设施投资在全社会固定资产投资中的占比一直在30%以下,且重经济性基础设施轻社会性基础设施,导致部分基础设施行业出现重复投资和产能过剩的现象,而教育科研、环境卫生、防灾防损等基础设施的短缺日益明显,严重制约了经济增长和社会发展。(3)资金来源结构不合理。从我国全社会固定资产投资的资金来源来看,主要分为国家预算内资金、国内贷款、利用外资、自筹资金以及其他资金五大类。在2003~2017年间,国家预算资金和其他资金的投资力度没有明显变化,合计占20%左右。而国内贷款和利用外资的比例从20.5%和4.4%逐年下降到11.3%和0.3%,自筹资金的比例却从53.7%上升到63.8%(如表7-2所示)。这表明基础设施项目获得贷款和外资的难度加大,自筹资金一直是基础设施投资的重要来源。此外,从基础设施建设的财政拨款主体来看,2000年之后逐步从中央转向地方。例如,市政公用设施建设的地方政府财政拨款由 2001 年的 379.1 亿元增加到 2015 年的 4406.3 亿元，同时导致地方政府的隐性债务风险急剧上升。[①] 据中国财政部统计，截至 2019 年 12 月底，全国地方政府债务余额高达 213072 亿元，相当于 2010 年同期的 1.91 倍。[②]

表 7-2   我国基础设施和固定资产的历年投资情况及资金来源

年份	基础设施投资			全社会固定资产投资总额（亿元）	固定资产投资的资金来源（%）				
	总额（亿元）	增速（%）	占比（%）		国家预算	国内贷款	利用外资	自筹资金	其他资金
2003	16278.3	—	29.3	55566.6	4.6	20.5	4.4	53.7	16.8
2004	20170.8	23.9	28.6	70477.4	4.4	18.5	4.4	55.4	17.4
2005	25024.5	24.1	28.2	88773.6	4.4	17.3	4.2	58.3	15.9
2006	30752.4	22.9	28.0	109998.2	3.9	16.5	3.6	59.7	16.2
2007	35624.0	15.8	25.9	137323.9	3.9	15.3	3.4	60.6	16.8
2008	43718.5	22.7	25.3	172828.4	4.3	14.5	2.9	64.8	13.5
2009	61872.5	41.5	27.5	224598.8	5.1	16.8	1.8	56.8	17.0
2010	73036.3	18.0	29.0	251683.8	5.2	17.9	1.7	65.9	17.8
2011	69649.0	-4.6	22.4	311485.1	4.8	14.8	1.6	70.9	16.1
2012	80431.1	15.5	21.5	374694.7	5.1	13.7	1.2	71.7	15.1
2013	97173.6	20.8	21.8	446294.1	5.0	13.2	1.0	72.7	15.9
2014	116380.5	19.8	22.7	512020.7	5.2	12.6	0.8	72.3	13.2
2015	137124.3	17.8	24.4	561999.8	5.1	10.8	0.5	72.1	13.2
2016	158611.2	15.7	26.2	606465.7	6.0	11.0	0.4	66.7	16.0
2017	180359.0	13.7	28.1	641238.4	6.0	11.3	0.3	63.8	16.8

注：基础设施投资主要包括电力、燃气及水的生产和供应业，交通运输、仓储和邮电运输业，信息传输计算机服务和软件业，水利、环境和公共设施管理业的固定资产投资额。

资料来源：2018 年《中国统计年鉴》。

---

① 巴曙松. 城市基础设施融资需求总量依然巨大 [J/OL]. 搜狐网，（2017-12-17）. http：//www.sohu.com/a/211031404_313170.

② 2019 年 12 月地方政府债券发行和债务余额情况 [N/OL]. 财政部网站，（2020-01-22）. http：//www.gov.cn/xinwen/2020-01/22/content_5471586.htm.

然而，在吸引社会资金投资方面，国外主要从政府和企业两个层面进行了基础设施融资工具创新。第一，在政府层面，地方政府可以其信用为保障通过发行市政债为城市基础建设融资。但我国《预算法》规定地方政府不得发行地方政府债券，尽管这种约束从 2009 年中央代发地方政府债和 2011 年地方政府自行发债试点开始有所松动，却仅处于刚起步的阶段。而且受国家房地产政策以及土地管理政策的影响，地方政府国有土地使用权出让收入锐减，在 2012 年同比下降 14%。同时，随着 2018 年"减税降费"政策的贯彻落实，2019 年"减税降费"力度更是只增不减，势必给各级财政带来巨大压力，从而压缩其可用于基础设施建设的财力空间。第二，在企业层面，实施了包括公私合作模式（PPP）、民间主动融资模式（PFI）、夹层资本模式、信托模式、基础设施产业基金模式等多种创新。而我国目前服务基础设施融资的金融产品创新却明显不足，主要因为我国金融结构整体不平衡，银行业的垄断地位和资本市场的弱势地位始终未得到根本性改观，信托、金融租赁、担保、信用评级等其他金融行业发展更是滞后。自 2014 年 10 月国务院颁布第 43 号文件整顿地方债务问题以来，PPP 行业开始呈现出爆发式的增长，使得我国已成为全球最具影响力、规模最大的 PPP 市场。截至 2018 年 12 月，全国政府和社会资本合作（PPP）综合信息平台管理库中的项目累计 8654 个，同比净增 1517 个，投资额高达 13.2 万亿元，同比净增 2.4 万亿元。由于我国 PPP 模式推广初期的法律法规、项目识别机制、风险管控机制等不完善，导致市场上存在部分"伪 PPP 项目"。2018 年，全国 PPP 综合信息平台项目管理库管理库共清退项目 2557 个，涉及投资额高达 3.0 万亿元。[①] 由此可见，我国基础设施的投融资体制和模式仍需进一步优化。

五、行业环境：各种保险基金投资基础设施的实践

经过多年的实践探索，我国全国社会保障基金、企业年金和保险资金等长期资本在"市场化、专业化、多元化"投资理念的指导下取得了较好的投资业绩。据统计，2008 ~ 2018 年它们的平均年收益率分别为 5.78%、4.38% 和

---

① 全国 PPP 综合信息平台项目管理库 2018 年报［R/OL］. 财政部 PPP 中心，（2019 – 01 – 31）. http：//www. sohu. com/a/292666502_480400。

4.81%，相对于同期年均2.58%的通货膨胀率而言，完全实现了保值增值的目标。在另类投资方面，随着基础设施对民间投资的逐步认可和各项政策法规的推进，它们先后开始涉足基础设施投融资领域，并已取得大量实践经验。

（一）全国社会保障基金的实践经验

从整体发展来看，截至2018年底，全国社会保障基金资产总额为22353.78亿元，是2008年的4.36倍。其中：直接投资资产占44.36%，比2008年下降了10个百分点；委托投资资产占55.64%，比2008年增加了10个百分点。而且自2000年成立以来，已实现7.82%的年均投资收益率，累计获得投资收益高达9552.16亿元。① 这主要是因为其一直追求多元化的投资渠道，2005年《关于全国社会保障基金投资国家重点改制企业及国家重点改革试点项目的函》首次明确其最高可将20%的资产直接用于对中央直管企业改制或改革试点项目进行实业投资。2007年4月，财政部批准社保基金最高可将5%的资产投资于有银行担保的贷款类信托。2008年4月，国务院又同意全国社保基金可以投资经国家发展改革委批准的产业基金和在国家发展改革委备案的市场化股权投资基金，总体投资比例不超过10%。2014年6月，我国正式发布《全国社会保障基金信托贷款投资管理暂行办法》。2015年4月3日，国务院常务会议决定适当扩大社保基金投资范围。一方面，将基金"债券投资"范围扩展到地方政府债券，并将企业债和地方政府债券投资比例从10%提高到20%；另一方面，将基金的"信托贷款"投资比例上限由5%提高至10%，并加大对保障性住房、城市基础设施以及棚户区改造这些方面的投入，这对社保基金开展基础设施项目投资无疑是重大的政策利好。2016年9月20日，再次发布的《全国社会保障基金信托贷款投资管理暂行办法（2016年修订版）》，为促进社保基金信托贷款投资业务的规范发展提供了制度保障。由于信托公司的业务领域广泛，在结构化信托融资、产业投资基金、资产证券化方面具有独到的优势，而且从法律意思上讲，只有信托财产才能实现"破产隔离"。因此，全国社保基金主要选择通过信托贷款、产业基金和私募股权等方式投资基础设施。

---

① 全国社会保障基金理事会社保基金2018年度报告［R/OL］. 全国社会保障基金理事会，（2019－08－20）. http://www.ssf.gov.cn/cwsj/ndbg/.

经过近十年的探索，目前全国社会保障基金在直接投资和信托投资（产业基金和信托贷款）基础设施方面已取得明显成效。从直接投资来看，截至2010年8月底，已投资京沪高铁100亿元、大唐控股26亿元、中节风电4.8亿元、中航国际13.44亿元等，账面价值合计1287.59亿元，占社保基金总资产的20.29%，累计已实现收益208.74亿元。从信托贷款来看，社保基金自2011年以来已先后为南京、天津、重庆、无锡等地的保障房项目提供了30亿元、30亿元、45亿元和10亿元的信托贷款，另外还有一批城市的申请正在审批中。截至2014年6月末，社保基金信托贷款存量（按本金计算）为405.42亿元，共19个项目。其中，铁路贷款120亿元，保障房贷款160.42亿元，高速公路、道路等基础设施贷款125亿元。[1] 从投资基金来看，2016年5月31日，全国社会保障基金理事会签署《南京江北基础设施股权投资基金之有限合伙协议》，对江北基础设施股权基金（总规模100亿元）认缴出资40亿元，拟投资于南京市江北新区基础设施建设、生态环境的建设改造、棚户区改造、总部基地建设等项目。[2]

（二）企业年金的实践经验

从整体发展来看，截至2018年底企业年金基金资产总额为14770.38亿元，参保企业户数达8.74万个，覆盖职工2388.17万人，分别是2008年的2.88倍、2.64倍和2.30倍。[3] 虽然近十年来企业年金扩大覆盖面的增速放缓，但基金规模增速却快速提升。为进一步拓宽其投资范围，人力资源社会保障部在2013年发布了《关于扩大企业年金基金投资范围的通知》和《关于企业年金养老金产品有关问题的通知》。在原有股市、债市的基础上，增加了商业银行理财产品、信托产品、基础设施债权投资计划、特定资产管理计划、股指期货等产品。随后首批企业年金投资基础设施的创新产品便横空出世，例如"长江养老英大电力信托型养老金产品"和"海富通昆仑信托型

① 全国社会保障基金信托投资简况［N/OL］. 全国社会保障基金理事会，（2014 – 07 – 17）. http：//www. ssf. gov. cn/tzyy/201407/t20140717_6081. html.

② 全国社保基金投资南京江北基础设施股权基金［N/OL］. 全国社会保障基金理事会，（2016 – 06 – 15）. http：//www. ssf. gov. cn/tzyy/201606/t20160615_7089. html.

③ 2018年度人力资源和社会保障事业发展统计公报［R/OL］. 人力资源社会保障部，（2019 – 06 – 11）. http：//www. mohrss. gov. cn/SYrlzyhshbzb/zwgk/szrs/tjgb/201906/t20190611_320429. html.

养老金产品",它们都主要嫁接国家级重点基础设施项目。2014 年 2 月 26 日,长江养老首个发起设立了 10 亿的基础设施债权投资计划——"长江养老－南昌水投债权投资计划"。同年 8 月和 10 月,又成功设立了 30 亿元的"长江养老－国电集团债权投资计划"和 20 亿元的"长江养老－申江两岸债权投资计划"。2016 年 3 月 22 日和 2017 年 12 月 14 日,先后确认分期发行"长江金色优选 1 号和 2 号基础设施债权投资计划型养老金产品"。这些养老金产品的成功发行具有良好的示范效应和延伸溢出效应,将为企业年金投资渠道创新和后端养老金产品的发展模式探索提供宝贵经验。

（三）保险资金的实践经验

从整体发展来看,截至 2019 年 6 月,我国保险业总资产规模为 19.5 万亿元,保险资金运用余额为 17.4 万亿元,分别是 2008 年的 5.8 倍和 5.7 倍。其投资组合中,银行存款 26335 亿元,占 15.2%;债券 59830 亿元,占 34.4%;股票和证券投资基金 21904 亿元,占 12.6%;另类投资 65603 亿元,占 37.8%。其中,另类投资包括长期股权投资、投资性不动产和基础设施投资计划产品等,相对于 2008 年 2.2% 的配置比例而言属于投资增速最快的大类资产。[1] 这主要得益于我国保险业逐渐规范化、专业化、多样化的资金运用管理体制,使其投资范围得到极大放宽（尤其是在基础设施投资领域）。

2006 年,中国保监会发布了《保险资金间接投资基础设施项目试点管理办法》,首次允许保险公司可以债权、股权、物权等方式投资国家级重点基础设施项目。2009 年,中国保监会又颁布《基础设施债权投资计划产品设立指引》和《关于保险资金投资基础设施债权投资计划的通知》,进一步明确了操作流程。2010 年,中国保监会下发《保险资金运用管理暂行办法》和《保险资金投资股权暂行办法》允许保险公司将保险资金投资于股权投资基金或直接投资于未上市公司股权,首次打开了保险资金投资私募股权基金之门,但对投资比例和投资要求进行了严格限制。2012 年,中国保监会为规范管理行为、加强风险控制,又颁发了《基础设施债权投资计划管理暂行规定》,明晰了保险资金投资基础设施债权计划的委托人、受托人、偿债主体

---

[1] 中国保险资管协会:至 6 月末保险业总资产为 19.5 万亿［N/OL］.中国新闻网,（2019 - 08 - 15）. https://finance. sina. com. cn/roll/2019 - 08 - 15/doc - ihytcitm9465592. shtml.

人，并增加了独立监督人信用增级方式。2014 年，国务院发布了《关于加快发展现代保险服务业的若干意见》（简称"新国十条"），进一步鼓励保险资金利用债权投资计划、股权投资计划等方式，支持重大基础设施、棚户区改造、城镇化建设等民生工程和国家重大工程。2016 年，中国保监会制定了《保险资金间接投资基础设施项目管理办法》，放宽保险资金可投资基础设施项目的行业范围，从交通、通信、能源、市政和环保五个行业拓展到医疗、养老以及科技等领域，增加政府和社会资本合作（PPP）等可行投资模式。同时，强化风险管控，建立受托人风险责任人机制、净资本管理机制和风险准备金机制等。2017 年，中国保监会再次下发《关于保险资金投资政府和社会资本合作项目有关事项的通知》，进一步明确投资 PPP 项目的具体条件。正是由于国家政策的大力支持，保险资金服务实体经济的能力和水平显著提升。截至 2019 年 4 月底，已累计发起设立各类债权、股权投资计划 1114 项，合计备案（注册）资金规模达 2.63 万亿元，形成了一批具有高度社会影响力的基础设施投资项目。例如，160 亿元参与京沪高铁、550 亿元参与南水北调、150 亿元参与大飞机等。[①] 此外，各大保险公司也积极贯彻落实上述政策。截至 2019 年 6 月 20 日，中国平安人寿已累计投入逾 4000 亿元保险资金参与 PPP 项目和重大工程建设，并在支持国家"一带一路"和广东大湾区建设项目中累计投入超 550 亿元。[②]

第二节　中国养老基金投资广义基础设施的实现路径探索

一、养老基金投资保障性住房

（一）养老保障和住房保障的融合

对中国这样的"地产经济体"而言，房地产业一直被看作增加就业机

---

① 周延礼. 保险资产管理行业面临新的机遇和挑战 ［J/OL］. 中国财富网，（2019 - 07 - 28）. http://insurance.jrj.com.cn/2019/07/28140627895494.shtml.

② 平安人寿：已投入 4000 亿元支持实体经济发展 ［N/OL］. 中国证券报，（2019 - 06 - 20）. http://www.cs.com.cn/jg/05/201906/t20190620_5960159.html.

会、推动经济增长和提高社会福利的主要动力。政府极为重视维持地产市场的稳定运行和保障每个公民的住房权利，倾向于采取强制干预和市场主导消费相结合的住房政策模式。从2016年中央经济工作会议第一次提出"坚持房子是用来住的、不是用来炒的定位"，到2017年十九大报告提出"加快建立多主体供给、多渠道保障、租购并举的住房制度"，表明深化供给侧结构性改革，将成为未来我国住房制度改革的重点突破方向。长期以来，普通家庭也把购置住房作为积累财富的主要渠道、抵御风险的最佳保障和获得资本增值的重要来源，不仅促进了房地产市场的繁荣，也实现了多数人"居者有其屋"的愿望。因此，养老基金投资保障性住房将有助于实现住房保障体系和养老保障体系的有机融合。一方面推动房地产金融创新、健全房地产平稳健康发展长效机制，另一方面加快实现全面建成小康社会"住有所居"目标的重大民生工程建设。根据穆特罗（Mutero，2011）[①] 的分类，养老基金主要通过两种模式实现住房融资：（1）用户模式，即为养老基金成员购买和建造住房提供资金。例如，为其提供直接贷款或为其从第三方机构贷款提供担保。此外，南非的养老基金管理机构还在资本市场上发行养老金支持证券以提高住房融资，使其养老金制度成员获得住房所有权。（2）投资模式，即养老基金通过股权、债权投资或直接投资为住房项目开发提供融资。例如，为地产开发商提供抵押贷款，购买开发商或其抵押贷款机构（商业银行）发行的公司债券或股票，以及房地产信托投资基金等。

以在公共住房领域的成功典范新加坡为例，它利用中央公积金制度很好地实现了居者有其屋的"公共组屋计划"（如图7-4所示）。（1）在法律保障方面，新加坡建国之初就制定并实施了《新加坡建屋与发展法》，明确了政府发展公共住房的方针和目标，同时还颁布了《建屋局法》和《特别物产法》等，加上1953年颁布的《中央公积金法》，为公共组屋制度实施构建了比较完善的法律体系。（2）在建造和管理主体方面，政府在1964年专门设立了建屋发展局，对组屋进行统一投资建设和配租管理，如今已成为发达国家中最大的公共住房开发者。（3）在资金支持方面，中央公积金局在保留足额的当年公积金成员提款后，将剩余（约80%）的公积金通过购买政府债券

---

① Mutero J. Mobilising Pension Assets for Housing Finance Needs in Africa—Experiences and Prospects in East Africa［J］. Housing Finance International，2011，25（4）：1-16.

的方式转移给中央政府，中央政府再以拨款和贷款（建房贷款和购房贷款）的形式转移给建屋发展局，贷款利息比公积金存款利息略高，但比商业银行的贷款利率低。建屋局从政府获取该项贷款后，再将其作为购房贷款贷借给公共组屋的购买者，他通过每月提取公积金来分期偿还，建屋局汇集分期付款后再将其偿还给政府，它相当于同时扮演着发展商和按揭银行的双重角色。此外，中央公积金储蓄可以用于首期付款、购置公共组屋贷款的利息偿付、购买私人住房的按揭贷款、交易印花税等，既满足了国民的住房需求又实现了其投资需求。由此可见，住房保障政策和社会养老保障政策的结合将为多数国民提供负担得起且相对稳定的房价，并保证养老基金的长期保值增值。

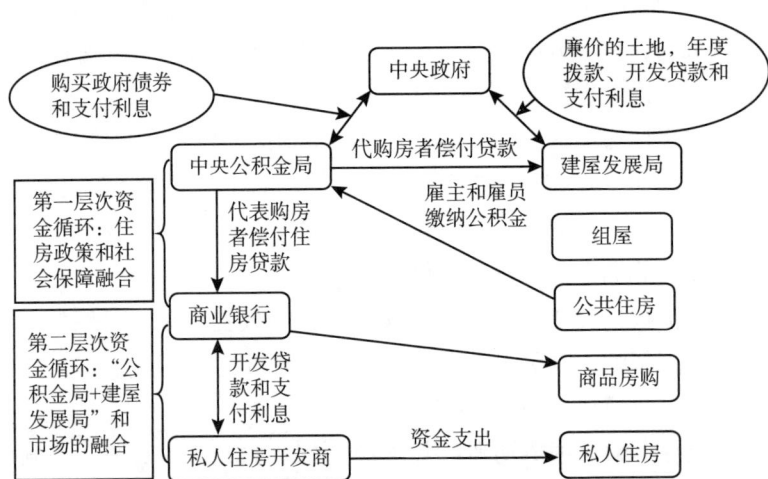

图7-4　新加坡住房保障与社会保障的融合结构

资料来源：王卓祺. 东亚国家和地区福利制度——全球化、文化与政府角色［M］. 北京：中国社会出版社，2011：299。

（二）养老基金投资保障性住房的基本思路

保障性住房投资是一个涉及规划、土地、设计、采购、建设、销售（出租）、维护等环节的系统工程，对养老基金而言还是比较新的投资领域。如果养老基金决定投资保障房，主要考虑的因素包括：第一，养老基金投资监管政策。我国养老基金的市场化投资进程发展缓慢，对投资范围和投资比例都有较为严格的规定。例如，2015年国务院发布的《基本养老保险基金投资管理办法》的第三十五条规定："国家重大工程和重大项目建设，养老基金可以通过适当方式参与投资。"具体是以何种方式却迟迟没有政策文件出台。然而，2018 年中国银保监会发布了《关于保险资金参与长租市场有关事项的通知》，明确保险资产管理机构通过发起设立债权投资计划、股权投资计划、资产支持计划、保险私募基金等方式投资长期租赁住房项目。相比而言，我国养老基金的投资政策仍需进一步细化完善。第二，选择投资的子类别。目前，我国已形成了由经济适用房、廉租房、公共租赁房、定向安置房、限价房、安居商品房等构成的保障性住房项目体系，它们各自的政策支持力度和资金回收方式存在较大差异，养老基金必须通过详细的成本收益核算和投资风险评估确定投资项目。第三，选择执行投资的方法。目前主要有内部投资管理、外部投资管理和投资基金的基金，从内部管理转为完全的外部管理或基金的基金将使投资成本分别增加 21 个基点和 122 个基点（Aleksandar & Piet，2012）①。但内部投资管理需要建立专门的房地产投资管理团队以省去管理费和业绩报酬，成本高昂且耗时较长，适合大型养老基金。而中小型养老基金更愿意选择后两者方法，尽管存在代理冲突，但其操作简单、对管理能力要求较低。第四，选择投资工具。由于保障性住房投资因需求大、利润薄、期限长、公益性强等特点面临严重的资金筹集问题，为吸引保险资金、养老基金、民间资本等长期资本的加入，由政府主导的保障性住房投融资体制和建设机制一直进行多种探索，积极创新私募股权基金、债权投资计划、房地产信托投资基金（REITs）、PPP 等模式的投融资工具。鉴于目前我国基本养老保险基金具有属地分散管理、基金规模参差不齐、严格的数量限制监管等特征，急需在理论、方法、制度、工具等方面打破传统的投资运营模式。从安全性考虑，只能根据资本市场的完善程度和投资产品的成熟度，采取外部投资管理的方法，通过"信托贷款—债权投资计划—房地产信托投资基金—PPP 模式直接投资"的路径进入保障房投资领域。

（三）养老基金投资保障性住房的创新选择——REITs

1. 房地产信托投资基金的发展

房地产信托投资基金（real estate investment trusts，简称 REITs）是一种

---

① Aleksandar A, Piet E. Value Added from Money Managers in Private Markets? An Examination of Pension Fund Investments in Real Estate［J/OL］. 2012. available at：http：//www. epra. com/files/4413/3595/8933/AEK_Pension_Funds. pdf.

由专门资产管理机构发行的房地产资产证券化产品,房地产所有者将存量房地产通过打包出售给外部投资者从而提前收回初始资金投入,而且租金收益和房产增值能够带来长期稳定的收益,其分红比例一般不低于90%。根据全美房地产协会(NAREIT)的分类,按照注册和交易方式可以将 REITs 分为公募上市 REITs(public listed REITs)、公募非上市 REITs(public non-listed REITs)和私募 RETIs。而按照产品性质和收入来源,可以将 REITs 分为权益型 REITs(equity REITs)、抵押型 REITs(mortgage REITs)和混合型 REITs。其中,权益型 REITs 直接持有或经营不动产,能够取得价格波动和资产租赁带来的收入。抵押型 REITs 则通过购买或发行不动产抵押证券提供不动产融资,收取利息作为收益。而混合型 REITs 则兼具前两者的特点,但在 REITs 市场上并没有形成规模。

实际上,房地产信托投资基金起源于美国。1960 年,美国总统艾森豪威尔签署《房地产投资信托法案》,确定 REITs 可以公开募集资金用于投资房地产项目。1962 年,美国第一家房地产投资信托基金上市。1993 年,总统克林顿签署《综合预算调整法案》,正式允许养老基金投资 REITs,为 REITs 的发展点燃了助推剂。自 1998 年起,美国 DB 型养老金计划将上市权益类 RE-ITs 从其他类资产中分离出来,单独列为一个投资类别。2003 年,当时美国规模最大的 DC 型私人部门养老金计划——IBM 公司的 401(k)计划将 RE-ITs 指数基金列为可投资标的,并于 2004 年将上市权益型 REITs 加入员工的可选择基金中。此后,REITs 便逐渐成为美国养老基金投资组合中稳定持有的资产。根据全美房地产协会(Nareit)统计,截至 2018 年底,美国 REITs 已发行 226 只,总市值为 10476.41 亿美元,其中权益型 REITs 共 186 只,总市值超过 980 亿美元,在全球 REITs 市场中占据支配地位。[①]

在中国境内,从 2014 年第一只类 REITs——中信启航(以中信证券办公楼作为标的的 ABS 产品)发行开始,到 2018 年 4 月 25 日中国证监会和住房城乡建设部联合发布《关于推进住房租赁资产证券化相关工作的通知》(证监发〔2018〕30 号),证券交易所的资产证券化已逐步成为"类 REITs"产

---

① 全球 REITs 霸主——美国不动产投资信托基金"炼金术"[J/OL]. 搜狐网,(2019 - 06 - 12). http://www.sohu.com/a/320152784_803365.

品的重要运作载体①。而且类 REITs 在不动产证券产品设计上已经积累了丰富的经验和案例，在会计处理、税务筹划、资产评估、产品评级、法律意见等多方机构的协调与磨合下，形成了一套可供参考的产品模式。根据全国首个不动产投资信托基金研究中心（RCREIT）的数据，截至 2018 年 12 月 28 日，我国共已发行类 REITs 产品 43 支，发行金额累计 903.21 亿元。其中，2018 全年共成功发行 13 单"类 REITs"产品，发行总金额达 253.68 亿元。从目前"类 REITs"产品持有的物业类型来看，主要包括写字楼、购物中心、零售门店、租赁住房、酒店、物流仓储中心、书店和社区商业等。如果以 REITs 规模占 GDP 的比例和 REITs 规模占股票市值的比例作为参照，当我国 REITs 市场发展到美国、新加坡和澳大利亚等成熟市场的水平时，标准化公募 REITs 市场规模将达到 4 万亿 ~ 12 万亿元。② 因此，随着未来相关政策的陆续出台，我国 REITs 发行规模还将持续扩容。

2. 养老基金投资 REITs 的优势分析

从投资视角来看，REITs 对养老基金的吸引力主要体现在：（1）REITs 是一种低门槛的投资商业物业的金融工具，且将绝大部分收益分配给投资者。根据全美房地产协会（Nareit）统计，上市权益型 REITs 的总收益中一半以上来源于分红收益，甚至高于 S&P 500 指数的平均分红收益。而且养老基金可以同时投资多个商业物业资产，还有利于分散投资风险。（2）REITs 的投资风险和成本较低，且收益稳定，有利于拓宽养老基金的有效投资边界。由于 REITs 通常投资成熟的、租金收入稳定的物业，产品整体风险较低，收益较为稳定。从富时 Nareit 综合 REITs 指数来看，在过去 1 年、10 年、30 年、40 年里的平均收益率分别为 13.01%、16.03%、10.51% 和 12.02%，均高于同期的罗素股票指数、彭博巴克莱美国债券总指数和其他资产的收益率（如表 7 - 3 所示）。同时，REITs 作为以租金收入为主的金融产品，与其他金融产品的相关性较低。在 1992 ~ 2016 年间，大盘股票和小盘股票总收益的相关系数高达 0.83，而大盘股票和上市权益型 REITs 总收益的相关系数仅为 0.56，更有利于实现投资组合的多样化。（3）REITs 流动性强、运营透明度高。由于 REITs 大多可以在证券交易所进行上市交易，投资者人数众多，流

---

① "类 REITs"是尚不具备 REITs 全部特征，一般通过私募方式针对特定投资者发行的产品。

② RCREIT. 2018 年中国 REITs 研究报告［R/OL］. 2019. https：//www.rcreit.com/yjbg.

动性很强。而且上市权益型 REITs 的信息披露制度和退出机制完善，运营透明度较高，能有效减少代理冲突（Bauer，Eichholtz & Kok，2010）[①]。（4）REITs 投资在很多国家都可以享受税收优惠。以美国为例，具体税收优惠政策包括：REITs 中的房地产租金收入用于分红的部分可以税前扣除，不缴纳所得税，未分配的部分征收公司所得税；85% 的普通所得和 95% 的净资本利得当中未分配的部分征收 4% 的消费税；持有 5% 比例以下的投资者，满 5 年转让 REITs 的所得免税。（5）养老基金在 REITs 投资方面有成功的国际经验。根据 CEM 基准（CEM Benchmarking）在 2018 年发布的《美国特定目标型养老基金的资产配置与投资收益研究报告》测算，1998～2014 年间，上市权益型 REITs 的年费用率为 0.51%，是所有另类资产投资品种及地产投资品种中成本最低的资产。而年平均净收益率为 10.14%，是美国养老金计划投资组合中收益率最高的资产，与其他传统的固定收益产品形成了鲜明的对比。[②] 因此，在我国"防风险、降杠杆、强监管"的背景下，公募 REITs 既能满足养老基金的投资要求，又能缩短实体经济融资链条，将是养老基金理想的投资工具。

表 7-3　　　　　　　　　　　美国各大指数的历史收益率比较

指数名称	1 年	5 年	10 年	15 年	20 年	25 年	30 年	35 年	40 年
富时美国房地产投资信托协会股权 REITs 指数（FTSE NAREIT All Equity REITs Index）	13.01	8.88	16.03	9.41	10.66	10.47	10.51	11.06	12.02
罗素 1000 指数（Russell 1000 Index）（大盘股票）	10.02	10.45	14.77	8.94	6.19	10.09	10.13	11.45	11.81
罗素 2000 指数（Russell 2000 Index）（小盘股票）	-3.31	7.06	13.45	8.15	7.77	9.26	9.29	9.83	10.92

---

① Bauer R，Eichholtz P，Kok N. Corporate Governance and Performance：The REIT Effect [J]. Real Estate Economics，2010，38（1）：1-29.

② 首批养老目标基金获批！REITs 应为重要专业化投资工具 [J/OL]. 金融界，（2018-08-07）. https：//baijiahao. baidu. com/s？id=1608103084401942463.

续表

指数名称	1 年	5 年	10 年	15 年	20 年	25 年	30 年	35 年	40 年
彭博巴克莱美国综合债券指数（Bloomberg Barclays US Aggregate Bond Index）	7.87	2.95	3.90	4.27	4.93	5.50	5.99	7.21	7.32

资料来源：FTSE NAREIT U. S. Real Estate Index Historical Values & Returns［J/OL］. NAREIT，（2019 – 10 – 29）https：//www. reit. com/what – reit – types – reits/guide – equity – reits。

3. 养老基金投资 REITs 的具体设计

在养老基金投资保障房 REITs 的整个交易结构中，涉及的参与主体包括政府、委托人、受托人、托管人、投资者、投资顾问公司、项目公司、第三方担保结构等（如图 7 – 5 所示）。具体的运作程序是由基金管理公司投入一定资金发起设立 REITs 基金，并向养老基金、保险资金等市场投资者发放受益凭证筹集其余大部分资金，然后将认购资金、接收所转付的回收款及其他款项等存入基金托管机构（指定银行）的专门账户。同时，由基金管理公司负责选择聘用或组建保障房建设运营管理团队成立房地产开发项目公司，项目公司将新建的保障房交给住房管理局或自行出租给符合条件的租户，租金收入和政府补贴由基金托管机构提取一定比例的服务费用之后向所有投资者分配收益，政府有关部门则全面监督保障房 REITs 的运作过程。

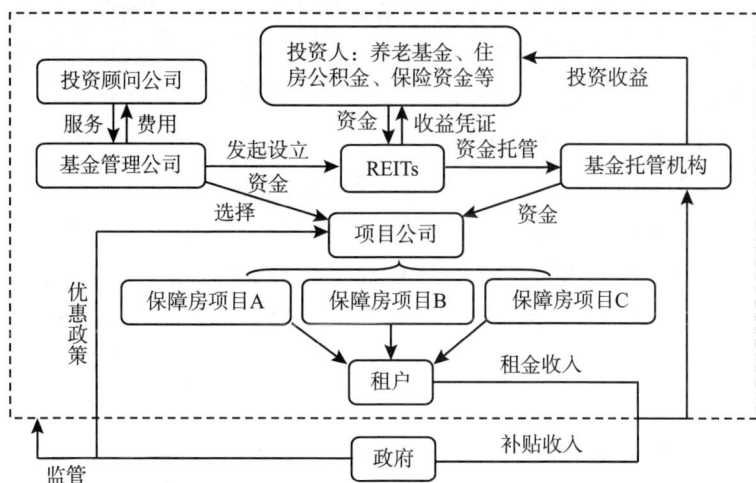

图 7 – 5 养老基金投资保障房 REITs 的模式设计

资料来源：根据相关理论和学者研究整理绘制。

在增信措施方面，可以考虑：（1）结构化分层，即在收益分配和清算分配时实行优先级和次级分层，优先级证券的预期收益和本金将优先于次级证券获得偿付。例如，2018 年 2 月 2 日，碧桂园 100 亿元的租赁住房 REITs 获批，首期产品规模为 17.17 亿元，产品期限为 18 年（3 + 3 + 3 + 3 + 3 + 3）。其中，优先级规模 15.453 亿元，发行利率 5.75%，占比 90%，AAA 评级；次级规模为 1.717 亿元，占比 10%，无评级，由该地产集团持有。[①]（2）物业资产抵押。项目公司将物业资产抵押给信托公司，可为优先级证券提供有效资产超额抵押增信。（3）物业资产运营收入超额覆盖，即物业资产每年的实际运营收入对 A 类证券每年的本息支出存在超额覆盖，正常情况下的覆盖倍数可设为 1.2 ~ 2.0 倍。（4）租金补足承诺。由政府为租户《房屋租赁合同》项下的租金支付义务提供差额补足支持。

二、养老基金投资 PPP 基础设施

（一）"一带一路" PPP 基础设施的发展现状

从全球范围来看，利用 PPP 模式吸引私人资本进入基础设施投资领域已获得各国政府高度认可和大力支持。2019 年 4 月，世界银行在《私人参与基础设施年报》中指出，2018 年，中低收入国家私人参与基础设施的项目个数为 335 个，比 2017 年增长 8%。总投资额为 900 亿美元，比 2017 年减少 3%。其中，东亚和太平洋地区的 PPI 项目投资约占全球总投资的 46%，是同期投资水平最高的地区，而中国以 276 亿美元高居该地区乃至全球榜首。从项目类型来看，2018 年的 PPI 项目中 81% 都是绿地项目，且其中 58% 来自能源领域。从融资结构来看，大约 17% 和 19% 的资金来自政府（股权、补贴和债权）和发展金融机构（development finance institutions，简称 DFIs），分别比 2017 年下降 8 个和 11 个百分点，但私人部门的资金来源（股权和债权）却从 2017 年的 45% 提高到了 2018 年的 64%[②]。随着融资环境的改变和基础设

---

① 碧桂园租赁住房 REITs 正式落地发行 首期规模 17.17 亿元 [N/OL]. 中国证券报，（2018 - 05 - 24）. https://finance.jrj.com.cn/2018/05/24142824585516.shtml.

② 世界银行全球基础设施 2018 年 PPI 投资分析报告精要 [R/OL]. 中国对外承包工程商会，（2019 - 05 - 13）. http://www.chinca.org/CICA/info/19051317192411.

施建设行业的发展，预计私人资本将发挥越来越重要的作用，基础设施资金来源也更加多元化。

实际上，自 2013 年"一带一路"倡议实施以来，我国与沿线国家在基础设施投资与建设方面的合作由点及面、深入推进，已经取得了显著成效。2019 年 8 月，德勤在发布的《"一带一路"沿线国家和地区投资指数报告》中指出，"一带一路"沿线国家和地区的整体经济吸引力上涨。2018 年，中国对"一带一路"沿线国家的非金融类直接投资和进出口额比 2017 年分别上升 9% 和 13%。同时，中国积极协助"一带一路"沿线国家和地区进行交通和物流等基础设施建设，并扶持包括农业、工业、信息科技和能源在内的当地重点产业，中国在沿线国家和地区的经济发展中扮演越来越重要的角色。[①] 根据 PPP 知乎大数据统计，截至 2017 年 4 月，"一带一路"沿线 64 个国家的 PPP 项目总计 865 个，总投资额约 5029 亿美元，项目平均投资额为 5.8 亿美元。从具体的投资特点来看：（1）在区域分布方面，南亚八国（印度、巴基斯坦、孟加拉国、阿富汗、斯里兰卡、马尔代夫、尼泊尔和不丹）和东盟十国（新加坡、马来西亚、印度尼西亚、缅甸、泰国、老挝、柬埔寨、越南、文莱和菲律宾）的 PPP 项目数量分别为 420 个和 135 个，分别占总 PPP 项目的 48% 和 16%。（2）从单个国家来看，PPP 项目总量排在前五位的分别是印度、希腊、土耳其、菲律宾和俄罗斯，依次为 376 个、72 个、54 个、42 个和 41 个，总计 585 个，占"一带一路"沿线国家 PPP 项目总量的 68%。其中，仅印度一国的 PPP 项目就超过 PPP 项目总量的 1/3。（3）在行业布局方面，"一带一路"沿线 64 个国家的 PPP 项目大致分布在油气、电力、安居工程、通信、交通运输、水利以及采矿领域，其中占比位居前三位的行业依次是交通运输行业、电力行业和油气行业。（4）在项目发展阶段方面，处于识别阶段的 PPP 项目占到总量的 14%，准备阶段占到 32%，而进入建设运营期的 PPP 项目占"一带一路"沿线国家 PPP 项目总量的 54%，另有不到 8% 的项目已经完成 PPP 全生命周期。[②]（5）在监管框架方面，东道国的 PPP 法律监管框架和制度框架仍需进一步完善。例如，国家法律法规是否

---

① 德勤. "一带一路"国家投资指数报告 [R/OL]. 2019. https：//www2. deloitte. com/cn/zh/pages/soe/topics/belt – and – road. html.

② 肖光睿. "数"说一带一路 PPP 机会 [J/OL]. 政府采购信息网，(2017 – 05 – 15). http：//www. caigou2003. com/gj/gjjl/2925284. html.

明确规范了 PPP 项目的实施内容，是否在国家层面建立了对 PPP 规划和监管的部门，是否制定了 PPP 项目的实施标准，是否建立了公开、透明且具有竞争性的 PPP 采购流程等。由此可见，"一带一路"沿线国家 PPP 项目的成熟度较低、区域集中度较高，未来在市政交通方面的发展空间较大。

（二）养老基金投资 PPP 基础设施的创新选择——PPP + REITs

1. REITs 与 PPP 模式的契合度

在 REITs 产生之初，其投资标的主要为传统意义上的房地产。然而，由于经营性基础设施资产也具备收益稳定的特点，REITs 或类 REITs 产品在美国、澳大利亚、印度等基础设施投资领域也得到了广泛应用。从国外经验来看，基础设施、医院、学校、产业园区、仓储中心等能带来现金流的 PPP 项目都可以借助 REITs 融资，因为 REITs 和 PPP 在基础资产、收益安排和项目风险等方面具备一定的相似性。两者的契合度主要体现在：（1）PPP 项目如果以股权或股权收益权作为基础资产发行资产证券化产品，并通过公募基金 + ABS 的方式退出，这与私募 REITs 产品的构造相仿。（2）PPP 项目的收益比较稳定，可以通过修改公司章程约定较高的分红比例，从而与 REITs 的高分红比例特征相接近。（3）成熟运营期的 PPP 项目风险因素类似于 REITs 的标的资产，即主要为不动产的运营和维护风险。（4）REITs 与 PPP 项目资产证券化的标的资产都具有收益较为稳定的特点。因此，在基础设施投资领域采用"PPP + REITs"模式具有重要意义。第一，有效盘活国内基础设施存量资产，降低宏观杠杆率和地方政府债务负担，防范系统性金融风险。REITs 作为权益类的金融工具，通常要求基础设施资产的负债率不超过 45%，国际实践中长期保持在 30% 左右。而企业或地方政府以基础设施存量资产发行 REITs，可以在不增加债务的情况下收回前期投资，用于归还其他债务或用于补充其他投资项目的资本金。因此，REITs 能够有效起到降低宏观杠杆率的作用。第二，通过 PPP 和 REITs 的有效组合，有利于提高 PPP 项目的落地率和运营管理能力。因为"PPP + REITs"模式可为 PPP 基础设施项目的社会资本方提供退出渠道和闭环的商业盈利模式。无论是债权型资本还是股权型资本，均可以在 PPP 基础设施项目成熟后通过 REITs 产品实现退出，从而形成新的资本金和持续投资能力。同时，REITs 上市后，资本市场在信息披露、投资者等方面的要求也可促使基础设施项目的管理和营运更为专业化，构成对地方政府的有效约束，从而倒逼 PPP 基础设施项目提高建设和运营质量。第三，拓宽 PPP 基础设施项目融资来源，降低融资成本。作为标准化的金融产品，REITs 不仅降低了不动产投资的参与门槛，而且提供了更完善的投资者保护机制。同时，通过 REITs 还可以帮助减少对传统融资模式的依赖，拓宽 PPP 基础设施项目融资来源，推动公募基金、养老基金、保险资金等投资于优质基础设施资产，实现融资方式多元化，为全民共享经济发展成果提供理想渠道。

2. "PPP + REITs" 基础设施项目的投资吸引力

"PPP + REITs" 基础设施项目投资对养老基金的吸引力主要体现在：（1）投资风险较低。因为基础设施项目与其他金融资产收益率的相关系数小，而且公共资本的参与使基础设施项目获得了政府信誉的加持。探索 PPP 基础设施公募 REITs 制度，可以丰富投资者群体构成，满足差异化的投资需求，提高基础设施资产的市场流动性，为养老基金投资基础设施提供了有效的进入和退出机制。不仅有利于盘活基础设施存量资产，而且有助于化解地方政府债务风险。（2）投资收益率较高，且相对稳定。目前，PPP 基础设施项目的预期收益率 = 无风险收益率 + 风险收益率，其中无风险收益率参照国债利率或中长期贷款基准利率确定，而风险收益率则根据信用结构、行业特点、投资期限、项目区位等综合确定。目前，全国范围内政府付费与可行性缺口类项目股权投资收益率集中在 6%～8%，使用者付费类项目投资收益率约为 7%～10%。根据中国投资协会发布的《2018 年基础设施投资报告（PPP）》显示，PPP 项目的月平均收益率在 6% 以上，且呈缓慢攀升趋势（如图 7 - 6 所示）。（3）具有多种风险分担机制。根据世界银行 PPI 数据库统计，2018 年，共有 11 个国家的 12 个项目获得了发展金融机构的资金支持，且其中 70% 的资金支持集中在能源项目领域。此外，发展金融机构还为 PPI 项目提供咨询、担保等支持。其中，多边投资担保机构（MIGA）和国际复兴开发银行（IBRD）为 7 个项目提供了担保，还有 5 个项目得到双边出口信贷机构的担保支持。[1]（4）享受税收优惠。从国际经验来看，很多国家都对 "PPP + REITs" 基础设施项目制定了税收优惠政策。例如，免征企业所得税

---

[1] 世界银行. 全球基础设施 2018 年 PPI 投资分析报告［R/OL］. 中国对外承包工程商会. 2019. http：//www. chinca. org/CICA/info/19051317192411？WebShieldSessionVerify = 5YWC45ALSxOT2d2HlkyQ.

和个人所得税、免征或即征即退增值税、免征或减征耕地占用税等。

（%）

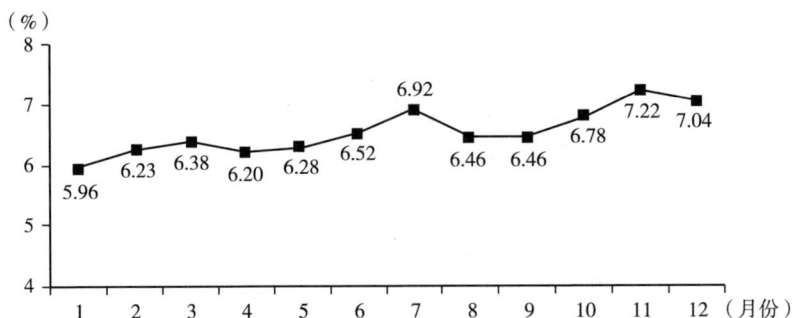

图 7 - 6 **2018 年我国 PPP 项目投资收益率月度分布**

资料来源：中国投资协会. 2018 基础设施投资报告（PPP）［R/OL］. 2019. https：//bbs. pinggu. org/thread - 7233809 - 1 - 1. html。

3. 养老基金投资 "PPP + REITs" 基础设施的具体设计

结合 PPP 与 REITs 的基本特征，"PPP + REITs" 基础设施指的是由项目所在国政府和养老基金、保险资金、国际金融机构等私人资本共同出资建造 PPP 基础设施项目，当该项目进入运营阶段时再把它作为基础资产，发起设立 REITs。由信托投资公司作为受托人，向非特定投资者公募发行信托受益凭证，并允许上市交易，信托存续期不低于 20 年，且存续期间不得赎回，具体交易结构如图 7 -7 所示。在项目选择方面，"PPP + REITs" 基础设施应该优先选择采用使用者付费且能够带来稳定现金流的 PPP 项目。例如，高速公路、桥梁、5G 通信、清洁能源类项目等，从而达到脱离主体信用、实现 "真实出售" 的目的。在增信措施方面，资产证券化业务实操中设置的增信方式分为内部增信和外部增信。其中，内部增信包括超额利差/抵押、优先/次级分层、保证金/现金储备账户等，而外部增信包括差额支付承诺、第三方担保、流动性支持等。根据养老基金的投资特点和要求，权益型 "PPP + REITs" 基础设施应该在融资阶段采用优先/次级分层。当基础资产的收益现金流不稳定性时，应考虑由政府提供差额补足。同时，由于基础设施项目本身存在一定的不确定性，也可考虑由大型国际金融机构提供第三方担保进行增信。

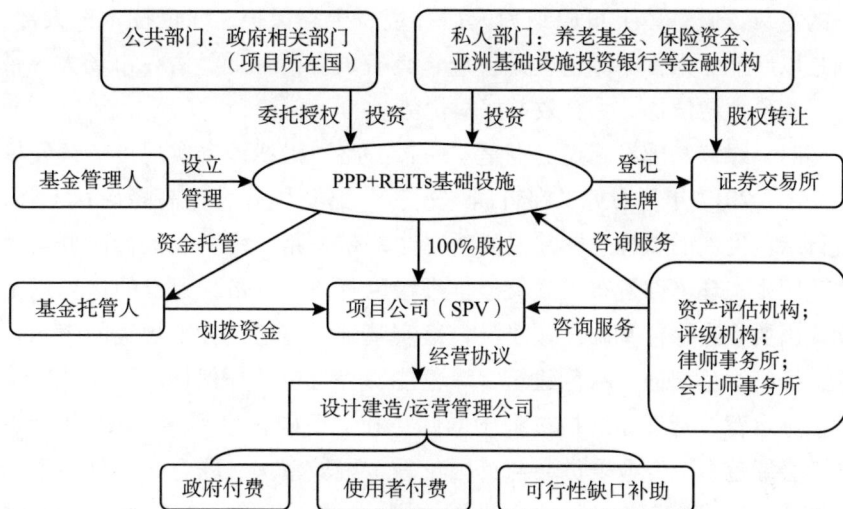

图 7 – 7　养老基金投资"PPP + REITs"基础设施的交易结构

资料来源：根据相关理论和学者研究整理绘制。

三、养老基金投资绿色基础设施

（一）养老基金投资绿色基础设施的背景

工业经济的发展、人口数量的激增、城市规模的无限扩展和生产生活方式的无节制等导致人类的生存环境严重恶化，建立低碳社会、发展循环经济、实现绿色增长已经成为一种共识。1999 年，美国保护基金会和农业部森林管理局最早将绿色基础设施（green infrastructure，GI）定义为"自然生命支撑系统"，即一个由水道、绿道、湿地、公园、森林、农场和其他保护区域等组成的维护生态环境与提高人民生活质量的相互连接的网络。2010 年，OECD 在《绿色增长战略》中指出，绿色基础设施主要包括提高能源效率的项目，比如各种类型的可再生能源、碳的收集和存储、核能、智能电网、新的交通和传输技术、水利基础设施等。① 尽管目前关于绿色基础设施还没有

---

① OECD. Interim Report of the Green Growth Strategy：Implementing Our Commitment for a Sustainable Future ［R/OL］. 2010. https：//doi. org/10. 1787/9789264087736 – en.

统一的定义，但总体上可归纳为人居环境、生态保护、绿色技术三大部分。特别是以新能源为首的绿色基础设施，具有资源消耗低、潜在市场大、带动能力强、价值增值快、综合效益好等优势。

同时，绿色基础设施投资也是"一带一路"沿线国家实现可持续发展的客观需要。2017 年，习近平在首届"一带一路"国际合作高峰论坛上强调，要践行绿色发展的新理念，并倡议建立"一带一路"绿色发展国际联盟。同年，我国生态环境部发布了《关于推进绿色"一带一路"建设的指导意见》，明确提出要推进绿色基础设施建设，落实基础设施建设标准规范的生态环保要求，推广绿色交通、绿色建筑、绿色能源等行业的环保标准和实践，提升基础设施运营、管理和维护过程中的绿色化、低碳化水平。[①] 2018 年，中国金融学会绿色金融专业委员会与英国伦敦金融城牵头，联合国内外多家机构共同发起了《"一带一路"绿色投资原则》，将低碳和可持续发展议题纳入"一带一路"倡议。2019 年，习近平在第二届"一带一路"国际合作高峰论坛上再次强调，要坚持开放、绿色、廉洁理念，把绿色作为底色，推动绿色基础设施建设、绿色投资、绿色金融。[②] 由此可见，中国政府高度重视绿色"一带一路"建设。因此，促进和培育养老基金等长期机构投资者投资绿色基础设施极有可能创造新一轮的经济繁荣。

（二）养老基金投资绿色基础设施的现状

根据 OECD 统计，截至 2018 年底，通过养老基金、养老保险合同和其他退休储蓄产品积累的养老金资产达 44.1 万亿美元，[③] 将为绿色基础设施投资带来长期稳定的资金来源。各国政府也抓住机会积极采取政策措施促进养老基金对绿色增长的投资，并取得初步成效。例如，美国加利福尼亚州教师退休基金（CalSTRS），瑞典的 AP2、AP3、AP4，丹麦的 ABP，法国的非国家公务员补充退休基金（IRCANTEC）和澳大利亚的当地政府超级基金（Local

---

① 章斐然. 环保部推进一带一路环保合作　推动绿色基础设施建设 [N/OL]. 中国证券报，(2017 – 05 – 16). http：//money. people. com. cn/fund/n1/2017/0516/c201329 – 29278837. html.

② 张耀军. 共建绿色"一带一路"：中国的理念与实践 [J/OL]. 光明网，(2019 – 10 – 12). http：//www. gmw. cn/xueshu/2019 – 10/12/content_33227626. htm.

③ OECD. Pension Markets in Focus [R/OL], 2019. https：//www. oecd. org/pensions/pensionmark etsinfocus. htm.

Government Super）等养老基金承诺将其资产的1%至5%用于绿色投资。随着养老基金积累规模的增加，这将是一个十分巨大的市场。根据2018年OECD发布的大型养老基金和公共养老储备基金的调查结果显示，养老基金的绿色投资产品主要包括四大类：绿色股票、绿色债券、另类绿色资产（如对冲基金、自然资源、私人股本、基础设施和通胀挂钩的资产债券等）和其他绿色投资（如可再生能源和低碳基础设施、清洁技术私募股权和上市环境技术基金等）。其中，绿色股票是最受欢迎的投资工具。例如，荷兰的PMT养老基金和法国的ERAFP养老基金就将29.0%和27.5%的绿色投资全部投资于绿色股票。其次是其他绿色投资，例如丹麦养老基金Pension Denmark将12.2%的绿色投资全部投资于其他绿色投资。而瑞典AP2的绿色投资分配相对均衡，对绿色股票、绿色债券、另类绿色资产和其他绿色投资的投资比例分别为1.6%、1.5%、6.1%和3.0%（如表7-4所示）。由此可见，大多数养老基金对绿色基础设施的投资比例较低，且多局限于绿色股票。

表7-4　　2016年大型养老基金和公共养老储备基金的绿色投资情况

国家	养老基金或机构	总投资额（百万美元）	绿色投资在总投资中的占比（%）				
			绿色股票	绿色债券	另类绿色资产	其他绿色投资	总额
澳大利亚	Health Employees Superannuation Trust Australia	24683	2.2	—	3.4	—	5.6
澳大利亚	UniSuper Management Pty Ltd	36538	3.9	0.3	0.7	—	4.9
加拿大	OTPP	121565	—	—	0.5	—	0.5
西班牙	Fonditel	3731	1.2	—	0.1	—	1.3
荷兰	ABP	429916	1.2	0.5	0.8	5.1	7.7
荷兰	PMT	65937	29.0	—	—	—	29.0
法国	ERAFP	25572	27.5	—	—	—	27.5
挪威	Government Pension Fund – Global	869034	—	—	—	0.7	0.7
英国	USS	70602	—	—	0.2	0.1	0.3
丹麦	Pension Denmark	25726	—	—	—	12.2	12.2

续表

国家	养老基金或机构	总投资额（百万美元）	绿色投资在总投资中的占比（%）				
			绿色股票	绿色债券	另类绿色资产	其他绿色投资	总额
丹麦	PFA Pension	56574	0.2	—	0.3	—	0.5
瑞典	AP2	35387	1.6	1.5	6.1	3.0	12.1
瑞典	AP3	36970	—	1.2	—	0.1	1.3
瑞典	AP4	36367	9.1	1.2	—	—	10.3
巴西	FUNCEF	13909	0.6	—	—	—	0.6

资料来源：OECD. Survey of Large Pension Funds and Public Pension Reserve Funds［R/OL］，2018. pp49. http：//www. oecd. org/finance/private – pensions/survey – large – pension – funds. htm。

　　从投资举措来看，养老基金开展绿色投资也是各具特色。（1）在2009年的联合国气候变化大会上，丹麦养老基金 ATP 承诺用10亿欧元设立新的气候变化基金以投资新兴经济体，并公开邀请欧洲其他投资者加入。该基金由其自行管理，将投资新兴经济体中由联合国、世界银行或地区发展银行监管的援助项目和基金，并宣布其对可再生能源项目的直接投资将在2011年第一季度完成。（2）英国电信养老金计划（BTPS）作为英国最大的 DB 型企业养老金计划，也因其在可持续投资方面的领导地位而颇负盛名。比如，BTPS和英国政府分别出资7.5亿英镑和5.0亿英镑成立爱马仕 GPE 环保创新基金，以投资英国本地的低碳和清洁能源基金或与提高资源效率的企业进行合作投资。（3）美国最大的公共退休基金加利福尼亚州公务员退休基金（CalPERS）的投资委员会在2011年批准，将在基金投资管理过程中把整合运用环境、社会和治理问题作为战略重点，以提高风险管理水平和捕捉新的投资机会。此外，CalPERS 还通过私募股权基金为技术创新型环保企业提供融资。截至2011年9月，CalPERS 另类资产投资管理项目已投资12亿美元在太阳能、生物燃料等可替代能源部门，包括环境技术项目的清洁技术投资2亿美元，CalPERS 清洁能源和技术基金4.8亿美元，以及超过5亿美元的清洁能源和技术的公司合作投资。（4）南非政府雇员养老基金在2012年出资10亿兰特（1.178亿美元），购买了国有工业发展公司所发行的绿色债券。随后在2013年，该基金购买了一个由未标名的气候相关债权进行融资的太阳能项目

40%的股权。(5)瑞典的 AP2 养老基金在 2016 年初将绿色债券投资组合从固定收益投资中分离,战略资产配置比例为 1%,相当于 30 亿瑞典克朗(约 3300 万美元)。2016 年底,其投资总额达到了 42 亿瑞典克朗。(6)加拿大养老金计划投资委员会(CPPIB)则十分看好印度新兴的绿色经济,主要通过基金、信贷以及共同投资的方式投资其绿色基础设施。现已向印度领先的清洁能源公司之一永新电力(ReNew Power)投资了近 4 亿美元,并与皮拉马尔企业有限公司(Piramal Enterprises Ltd)合作,共同赞助印度首个以可再生能源为基础的基础设施投资信托基金(InvIT)。(7)加拿大养老基金安大略省市政雇员退休基金(OMERS)在 2019 年 2 月也宣布投资 1.21 亿美元,收购印度一家基础设施投资信托基金 IndInfravit Trust 22.2% 的股权,标志着其完成了在印度的首个基础设施交易。此外,还有加利福尼亚州教师退休基金(CalSTRS)、荷兰养老基金(PGGM)、丹麦养老基金(ABP)和一些养老储备基金都在可再生能源、环保技术和林地等绿色投资方面进行了长期探索。

(三)养老基金投资绿色基础设施的渠道

目前,绿色金融已经在清洁能源融资、环保融资、能效融资和绿色装备供应链四个领域,建立了包括绿色信贷、绿色债券、绿色租赁、绿色投资基金、绿色股票指数、绿色债务融资工具等在内的产品体系。对于养老基金而言,根据其与绿色基础设施项目的关联度和降低资本成本的潜力,可将投资渠道分为三类:(1)公司投资(间接投资),比如购买绿色基础设施公司发行的债券或股票、申购上市的绿色基础设施产业基金等。(2)投资基金(半直接投资),比如购买绿色基础设施项目或公司的资产抵押证券、为其 VC/PE 基金融资、成为绿色基础设施公司的有限合伙人等。(3)项目投资(直接投资),比如通过 PPP 模式成为非上市绿色基础设施项目债权计划或股权计划的长期投资者。然而,这三种投资渠道不仅在风险和收益上存在较大差异,当按比例增加投资时还将面临特定的问题(如表 7-5 所示)。如果养老基金追求稳定的、可预期的、低风险的投资回报,则绿色基础设施投资渠道的金融特征和市场供求都会对它们在养老基金投资组合中的适合度和投资比例产生深远影响。在选择非上市绿色基础设施投资时,必须考虑养老基金的资产规模、治理能力、投资方法和监管政策。对小型养老基金而言,关于非上市绿色基础设施投资决策的制定在很大程度上依赖于金融中介机构。而大型养老基金具有较强的内部资产管理能力和专业人才储备，拥有清晰明确的基础设施投资授权和投资基准，可以适度增加非上市绿色基础设施资产的配置比例。

表 7 - 5 **养老基金投资绿色基础设施的渠道**

投资者与项目的关联度和降低资本成本的潜力

低 ————————————————————————————→ 高

	公司投资（间接）	投资基金（半直接）	项目投资（直接）
投资渠道	公开上市的公司债券、股票、基金、夹层融资	基础设施项目或公司的 VC/PE 基金、资产抵押证券、资产担保债券、房地产信托投资基金、有限合伙人	通过股权和债权直接投资非上市绿色基础设施项目、公私合作的 PPP 模式
优势	• 市场流动性高，交易成本低 • 已有基准、历史数据和公开信息便于有效的投资研究 • 易于理解，具有较高的投资风险和回报 • 通过投资管理人进入，对投资额要求不高	• 更广范围的基金设计和定制化服务 • 可在二级市场上市将增加流动性，否则提供非流行性溢价 • 易于理解，具有更高的投资风险和回报 • 通过私募股权或资产管理人进入，对投资额有一定的要求	• 合理稳定的低风险可预期的投资回报，并伴有潜在的非流动性风险溢价，1% ~ 3% 对债权，股权则更高 • 直接联系和控制资产，可以潜在地降低资本成本 • 资产与负债的匹配，通胀对冲，持有到期将很好地避免市场波动的风险 • 交易规模大，混合股权结构可获得债券一样的支付
按比例增加投资将面临的问题	• 很少有纯粹的绿色基础设施公司 • 与项目的关联度低，按比例增加投资不会降低绿色基础设施的资本成本 • 额外的公司风险和市场证券风险 • 部门的多样化限制 • 较小的公司面临评级和发行指标的限制（尤其债权融资） • 增加发行与资产负债表相关联的，影响资金筹措能力	• 基金的管理费用和债券的交易费用高 • 很难构造基金的流动性，如果提供流动性则与项目及有关收益的关联度就降低，没有二级市场 • 交易基金承担市场风险，投资组合和部门多样性的限制，债券需要充分的安全评级，缺乏历史数据 • 资产类别内的资本竞争，没有传统基础设施那样高且稳定的收益	• 短期投资视野和非流动性偏见 • 投资者的资产管理规模在 500 亿美元以上 • 最低交易规模是 1 亿美元，费时且昂贵的尽职调查，更高的交易成本，与其他传统基础设施资产的竞争 • 缺乏项目发展规划，多样性限制和金融监管的非流动性限制 • 传统的资产负债管理很难识别其收益，标杆管理困难

续表

| 投资者与项目的关联度和降低资本成本的潜力 | | |
| 低 ————————————————————→ 高 | | |
公司投资（间接）	投资基金（半直接）	项目投资（直接）
投资案例	• 2011 年美国亮源能源公司向加利福尼亚州教师退休基金出售 E 系列的优先股 • 2012 年 4 月智利的自来水公司埃斯瓦（Esval）向加拿大安大略教师养老基金出售 0.46 亿美元通胀联结型债券	• 2010 年 1 月英国电信养老基金投资 0.75 亿英镑到爱马仕私募股权基金 • 2007 年 10 月荷兰的 ABP 和 PGGM 养老基金通过安培（Ampere）的私募股权基金投资 5 亿欧元于风力发电和生物能源项目	• 2013 年 8 月丹麦养老金通过夹层资本投资 2 亿美元与南塔基特海角（Cape Wind Nantucket）的海上风力发电 • 2011 年 2 月荷兰的 PGGM 养老金集团通过项目股权投资 Walney 海上风力发电
目标收益范围	公司股权：5%~20%；公司债权：3%~6%；实际收益未知	基础设施基金：7%~20%；实际收益：-51%~106%	项目股权：12%~18%；项目债权：6%~10%；实际收益：-13%~21%

资料来源：Kaminker C et al. Institutional Investors and Green Infrastructure Investments：Selected Case Studies［J］. OECD Working Papers on Finance, Insurance and Private Pensions, No. 35. 2013。

（四）中国养老基金投资绿色基础设施的选择

1. 绿色债券

绿色债券（green bond）是由政府、跨国银行或企业为发展低碳、绿色经济项目筹集资金而公开发行的固定收益证券，并由发行主体担保获得固定或可变的投资收益率。它们大多具有 AAA 这样较高的信用等级以帮助建立早期的市场信心，可以是资产担保债券、资产抵押债券或国库券性质的普通债券。最早的绿色债券是 2008 年世界银行在其"发展与气候变化战略框架"下，为鼓励推动公共部门和私营部门资助气候变化而与瑞典北欧斯安银行（SEB）进行的金融创新，旨在为可再生能源项目、提高能源效率的新技术、森林和流域管理，以及与气候相关的洪水破坏的基础设施等绿色项目提供的资助。绿色债券的首次发行是以瑞典克朗（SEK）标价，总价值为 28.5 亿瑞典克朗，期限为 6 年。发行时，其年度支付利率比瑞典政府债券利率高 0.25%，投资者每年可获得 3.5% 的收益。SEB 作为唯一的首席经营者，通过分销网络向瑞典国家养老基金 AP2 和 AP3、联合国联合参谋部养老基金、斯堪迪亚人寿保险等投资者提供债券。[①] 从整个市场规模看，OECD 估算在 2016~2030 年间，全球绿色基础设施建设的资金需求量接近 7 万亿美元。而据气候债券倡议组织的数据显示，2018 年全球绿色债券发行量为 1673 亿美元，较 6 年前增长逾 60 倍。其中，中国的发行额突破 300 亿美元，排名全球第二。[②] 事实上，自 2016 年启动以来，我国绿色债券市场发展势头强劲。根据中国银保监会统计，2019 年上半年，我国共发行绿色债券 84 期，发行规模 1316 亿元，较 2018 年同期水平（48 期，523 亿元）的增幅分别为 75% 和 52%。绿色债券发行期数和发行规模占债券市场总发行期数和发行规模的比例分别为 1.32% 和 1.65%，较 2018 年同期水平（发行期数占比 0.9%，发行规模占比 0.78%）均大幅提升。[③] 由此可见，未来我国绿色债券市场还有很大的发展空间。

由于绿色债券指数的表现整体优于普通债券指数，能够长期保证相对较高的投资收益率，因此许多养老基金不仅逐渐增加绿色债券的投资比重，甚至还自己发行绿色债券。2018 年，加拿大养老金计划投资委员会（CPPIB）首次发行绿色债券，预计将募集逾 30 亿加元（合 23.1 亿美元）用于投资风能、太阳能、水资源管理和节能建筑项目等可再生能源领域，从而确保加拿大养老基金能够适应全球向低碳经济的预期转型。目前，加拿大发行的绿色债券仅在私人配售基础上发售给经过认证的授信投资者。[④] 虽然我国养老基金还没有发行绿色债券的能力，但金融机构可以模仿其制度、产品和模式，设计出适合养老基金投资的绿色债券和证券化产品。第一，由政府提供担保、税收减免或直接补贴的方式委托合格发行机构发行专项绿色债券（如图 7-8 所示），该债券最好采取固定利率和浮动利率相结合的方式确定提供高于同期政府债券的收益率，并由政府提供直接的收益率补贴或最低投资收益率担保。第二，通过资产证券化的方式为绿色基础设施融资。资产证券化可以将

---

① Reichelt H. Green Bonds: From Evolution to Revolution [J/OL]. 2018. https://blogs.worldbank. org/voices/green – bonds – evolution – revolution f.

② 全球绿色资金需求巨大 带动绿色债券市场快速强劲成长 [N/OL]. 中国经济导报，(2019 – 07 – 05). http://www.ceh.com.cn/qyzq/1145441.shtml.

③ 上半年我国绿色债券发行大幅增长超 1300 亿元 [N/OL]. 中国经济导报，(2019 – 07 – 12). https://finance.sina.com.cn/money/bond/2019 – 07 – 12/doc – ihytcerm3103321.shtml.

④ 加拿大养老金运作模式分析：CPPIB 总回报的三个来源 [N/OL]. 中国基金业协会，(2019 – 10 – 17). https://finance.sina.com.cn/wm/2019 – 10 – 17/doc – iicezuev2369809.shtml.

高风险和低流动性的资产通过风险收益的分离和重组安排将其转化为具有投资价值的证券化资产，并凭借所有权确保未来的现金收入首先用于还本付息。例如，新能源资产证券化的一般运作程序是由经济主管部门先将其拥有的准备证券化的新能源资产汇集成一个资产池，包括新能源勘查权、新能源开发权、新能源基础产业等项目，然后政府以每一个项目为单位改组选择项目发展商或组建新的股份有限公司。发展商再将资产卖给一个特设的信托中介机构（SPV），由其将各类资产按利率期限、风险等级进行组合并对之进行信用增级后，由资信评级机构进行信用评级，最后将证券出售给养老基金等投资者而获得的发行收入经 SPV 转让给项目开发商。此外，还可鼓励养老基金投资由大型的公共事业公司以其资产负债表提供信用增级而发行的类似债券。

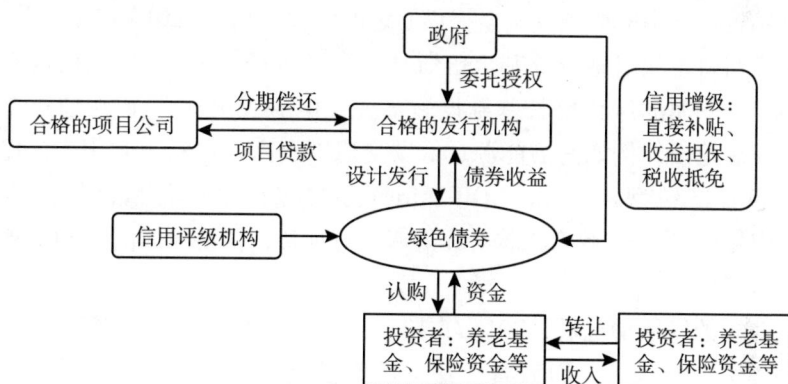

图 7-8　养老基金投资绿色债券的交易结构

资料来源：根据相关理论和学者研究整理绘制。

2. 绿色基础设施基金

绿色基础设施基金（green infrastructure funds）是一种通过上市或非上市的方式为绿色基础设施的发展建设筹集资产的融资机制，由专业人士组成的投资管理机构操作，分散投资于不同地域、不同部门和不同阶段的绿色基础设施项目。根据法律主体不同，绿色基础设施基金的组织形式分为：（1）有限合伙制。它是政府引导基金最常见的组织形式，属于非法人经济实体，主要由有限合伙人（出资人）和普通合伙人（决策者和执行者）组成。其中，有限合伙人又可以分为几个优先等级，且基本不参与项目的经营管理。（2）公司制。它也是政府引导基金组织模式的一种，但数量和规模不大，主要由投资股东构成，并设有股东大会、董事会和监事会等机构，股东享有管理权、决策权、收益权等。（3）契约制。它是信托式私募基金，不具备法人资格，投资者（作为委托人和受益人）通常不参与基金的运作管理，属于代理投资制度的范畴。由于绿色基础设施基金具有"集合投资、规范运作、专家管理、风险分散"的特点，不仅可以使养老基金降低投资风险和管理成本，还可以获取其长期较好的投资收益和潜在的价值增值。比如，在2011年7月，欧盟委员会、欧洲投资银行、大利国有银行和德意志银行联合发起了欧洲能源效率基金（European Energy Efficiency Fund，简称EEEF），为提高现有能源产业的效率和新的中小型可再生能源项目发展融资，目标总筹资额将从2.65亿欧元增加到8亿欧元。为了吸引养老基金等机构投资者，它设计了多层次的风险收益结构，并由欧盟预算基金提供固定的收益承诺。[①] 2016年11月，世界银行与摩洛哥主权财富投资基金伊斯马资本（Ithmar Capital）共同成立私募股权基金——非洲绿色增长基础设施基金（GGIF Africa），旨在通过支持低碳基础设施建设，例如清洁能源、低碳交通以及高效水资源利用等，促进非洲向绿色经济转型。同时，GGIF Africa 还将包括一个公私合作伙伴关系（PPP）部门，关注与政府机构合作发起可行项目，推动目标国家 PPP 项目的有效整合。[②]

从我国的发展情况看，2015年12月，财政部发布了《政府投资基金暂行管理办法》和《关于财政资金注资政府投资基金支持产业发展的指导意见》，明确提出在基础设施和公共服务领域设立政府投资基金，以鼓励和引导社会资本投资。随后，浙江省（2016年）、山东省（2017年）和广东省（2019年）等地方政府也纷纷出台《基础设施投资（含 PPP）基金管理办法》，要求按照"政府引导、市场化运作、分级分类管理、风险可控"的原则规范基础设施基金的设立和运营管理。2018年8月，国家发展改革委办公厅发布了《关于做好政府出资产业投资基金绩效评价有关工作的通知》，提出了政府引导基础设施基金在投资期和退出期进行绩效考核的主要考核维度，

---

① Della C R, Kaminker C, Stewart F. The Role of Pension Funds in Financing Green Growth Initiatives [J]. OECD Working Papers on Finance, Insurance and Private Pensions, No. 10, 2011.

② 何英. Ithmar Capital 携手世行成立首个专注非洲的绿色基金 [N/OL]. 中国能源报，(2016 – 11 –23). http://www.cnenergy.org/gj/201611/t20161123_409088.html.

这表明我国政府引导基础设施基金的绩效考核工作已得到国家层面重视并给予统一指导。从整体投资规模看，截至 2018 年底，国内共设立 1636 只政府引导基金（包括创业投资基金、产业投资基金、基础设施基金等），基金目标规模总额为 9.93 万亿元，已到位资金规模为 4.05 万亿元，且超八成的政府引导基金的基金总规模集中在 100 亿元以内，超过 100 亿人民币的大型政府引导基金在基金数量上仅占总体的 13.8%。[1]

目前，我国的绿色基础设施基金多是由政府设立并按市场化方式运作的政策性"母基金 + 子基金"模式，采用 $1 + 1 + 1 + N$ 结构，即设立一个基金管委会、一个基金法人机构、一个基金运营机构和 N 个子基金四个层次。通过有效利用财政资金，撬动社会资本参与城市基础设施和公共服务建设。例如，2018 年 12 月 29 日设立的深圳市基础设施投资基金，首期整体规模为 1000 亿元（深圳市财政出资 600 亿元）。其中，深圳市基础设施投资基金管理有限责任公司为主要负责人，代表基础设施基金，分别与行业子基金代表方（例如深圳市特区建设发展集团有限公司）进行签约。[2] 实际上，在具体交易结构中，绿色基础设施基金就是一个投资平台，养老基金主要以有限合伙人身份参与融资（如图 7 - 9 所示）。因此，考虑到我国养老基金和基础设施发展状况，可设立由政府财政出资 20% 以上的绿色基础设施基金（例如国家级综合性新能源产业投资基金），剩余部分则面向社会资本募集。在投资决策方面，由绿色基础设施基金内部设立基金理事会为决策机构，掌控募集资金安排计划，并根据独立专家评审委员会的评审结果对投资方案进行最终决策。同时，通过竞争机制筛选优秀的专业投资管理机构作为管理人，负责基金的日常运营管理。在收益分配方面，管理费为每年 2%，管理人后端业绩提成 20%，剩余 80% 由有限合伙人按照出资比例进行分配。此外，优化项目的收益结构，利用多种保险机制、收益担保机制、税收优惠等促进养老基金投资这种集合信托模式的绿色基础设施产业基金。

---

① 2019 中国政府引导基金排名调研正式启动［N/OL］. 私募通，（2019 - 04 - 24）. http：//dy. 163. com/v2/article/detail/EDHARVL905149R6Q. html.

② 深圳市基础设施投资基金揭牌设立［N/OL］. 搜狐网，（2018 - 12 - 29）. http：//www. sohu. com/a/285473604_100116740.

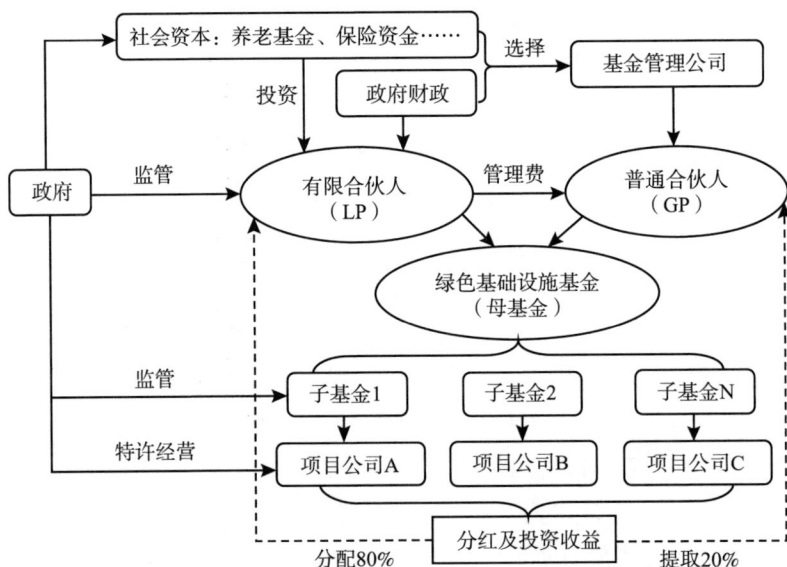

图 7 - 9 养老基金投资绿色基础设施基金的交易结构

资料来源：根据相关理论和学者研究整理绘制。

第三节 促进养老基金投资"一带一路"基础设施的政策建议

2018 年，个人税收递延型商业养老保险试点和首批养老目标基金获准发行，标志着我国将在"十三五"时期迎来全面建成多层次养老保障体系的关键时期。同时，随着"一带一路"倡议和国际产能合作的深入实施，国际基础设施的高质量、可持续发展将给养老基金保值增值带来重要机遇。在养老基金直接或间接投资"一带一路"基础设施的过程中，主要沿线国家、发达国家、大型金融机构、国际金融市场、基础设施相关的中外企业等都发挥着各自的比较优势（如图 7 - 10 所示）。由于各国体制机制不同、金融市场成熟度不高、基础设施领域的开放度有限，利益主体自身的运营效率和相互之间的有机协调都将直接影响养老基金投资"一带一路"基础设施的可行性、有效性和可持续性。因此，必须从政府、养老基金、基础设施和金融市场等四大层面入手，建立健全制度框架，优化投融资环境，加强多边合作监管，以促使中国养老基金成功投资"一带一路"基础设施项目，实现"共商、共建、共享"。

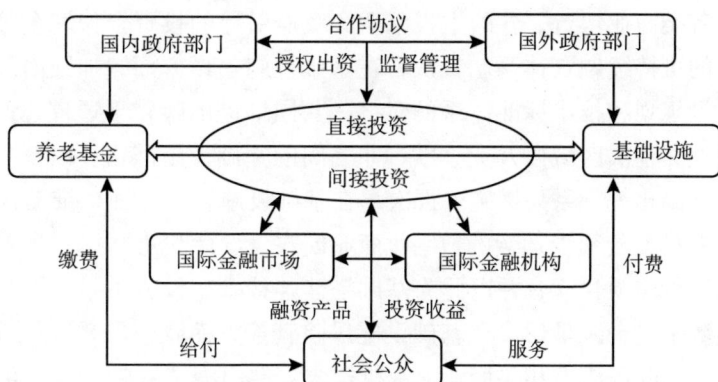

图 7 - 10 养老基金投资"一带一路"基础设施的主体框架
资料来源：根据相关理论和学者研究整理绘制。

一、各国政府层面的政策措施

（一）加强基础设施领域的国际合作

由于"一带一路"沿线国家和地区之间存在语言、宗教信仰、社会习俗、商务惯例等较多文化差异，重大工程项目更容易因文化差异而受舆情所左右。各国需坚持合作开发、互利共赢的原则，加强与东道国政府和企业的基础设施战略合作。自 2013 年以来，部分国家已先后出台了一系列配套政策对接"一带一路"倡议，积极加大对基础设施互联互通的支持力度。例如，俄罗斯"欧亚经济联盟"、蒙古国"草原之路"战略、哈萨克斯坦"光明大道"、欧洲"容克投资计划"、波兰的"琥珀之路"、越南"两廊一圈"、文莱经济多元化战略"2035 宏愿"、柬埔寨"四角战略"等。同时，我国与英国、法国、日本、澳大利亚等 OECD 国家也加强了在第三方市场的合作。例如，瑞士宣布积极支持"一带一路"倡议，在欧洲国家中率先加入了亚洲基础设施投资银行。因此，在世界各国致力于增加基础设施建设的公共支出和政府补贴、鼓励跨境投资、创新拓展合作模式的大环境下，加强国际合作就是我国基础设施建设"走出去"的重要机遇。首先，在基础设施投融资方面，落实好 28 个国家财政部门共同核准的《"一带一路"融资指导原则》，与世界银行共同研究"一带一路"项目的环境和社会标准，并与国际多边金融机构、各类商业银行、各国主权基金和政府引导的投资合作基金等共同建设多元化的可持续融资体系。其次，在基础设施建设方面，加强沿线国家基础设施建设规划和技术标准体系的对接，共同推进国际骨干通道建设，逐步形成连接亚洲各次区域以及亚、欧、非之间的基础设施网络，以及强化基础设施绿色低碳化等一系列措施。再次，在基础设施合作方面，推动构建"一带一路"基础设施建设运营的数字化商业模式，设计和建立"一带一路"沿线国家基础设施项目库，并以此为基础搭建连接基础设施项目和国际私有资本的公共数字平台。最后，在基础设施风险管控方面，中国政府还可以联合各国政府、国际组织及相关商业评级机构成立专门为"一带一路"沿线国家和项目评级的专业机构，构建"一带一路"基础设施投资的风险管理框架，以帮助国际私人资本减轻对"一带一路"基础设施项目风险的担忧。此外，还可联合更多"一带一路"沿线国家和地区签署《"一带一路"税收征管合作机制谅解备忘录》，共同构建针对基础设施项目的税收优惠长效机制。

（二）加快完善 PPP 的法律法规体系

PPP 模式作为一种市场化、社会化的公共产品和服务的创新供给方式，通过利用社会资本方的先进技术和管理经验，实现政府与市场合作、国内与国外对接，有利于提高国内外社会各方参与"一带一路"的积极性。根据国外 PPP 模式的实践经验，一个良好的法制环境是 PPP 基础设施项目有效运营和发展的根本前提。然而，"一带一路"沿线的 65 个国家和地区涉及不同法律体系，如大陆法系、普通法系、阿拉伯法系、伊斯兰法系等，PPP 模式的发展更是缺乏成熟的法律法规保障。特别是我国 PPP 基础设施项目的开展经历了试点起步、扩大探索到创新发展的关键阶段，对于 PPP 模式的相关政策规定依然较为简单，法律效力等级较低。PPP 模式在监管规范、风险防范及分担、利益保障等机制方面存在着制约其发展的难题，导致 PPP 基础设施项目在实施过程中常因利益相关方不按"规则"办事、中央和地方政府责权划分不清，甚至现有法律规定互相"打架"等问题，造成项目延期甚至夭折。因此，急需通过制定《中华人民共和国政府与社会资本合作法》来界定基本概念、基本原则、基本关系、基本程序、法律责任等，从而加强政府的履约信用、理顺政府投融资体制、部门职责分工等核心问题，保障 PPP 模式的长期规范发展。具体而言，在该法之下，依据各自调整内容的不同应该分为两大类：第一类是 PPP 具体实现程序（或环节和过程）的立法，如《政府采购法》《招标投标法》《行政合同法》等购买程序和合同程序的立法。第二类是 PPP 具体实现形式的立法，如《政府特许经营法》《政府与社会资本合作投资法》等规范具体工具和方法的立法。最终形成包括基础交易合同体系、融资合同体系、多元争议解决机制在内的 PPP 模式法律文本体系，为 PPP 基础设施项目发展提供良好的政策支持和法律保障。

（三）探索适合我国的金融 ESG 标准

ESG 投资是国际范围内一种主流的投资方式。据晨星数据显示，MSCI 全球 ESG 领先者指数自 2007 年成立以来至 2019 年 7 月的收益率达到 182.61%，与 MSCI 全球指数持平。MSCI 新兴市场 ESG 领先者指数自 2007 年成立以来的收益率为 179.52%，大幅超越 MSCI 新兴市场指数。而国内长期践行责任投资的兴全社会责任基金自 2008 年成立以来至 2019 年 12 月的投资回报率更是高达为 297.12%。[①] 由此可见，ESG 投资比其他投资更容易获得超额收益。在"一带一路"倡议提出六年多的时间里，建立绿色低碳循环发展的经济体系已逐渐成为沿线国家的普遍共识。然而，由于不同国家地区的发展水平、投资者需求偏好、文化差异等，ESG 投资在实际应用中展现出很多独特的特点，形成了多样化的投资风格，ESG 三大因素的具体内涵和标准也会有差异性。况且我国的 ESG 投资发展起步较晚，与之相配套的政策法规、信息披露、评价机制等基础体系尚不健全。因此，急需建立健全我国金融 ESG 的制度指引。在明确 ESG 内涵的基础上，参考国际 ESG 标准和指标体系，完善我国金融 ESG 标准，并将 ESG 标准纳入金融机构评估体系和投资体系，提高金融 ESG 标准的采用率。具体举措包括：第一，鼓励金融机构将 ESG 理念融入自身发展战略、企业文化和组织架构，在投融资业务中严格执行绿色标准，研发环境风险和社会风险量化分析工具，开展形式多样的绿色

---

① 公司治理辨别力更突出 ESG 投资走俏国内市场［N/OL］. 上海证券报，(2019 – 12 – 03). https：//finance. sina. com. cn/money/fund/jjyj/2019 – 12 – 03/doc – iihnzhfz3245024. shtml.

金融产品创新，加强 ESG 信息披露。相关部门应提高对金融 ESG 报告的要求，统一信息披露标准，并要求金融机构在报告中提供自身投资经营活动对 ESG 的影响，以及 ESG 标准变化给金融机构带来的机遇和风险影响等相关信息。第二，规范报告的第三方认证。通过进一步确定第三方审验的原则、标准、流程及责任承担主体，保证发布报告的权威性，从而真正通过报告的发布为机构投资者提供有益参考。第三，与联合国环境署共同发起建设"一带一路"绿色发展国际联盟，建立健全绿色金融体系，为绿色环保的基础设施项目提供税收优惠、贷款优惠或担保、财政专项支持等一系列优惠政策。

二、养老基金层面的政策措施

（一）推进基本养老保险的全国统筹

由于养老基金直接或间接基础设施所需资金量较大，小规模的养老基金投资该领域可能不仅导致风险过度集中，而且不利于降低总成本。针对目前我国基本养老保险基金"碎片化"的属地管理状态，十九大报告中已经对尽快实现养老保险全国统筹（即政策规定统一、基金管理统一、经办服务统一等）提出了明确要求，并建立了养老保险基金中央调剂制度作为第一步。2019 年，中央经济工作会议也再次强调加快推进养老保险全国统筹。然而，从实际情况来看，各地的缴费基数、费率标准、待遇水平、基金规模等仍存在较大差异，难以在短期内实现理想化的养老基金统收统支的全国统筹模式，导致各地的养老负担严重不均、基金运营管理效率低下、养老保险关系转移接续不够顺畅等突出问题。由于养老基金的资产规模越大，越有足够的资源吸引优秀的投资管理人才，越容易实现投资组合的多样化，增强养老基金在投资过程中的谈判能力。因此，为了形成巨大资产池，养老基金需要从委托投资模式转向中央集中运营模式，真正实现市场化投资运作。在国家层面成立一个相对独立的专业养老基金投资管理机构，由省级政府将各地可投资的养老基金归集到省级社会保障基金财政专户后，统一交给该机构进行投资运营，从而实现基本养老保险权益全国共享、基本养老风险全国共担。

（二）放宽养老基金的境外投资限制

为了保障养老基金投资的安全性和收益性，很多国家都对养老基金的投资范围、投资工具和投资比例进行政策限制，比如限制其进行海外投资、私募股权投资、房地产投资或其他另类资产投资，并在上市公司股票和债券方面存在控股权、单一对象投资比例和信用等级的限制等。根据 2019 年 7 月 18日 OECD 发布的《2018 年养老基金投资监管政策调查》显示，美国、英国、澳大利亚、加拿大等国家对养老基金的境外投资并未有明确限制，拉丁美洲国家则因基金类型而异。① 例如，智利的 A、B、C、D、E 养老基金的境外投资比例分别为 100%、90%、75%、45% 和 35%。同时，逐步放宽养老基金对基础设施的投资限制。比如，墨西哥养老基金从 2008 年开始通过结构性产品 CKD 投资基础设施，英国从 2013 年开始将地方政府养老基金投资基础设施建设的比例从 15% 提高到 30%。然而，我国目前的企业年金、职业年金和基本养老保险基金财产都限于境内投资，只允许全国社会保障基金开展境外投资，且投资比例不得超过总资产的 20%。截至 2018 年底，全国社会保障基金的境外投资资产为 1743.6 亿元，仅占其资产总额的 7.8%。② 在基础设施投资方面，允许企业年金和职业年金通过基础设施债权投资计划、股票和相关信托产品等将不超过 30% 的资产投资于基础设施。基本养老保险基金则可投资国家重大项目和重点企业股权，但投资比例合计不得高于养老基金资产净值的 20%。因此，在"一带一路"背景下推动养老基金投资基础设施，监管机构应积极努力创造环境。一方面，引导养老基金树立长期稳健的投资理念，推动适当拉长投资基准考核周期，优化调整年度考核指标，逐步探索建立符合养老基金特性的绩效考核体系，实现年度考核和追求长期目标的有机结合；另一方面，适当放宽境外投资和基础设施投资的限制，开拓养老基金在 PPP 基础设施、5G 通信、绿色环保和低碳技术等新兴领域的投资渠道，同时取消不必要或过度的数量投资限制，为分散投资风险、稳定投资收益提供有力保障。

---

① OECD. Annual Survey of Investment Regulation of Pension Funds［R/OL］, 2019. https：//www. oecd. org/daf/fin/private – pensions/2019 – Survey – Investment – Regulation – Pension – Funds. pdf.

② 全国社会保障基金理事会社保基金 2018 年度报告［R/OL］. 全国社保基金理事会，（2019 –07 – 13）. http：//www. ssf. gov. cn/cwsj/ndbg/201907/t20190711_7611. html.

（三）采用投资俱乐部的模式

尤其是在基础设施项目的直接投资方面，采用投资俱乐部模式将由更有资源和经验的领导者来组织和促进交易的完成，既可帮助各养老基金实现信息资源和专业人才的优势互补，又可通过合作联盟形成巨额的投资资本。例如，2012 年日本养老基金协会（JPFA）与加拿大安大略省政雇员退休基金（OMERS）建立了全球战略投资联盟（GSIA）。其中，OMERS 将为 GSIA 贡献 50 亿美元、JPFA 提供 12.5 亿美元，剩下的 12.5 亿美元则由大型贸易投资集团三菱（Mitsubishi）、日本第二大金融集团瑞穗实业银行（Mizuho Bank）、日本对外实施政府开发援助主要执行机构之一的国际协力银行（JBIC）共同提供。在 2013 年 7 月 1 日，JPFA 与 OMERS 通过该投资联盟携手出资 20 亿美元收购了美国密歇根州米德兰（Midland）电厂。[①] 2016 年，加拿大养老金计划（CPPIB）和安大略省教师退休金计划（OTPP）共同筹集 13.5 亿加元，与墨西哥基础设施建设公司 IDEAL 合作，组建一个专门进行墨西哥收费高速公路建设的公司。在新公司的股权结构中，IDEAL 占到 51% 的多数股权，而 CPPIB 和 OTPP 则分别持有 29% 和 20% 的股权。[②] 2019 年，荷兰养老基金 PGGM 和天然气巨头荷兰皇家壳牌公司组成了一个财团，共同投资当地电力公司埃尼科（Eneco）。[③] 由此可见，养老基金投资基础设施急需整合资源，加强国内外养老基金业内合作以及与其他有实力的投资集团的合作。

（四）加强养老金融教育

国内外在基础设施市场化投资运作方面的实践时间不长，而且涉及电力、交通、能源、通信等多个领域和不同的投融资方式，很多养老基金受托人由于缺乏从业经历，缺少投资银行和私募股权频繁的交易性经营行为和讨价还价的投资文化，对非上市基础设施投资多持保留态度，养老基金的长期优势

---

① 王林. 多国养老基金"试水"能源投资［N/OL］. 中国能源报，(2013 – 07 – 08). http：//paper. people. com. cn/zgnyb/html/2013 – 07/08/content_1266114. htm.

② 加拿大两大养老基金投资墨西哥 联合当地修建收费公路［N/OL］. 和讯网，(2016 – 06 – 10). http：//forex. hexun. com/2016 – 06 – 10/184324211. html.

③ 壳牌与荷兰养老基金宣布共同投资 Eneco［N/OL］. 中国新能源网，(2019 – 01 – 15). http：//www. china – nengyuan. com/news/134284. html.

未能充分发挥。因此，必须提高养老基金利益相关者（特别是养老基金投资管理机构）和监管当局对基础设施资产及其新型投资工具的认知水平和熟悉程度，鼓励其对基础设施的特殊风险采取更先进的方法进行分析和研究。最重要的是更新养老基金投资管理人和托管人的投资理念，在"长期投资、价值投资和责任投资"的基础上，将"环境、社会、公司治理"（ESG）因素纳入投资决策过程统筹考虑。加快推进内部控制机制建设、数据标准化、风险绩效评估和投资项目估值体系建设、信息系统升级改造等四项基础性工程。然而，截至2019年8月，国内只有1家由建设银行在2016年设立的建信养老金管理公司，21家基本养老保险基金证券投资管理机构，市场竞争程度和投资管理水平极为有限。2019年7月20日，国务院金融稳定发展委员会宣布允许境外金融机构投资设立、参股养老金管理公司，这将有利于增加主体类型，引入成熟的养老基金管理经验，从而促使现有养老基金投资管理公司提高运营绩效和治理水平。[①] 同时，随着我国第三支柱的个人税收递延型商业养老保险从理论走向实践，开展投资者养老金融教育也刻不容缓。通过建立个人养老金融产品和服务体系，唤醒居民的养老投资意识，把养老储蓄的概念转为养老增值的概念，从而坚持长期投资，适度地放宽风险承受度，以促进养老目标基金发展，提高养老金融市场的投融资能力。

三、基础设施层面的政策措施

（一）制定基础设施长期发展战略

政府作为基础设施建设的投资主体和监管主体，不仅需要积极营造良好的投资政策环境、推动体制机制创新、完善配套服务体系，更应从基础设施行业的长期发展战略和具体的发展规划上降低投资的不确定性。通过政府有关部门发布《基础设施建设和投资多年期计划》，显示政府在未来5~10年的时间跨度内在基础设施需求方面的庄严承诺，对社会资本进入城镇基础设施投资领域提供明确的产业政策导向。例如，2020年5月，上海发布《上海

---

① 我国新推出11条金融业对外开放措施 ［N/OL］. 中国政府网，（2019 - 07 - 20）. http：//www. gov. cn/xinwen/2019 - 07/20/content_5412220. htm.

市推进新型基础设施建设行动方案（2020—2022 年）》，初步梳理排摸了未来三年实施的第一批 48 个重大项目和工程包，预计总投资约 2700 亿元。[①] 同时，政府还需要在创新支持方式、加强指标保障、推动资源开放、优化规划布局、完善规则标准、培育市场需求等方面加强引导。这不仅有利于私人部门预测基础设施行业的发展远景，最大限度地减少因基础设施政策变动而带来的潜在损失，更有利于提高投资过程的透明度和投资收益的可预测性，为基础设施投资和建设营造和谐稳定的政治环境、公平竞争的市场环境、严格透明的监管环境，从而增强养老基金进行长期基础设施投资的信心。

（二）建立基础设施投资评估基准

对养老基金而言，基础设施投资的国家风险、低碳政策风险、货币风险难以准确评估和有效对冲，政府有义务直接或间接地实现风险防范措施与投融资工具的有效结合，对基础设施项目的投资操作和风险评估建立国际性指导方针，并支持基础设施项目评级机构和标准的基础设施项目发起者（比如绿色债券和基金）的组建。对 OECD 成员国来说，一个简单的方法就是积极参与气候债券标准计划，政府也使用该计划中的合格标准作为固定收益投资的参考基准，确保国际债务发行的一致性。[②] 中国政府也应努力探索 5G、人工智能、工业互联网、物联网等新型基础设施的建设标准、融合标准、投资、风险评估体系和项目财务可持续评估体系等，创新基础设施项目风险和收益的动态评估方法，建立包括国内外项目的权威基础设施投资指数。同时，颁布基础设施债权投资计划和股权投资计划的管理指引，以规范投资计划产品设立业务、明确操作流程、维护资产安全。

（三）提高基础设施投资回报

尽管基础设施建设的未来需求潜力巨大，但高质量、可持续、抗风险、收益高的优质基础设施项目依然有限。为了增强私人资本的参与热情，必须努力提高"一带一路"基础设施项目的投资回报。具体措施包括：第一，合

---

① 上海：发布推进新型基础设施建设行动方案［N/OL］. 新华网，（2020 – 05 – 08）. http：//www. xinhuanet. com/2020 – 05/08/c_1125954975. htm.

② Della C R, Kaminker C, Stewart F. The Role of Pension Funds in Financing Green Growth Initia-tives［J］. OECD Working Papers on Finance, Insurance and Private Pensions, No. 10, 2011.

理确定价格和收费标准。对于以5G、特高压、充电桩和轨道交通为代表的新型基础设施项目，创新投资回报机制，通过合理制定价格和收费标准影响项目的长期收益率和政府补贴成本。第二，整合优化资源配置。通过合理利用项目土地资源、盘活基础设施存量、完善配套基础设施等方式，鼓励社会资本创新运营管理模式，充分挖掘项目本身的商业价值，提高基础设施项目回报水平。例如，我国的香港地铁公司将轨道交通与沿线地产商业的开发同步进行，地产商业开发收入占总收入的50%以上。而德国公厕特许经营公司最大的收入来源于厕所外墙的广告经营。第三，注重社会效应与未来经济效益相结合，探索利益分享机制。由于基础设施互联互通将对国际贸易、资源共享、企业布局、人文交流等领域产生显著的溢出效应，在基础设施建设过程中应将长期、间接的收益考虑进去，形成合理的风险共担和利益补偿机制。例如，在承建"一带一路"沿线国家的机场和港口时，进一步建设和运营空港物流园区，提高基础设施建设项目的盈利预期。

（四）提高基础设施行业的透明度

私人资本投资基础设施项目涉及设计、融资、建造和运营等多个阶段，属于最复杂的资产类别之一，而投资"一带一路"沿线国家或地区的这种跨境基础设施项目则更具挑战性。为了吸引更多国际私人资本参与投融资，必须提高整个基础设施行业的透明度。具体措施包括：（1）采用公平透明的基础设施项目采购流程。通过建立有效的风险分配机制和定期的项目评估机制，运用国际争端解决机制解决商事纠纷，形成基于基础设施项目全生命周期的标准化管理流程。（2）加快"一带一路"基础设施项目库建设。通过与英国、法国、澳大利亚等发达国家合作，在沿线国家政府的配合下，协同国际多边组织和多边金融机构，加快建立"一带一路"基础设施建设项目库，评估分析项目融资结构和风险，完善项目本身及项目库的信息披露机制，使国际私人资本能够便捷有效地获取全面的基础设施项目信息，从而优化投资决策。（3）搭建引导国际私人资本参与的沟通平台。利用PPP中心、"一带一路"建设促进中心或"一带一路"建设工作领导小组办公室等，积极推动国际私人资本与"一带一路"基础设施项目对接，提高政府服务商业化投资的能力。同时，积极支持与国际专业机构定期举办的商业合作论坛或学术研讨会，进一步实现有关各方公允分享"一带一路"基础设施项目的相关信息。

（4）注重对特定风险的长期和动态监管。目前，多数"一带一路"基础设施项目处于建设阶段，投资风险较大，政府应确保基础设施投资的合理估值和报告，积极引导基础设施债券和结构产品创新，通过税收政策、购买协议、商业保险、最大收入保证等制度安排或其他多边组织合作提供一定的风险转移手段。（5）成立"一带一路"基础设施投资者协会，由其作为代表投资者利益的集团，创建与政府和金融机构的对话平台，制定必要的风险和责任分担框架，实现项目投资风险和收益的合理配置。尤其是对政府进行职能定位，积极争取政府的税收优惠、专项补贴和收益担保等金融支持。

四、金融市场层面的政策措施

（一）推进基础设施投资工具创新

在深化供给侧结构性改革和严控地方政府债务风险的大背景下，我国基础设施建设已经在融资租赁模式方面进行了大胆创新，促进了 PPP 模式、基础设施投资基金以及存量资产的资产证券化发展。但相对于养老基金的投资要求而言，基础设施投资工具仍存在较大创新空间。首先，债务投资创新。2019 年 11 月，中国建设银行新加坡分行成功发行 10 亿元 2 年期的"一带一路"基础设施离岸人民币债券，票面利率为 3.15%，并将在新加坡交易所挂牌上市。[①] 由此可见，我国银行长期以来在基础设施和民生领域积累了丰富的投资管理经验。短期内可以考虑加强养老基金与银行间的合作，通过委托贷款或信托贷款的方式投资基础设施，将大部分的投资风险转移给银行。长期内可进入融资平台所用的债券市场创新品种，包括定向债务融资工具、资产支持票据、银行资产管理计划、债权直接融资工具等。同时，践行绿色发展理念，充分运用绿色债券或绿色信贷，实现"一带一路"沿线国家基础设施投资的绿色化和低碳化。其次，基础设施投资计划创新。具体包括基础设施股权和债权投资计划、项目资产支持计划、单一和集合信托计划、优先股投资计划、再融资计划等。可以逐步放宽对于参与主体资质和增信措施的限

---

① 中国建设银行新加坡分行发行"一带一路"基础设施离岸人民币债券［N/OL］. 经济日报，(2019 – 11 – 05). https：//baijiahao. baidu. com/s？id = 1649322200092402336.

制，引入第三方机构（如投资集团或保险公司）作为识别和承担项目风险的主体。对养老基金而言，探索债权和股权相结合的投资方式最为可取。例如，借鉴国外优先股模式以股权方式投入，但约定投资回报率可以很好地保证养老基金投资的安全性。最后，资产管理产品创新。围绕城镇化战略拓宽基础设施投资计划的范围，优先支持 5G 通信、清洁能源、养老服务、保障房建设、现代农业等优质基础设施资产或 PPP 项目发行 REITs 产品，适当降低 REITs 产品投资和转让门槛，从而提高二级市场活跃度。

（二）搭建基础设施投融资平台

在推进多元化、市场化投资的道路上，利用政府的信誉和担保提高投融资工具的信用等级和私人投资者的信心就显得至关重要。比如，英国政府计划在 2013 年初以 30 亿英镑的初始资本建立绿色投资银行，并在未来 3 年内通过新的融资工具吸引私人部门的机构投资者加入共同融资，将其资本规模增加到 180 亿英镑，该银行获得授权处理目前通过市场无法处理的投资风险。而澳大利亚政府为克服资本市场上私人投资清洁能源的障碍，将建立 100 亿美元的清洁能源融资公司（CEFC）投资于提高能源效率和研发降低排放技术的企业或项目，并计划在 2013～2014 年间实现商业运营。此外，美国康涅狄格州在 2011 年成立了第一个绿色投资银行——清洁能源金融和投资管理局（CEFIA），为大型太阳能工厂等清洁能源和效率项目提供低成本融资，其资金来源于每年 3000 万美元的住宅和商业电费的附加费。同时，它也管理着 1800 万美元的绿色贷款担保基金，通过杠杆作用利用有限的政府资源获得更多的私人资本。[1] 我国也可推广由省级或市地方政府与社会资本共同成立基础设施投资基金或基础设施投资银行，并灵活运用股权、债权等多种投资方式形成"国家投资、市场集资、企业融资、利用外资"的良好机制，为养老基金打造一条可靠的、可盈利的基础设施项目投资渠道。

（三）加强第三方参与机构的培育

养老基金主要通过债权、股权和资金信托的模式进入基础设施领域，

---

[1] Kaminker C, Stewart F. The Role of Institutional Investors in Financing Clean Energy [J]. OECD Working Papers No. 23. 2012. http://dx.doi.org/10.1787/5k9312v21l6f-en.

缺乏对项目资产的支配权、控制权和风险收益评估能力，这与养老基金偏爱投资过程和投资资产公开透明的通常做法不相符。因此，必须通过服务外包借助第三方（例如，基金管理人、律师事务所、会计师事务所、资产评估公司等）市场机构的力量做出较优的投资决策。而且整个运作过程中还要依托市场服务机构，建立基础设施资产管理产品的注册、评估、登记和交易流通等市场化管理机制，提高投资产品的发行效率和流动性。为推进养老基金投资基础设施领域，必须加强对金融市场参与主体（尤其是专门为养老金金融市场提供服务的机构）的引导和扶持，包括专业化的养老基金投资管理公司、基础设施证券化产品机构、第三方信用评级机构和资产评估机构等。通过广泛的市场参与主体的培育，搭建养老基金与基础设施之间金融服务创新和市场化投资运作的平台，从而促进政府一系列基础设施投融资体制改革、资本市场改革和养老基金入市等创新政策的落地和实施。当然，现阶段可以考虑直接引入穆迪、标普、惠誉国际等国际性权威资信评级机构或与其合作，增加基础设施投融资产品的科学性、可靠性以及投资者的认可度。

（四）加强基础设施融资风险管控

目前，国际基础设施项目的投融资模式主要包括政府完全主导型、政府政策支持型、传统担保型、公私合作型及项目融资型等。养老基金在投资"一带一路"基础设施项目过程中，项目的可融资性和长期商业可行性成为关键的投资决策因素。既要充分考虑投资主体、借款主体、建设主体和运营主体等的资本金约束，合理设计融资结构，又要金融市场提供涵盖信贷、担保、债券承销、并购重组、风险管理、支付清算等领域的多样化金融服务。鉴于"一带一路"国家金融市场发展水平不一，政治经济背景差异较大，参与企业面临诸多不确定因素，导致养老基金投资"一带一路"国家基础设施项目将面临更大风险和更多挑战。由于很多长期风险是无法通过合同或者技术进行转移，必须推进政治风险保险体系、绿色金融认证体系、绿色债券认证体系与政府主权担保相结合。通过创新风险管控工具、完善评审机制、提升保险理赔追偿效率等，加强多边投资风险管理和服务，切实推动目标基础设施项目的落实。同时，促进"一带一路"沿线国家各监管当局、国际金融机构、养老基金、基础设施等行业协会间的沟通协调，优化信息披露制度，扩大信息共享范围，定期编制"一带一路"相关国家政策变化、经济波动、金融风险、突发事件等风险报告，构建金融风险预警系统，实现对各类政治、经济、金融风险的有效分析、监测和预警，切实保障养老基金投资"一带一路"基础设施项目的安全性和可持续性。

参考文献

[1] 蔡昉. 人口转变、人口红利与刘易斯转折点 [J]. 经济研究，2010 (4)：4－13.

[2] 陈加旭. 养老基金实体经济投资可行性研究 [D]. 成都：西南财经大学，2006.

[3] 蔡东方. PPP 对基础设施效率的促进作用研究：基于"一带一路"沿线国家的实证检 [J]. 技术经济与管理研究，2019 (7)：1－10.

[4] 操群，许骞. 金融"环境、社会和治理"（ESG）体系构建研究 [J]. 金融监管研究，2019 (4)：95－110.

[5] 陈志国，杨甜婕，张弛. 养老基金绿色投资组合分析与投资策略 [J]. 保险研究，2014 (6)：117－127.

[6] 大卫·F. 史文森. 机构投资的创新之路 [M]. 张磊，杨巧智，梁宇峰，等译. 北京：中国人民大学出版社，2010.

[7] 董有德，张露. 中国 OFDI 推进相应国家基础设施建设：基于 2007—2016 年的 57 个"一带一路"国家的面板数据 [J]. 上海经济研究，2018 (8)：94－102.

[8] 丁春霞，侯伟相. 考虑收益非正态性的资产配置模型及应用 [J]. 对外经济贸易大学学报，2019 (2)：116－129.

[9] 范久利，白暴力，潘泉. 基础设施资本与经济增长关系的文献综述 [J]. 上海经济研究，2004 (2)：36－43.

[10] 冯雷鸣，李丛珊，李青原. 中国对外基础设施建设投资风险评价研

究：以"一带一路"沿线 10 国为例 [J]. 国际经济合作，2018 (3)：56－59.

[11] 郭庆旺，贾俊雪. 基础设施投资的经济增长效应 [J]. 经济理论与经济管理，2006 (3)：36－41.

[12] 郭广珍，刘瑞国，黄宗晔. 交通基础设施影响消费的经济增长模型 [J]. 经济研究，2019 (3)：166－180.

[13] 龚强，张一林，雷丽衡. 政府与社会资本合作（PPP）：不完全合约视角下的公共品负担理论 [J]. 经济研究，2019 (4)：133－148.

[14] 高顿·L. 克拉克. 养老基金管理与投资 [M]. 洪铮，译. 北京：中国金融出版社，2008.

[15] 高岳林，苗世清. 基于 VaR 和 CVaR 风险控制下的 M-V 投资组合优化模型 [J]. 统计与决策，2010 (5)：34－36.

[16] 韩立岩，王梅，尹力博. 养老基金战略性资产配置研究 [J]. 中国软科学，2013 (9)：151－158.

[17] 何林. DC 型企业年金最优资产配置和给付方案问题研究 [J]. 中国管理科学，2015 (8)：39－45.

[18] 胡秋明. 可持续养老金制度改革的理论与政策研究 [M]. 北京：中国劳动社会保障出版社，2011.

[19] 胡秋明. 人口转变与养老保险长效机制研究 [M]. 成都：西南财经大学出版社，2016.

[20] 胡继晔. 美国养老金保值增值的法律保障及其经验借鉴 [J]. 保险研究，2012 (5)：119－127.

[21] 胡再勇，付韶军，张璐超. "一带一路"沿线国家基础设施的国际贸易效应研究 [J]. 数量经济技术经济研究，2019 (2)：24－44.

[22] 贾俊雪. 公共基础设施投资与全要素生产率：基于异质企业家模型的理论分析 [J]. 经济研究，2017 (2)：4－19.

[23] 金戈. 中国基础设施资本存量估算 [J]. 经济研究，2012 (4)：4－14.

[24] 金戈. 中国基础设施与非基础设施资本存量及其产出弹性估算 [J]. 经济研究，2016 (5)：41－56.

[25] 李建军，李俊成. "一带一路"基础设施建设、经济发展与金融要素 [J]. 国际金融研究，2018 (2)：8－18.

[26] 李正伟, 马敏达, 马智利. 有限合伙型 REITs 在公租房中的应用研究: 以重庆市为例 [J]. 经济体制改革, 2013 (2): 140 - 144.

[27] 林义. 养老基金与资本市场互动发展的制度分析 [J]. 财经科学, 2005 (4): 90 - 96.

[28] 罗煜, 王芳, 陈熙. 制度质量和国际金融机构如何影响 PPP 项目的成效: 基于"一带一路" 46 国经验数据的研究 [J]. 金融研究, 2017 (4): 61 - 77.

[29] 廖茂林, 许召元, 胡翠, 喻崇武. 基础设施投资是否还能促进经济增长?: 基于 1994—2016 年省际面板数据的实证检验 [J]. 管理世界, 2018 (5): 63 - 73.

[30] 刘德浩. 养老基金投资基础设施问题研究 [C]. 北大赛瑟论坛文集, 2010.

[31] 刘云龙, 肖志光. 养老基金发展与金融结构变迁: 兼论我国金融改革和养老金改革协调互动的改革发展观 [J]. 全球化, 2013 (6): 30 - 39.

[32] 刘云龙. 养老金通论: 关于人口结构、养老金制度、金融结构变迁的一般理论 [M]. 北京: 中国财政经济出版社, 2011: 189 - 195.

[33] 刘富兵, 刘海龙, 周颖. 养老基金最低收益保证制度下的最优资产配置: 来自中国 1998—2008 年数据的模拟分析 [J]. 财经研究, 2008 (9): 112 - 120.

[34] 刘富兵, 刘海龙. 下边风险测度下养老基金的最优资产配置 [J]. 系统工程学报, 2010 (5): 557 - 601.

[35] 刘生龙, 胡鞍钢. 基础设施的外部性在中国的检验: 1988—2007 [J]. 经济研究, 2010 (3): 4 - 15.

[36] 刘浩, 陈世金. "一带一路"沿线国家基础设施 PPP 项目成效分析 [J]. 国家行政学院学报, 2018 (5): 57 - 63.

[37] 刘子兰, 郑茜文, 周成. 养老保险对劳动供给和退休决策的影响 [J]. 经济研究, 2019 (6): 151 - 167.

[38] 庞楠楠. 养老基金投资基础设施的方式及其风险管理策略 [D]. 成都: 西南财经大学, 2012.

[39] 彭清辉. 我国基础设施投融资研究 [D]. 长沙: 湖南大学, 2011.

[40] 任保平, 郭晗. 经济发展方式转变的创新驱动机制 [J]. 学术研

究，2013（2）：69-75.

　　［41］单豪杰.中国资本存量 K 的再估算：1952—2006 年［J］.数量经济与技术经济研究，2008（10）：17-31.

　　［42］盛斌，苏卫东.另类投资的诱惑：养老金资产投资房地产刍议［J］.中国社会保障，2011（5）：30-31.

　　［43］世界银行.21 世纪老年收入保障：养老金制度改革国际比较［M］.北京：中国劳动社会保障出版社，2006.

　　［44］田存志，杨志刚.养老金投资对经济增长的影响研究：一种系新的理论视角［J］.财经研究，2006（2）：138-144.

　　［45］汪立鑫，左川，李苍祺.PPP 项目是否提升了基础设施的产出效率？［J］.财政研究，2019（1）：90-102.

　　［46］王小鲁，樊纲，刘鹏.中国经济增长方式转换和增长可持续性［J］.经济研究，2009（1）：4-15.

　　［47］薛惠元，邓大松.新农保基金入市及资产配置比例模拟分析［J］.江西财经大学学报，2012（4）：57-62.

　　［48］袁志刚，封进，葛劲峰.养老保险经济学：解读中国面临的挑战［M］.北京：中信出版社，2016.

　　［49］袁中美.养老基金投资 PPP 基础设施项目的国际比较及启示［J］.当代经济管理，2016（7）：77-83.

　　［50］袁中美.中国养老基金投资基础设施的可行性的理论与实证分析［D］.成都：西南财经大学，2014.

　　［51］叶燕程，高随祥.缴费确定型企业年金最优投资策略研究［J］.中国科学院研究生院学报，2007（2）：149-153.

　　［52］杨继军，张为付，张二震.养老金体系改革对中国经济动态效率的影响［J］.经济学动态，2019（5）：28-41.

　　［53］姚金海.基本养老保险基金基础设施投资研究：以高速公路 PPP 项目为例［J］.广西社会科学，2018（9）：67-72.

　　［54］庄新田，姜硕.基于均值：CVaR 模型的企业年金资产配置［J］.2009（11）：18-21.

　　［55］章伟东.城镇化进程中基础设施投融资模式探讨：基于公共经济学视角［J］.青海金融，2013（5）：40-43.

[56] 张鹏飞. 基础设施建设对"一带一路"亚洲国家双边贸易影响研究：基于引力模型扩展的分析 [J]. 世界经济研究，2018（6）：70－82.

[57] 张清叶，高岩. 基于 CVaR 投资组合优化问题的非光滑优化方法 [J]. 中国管理科学，2017（10）：11－19.

[58] 张川川，John Giles，赵耀辉. 新型农村社会养老保险政策效果评估：收入、贫困、消费、主观福利和劳动供给 [J]. 经济学（季刊），2014（1）：203－229.

[59] 张浩然，衣保中. 基础设施、空间溢出与区域全要素生产率：基于中国 266 个城市空间面板杜宾模型的经验研究 [J]. 经济学家，2012（2）：61－66.

[60] 张冀，谢远涛. 风险依赖、一致性风险度量与投资组合：基于 Mean-Copula-CVaR 的投资组合研究 [J]. 金融研究，2016（10）：159－173.

[61] 郑秉文，孙守纪. 强制性企业年金制度及其对金融发展的影响：澳大利亚、冰岛和瑞士三国案例分析 [J]. 公共管理学报，2008（2）：1－13.

[62] 郑秉文. 中国养老金精算报告 2019—2050 [M]. 北京：中国劳动社会保障出版社，2019：4－10.

[63] 郑志勇，王洪武. 金融数量分析：基于 MATLAB 编程（第 4 版）[M]. 北京：北京航空航天大学出版社，2018.

[64] 钟茂初. 可持续发展经济学 [M]. 北京：经济科学出版社，2006.

[65] 赵蜀蓉，杨科科，龙林岸. "一带一路"基础设施建设中 PPP 模式面临的风险与对策研究 [J]. 中国行政管理，2018（11）：73－78.

[66] 周亮，李红权. 投资时钟原理及战术资产配置在投资组合管理中的应用：基于修正 Black-Litterman 模型 [J]. 中央财经大学学报，2019（10）：92－105.

[67] Aaron J H. The Social Insurance Paradox [J]. Canadian Journal of Economic and Politic Science, 1966, 32 (1): 371－377.

[68] Aschauer D A. Is Public Expenditure Productive? [J]. Journal of Monetary Economics, 1989, 23 (2): 177－200.

[69] Alonso J, Bjelic J, Herrera C. Projections of the Impact of Pension Funds on Investment in Infrastructure and Growth in Latin America [R]. BBVA Working Paper WP-1002, 2010.

[70] Andonov A, Bauer R, Cremers M. Can Large Pension Funds Beat the Market? Asset Allocation, Market Timing, Security Selection and the Limits of Liquidity [R]. Netspar Discussion Paper No. 10, 2012.

[71] Alonso J, Arellano A. Factors that Impact on Pension Fund Investments in Infrastructure under the Current Global Financial Regulation [R]. BBVA Research Working Paper No. 19, 2016.

[72] Aleksandar A, Roman K, Joshua R. The Subsidy to Infrastructure as an Asset Class [R]. NBER Working Paper No. 25045. 2018.

[73] Brinson G P, Hood L R, Beebower G L. Determinants of Portfolio Performance [J]. Financial Analysts Journal, 1986, 42 (4): 39 –48.

[74] Bodie Z. Pension Funds and Financial Innovation [J]. Financial Management, 1990, 19 (3): 11 –22.

[75] Borsch S A. Incentive Effects of Social Security on Labor Force Participation: Evidence in Germany and Across Europe [J]. Journal of Public Economics, 2000, 78 (6): 25 –49.

[76] Beeferman L W. Pension Fund Investment in Infrastructure: A Resource Paper [R]. Harvard Law School Occasional Paper Series No. 3, 2008.

[77] Bitsch F, Buchner A. Risk, Return and Cash Flow Characteristics of Infrastructure Fund Investments [J]. EIB Papers, 2010, 15 (1): 106 –136.

[78] Bitsch F. Cash Flow Stability Versus Transparency: What do Investors Value about Listed Infrastructure Funds? [J]. International Finance Review, Emerald Group Publishing Limited, 2012, 13 (6): 199 –229.

[79] Barbary V. Sovereign Fund Investment in Infrastructure [J]. Investments & Wealth Monitor, 2013, 11 (3): 32 –40.

[80] Blank H, Sgambati S, Truelson Z. Best Practices in ESG Investing [J]. The Journal of Investing, 2016, 25 (2): 103 –112.

[81] Bams D, Schotman P C, Tyagi M. Pension Fund Asset Allocation in Low Interest Rate Environment [J]. Netspar Discussion Paper No. 03, 2016.

[82] Bennon M, Monk A H B. In-Kind Infrastructure Investments by Public Pensions: The Queensland Motorways Case Study [R/OL]. Stanford Global Projects Center, Available at SSRN: https://ssrn.com/abstract =2981707, 2017.

［83］Crawford V P, Lilien D M. Social Security and the Retirement Decision［J］. Quarterly Journal of Economics, 1981, 96 (1): 505 – 529.

［84］Canning D. Infrastructure's Contribution to Aggregate Output［R］. World Bank Policy Research Working Paper No. 2246, 1999.

［85］Clark G L, Monk A H B, Scott W. The New Era of Infrastructure Investing［R］. School of Geography and the Environment Working Paper Series WP 11-03, 2011.

［86］Davis E P. Pension Funds Retirement Income Security and Capital Markets-A International Perspective［M］. New York: Oxford University Press, 1995.

［87］Diamond P A, Hausman J A. Individual Retirement and Savings Behavior［J］. Journal of Public Economics, 1984, 23 (2): 81 – 114.

［88］Diamond P A. The Economics of Social Security Reform［R］. NBER Working Paper No. 6719, 1998.

［89］Dechant T, Finkenzeller K, Schäfers W. Real Estate: A Victim of Infrastructure? Evidence from Conditional Asset Allocation［R］. IREBS University of Regensburg Working Paper, 2010.

［90］Della C R. Pension Funds Investment in Infrastructure: Policy Analysis［R］. OECD Working Papers on Finance, Insurance and Private Pensions No. 13, 2011.

［91］Della C R, Kaminker C, Stewart F. The Role of Pension Funds in Financing Green Growth Initiatives［R］. OECD Working Papers on Finance, Insurance and Private Pensions No. 10, 2011.

［92］Della C R. Trends in Large Pension Fund Investment in Infrastructure［R］. OECD Working Papers on Finance, Insurance and Private Pensions No. 29, 2012.

［93］DeFrancesco A, Newell G, Peng H W. The Performance of Unlisted Infrastructure in Investment Portfolios［J］. Journal of Property Research, 2011, 28 (1): 59 – 74.

［94］Dechant T, Finkenzeller K. The Role of Infrastructure Investments in a Multi-Asset Portfolio: Answers from Dynamic Asset Allocation［J/OL］. Available at SSRN: http://dx. doi. org/10. 2139/ssrn. 1992520, 2012.

[95] Engel E, Fischer R D, Galetovic A. The Economics of Public-Private Partnerships: A Basic Guide [M]. New York: Cambridge University Press, 2014: 233 –238.

[96] Eduardo E, Ronald D F, Alexander G. When and How to Use Public-Private Partnerships in Infrastructure: Lessons from the International Experience [R]. NBER Working Paper No. 26766, 2020.

[97] Finkenzeller K, Dechant T. Infrastructure: A New Dimension of Real Estate? An Asset Allocation Analysis [J]. Journal of Property Investment and Finance, 2010, 28 (4): 263 –274.

[98] Gray J, Bird R G. A Brief Critical Review of Australia's Retirement Saving System [J]. Journal of Investment Consulting, 2011, 12 (2): 53 –88.

[99] Hubbard R G, Judd K L. Social Security and Individual Welfare: Precautionary Saving, Borrowing Constraints, and the Payroll Tax [J]. American Economic Review, 1987, 77 (4): 630 –646.

[100] Holzmann R. Pension Reform, Financial Market Development, and Economic Growth: Preliminary Evidence from Chile [R]. IMF Working Paper 96/94. 1996.

[101] Hyun S, Park D, Tian S. Determinants of Public-Private Partnerships in Infrastructure in Asia: Implications for Capital Market Development [R]. Asian Development Bank Working Paper Series No. 552, 2018.

[102] Hallegatte S, Rozenberg J. Strengthening New Infrastructure Assets: A Cost-Benefit Analysis [R]. World Bank Policy Research Working Paper No. 8896, 2019.

[103] Heine D, Semmler W, Mazzucato M, Braga J P. Financing Low-Carbon Transitions Through Carbon Pricing and Green Bonds [R]. World Bank Policy Research Working Paper No. 8991, 2019.

[104] Ibbotson R G, Kaplan P D. Does Asset Allocation Policy Explain 40, 90, 100 Percent of Performance? [J]. Financial Analysts Journal, 2000, 56 (1): 26 –33.

[105] Inderst G. Pension Fund Investment in Infrastructure [R]. OECD Working Papers on Insurance and Private Pensions No. 32, 2009.

[106] Inderst G. Infrastructure as an Asset Class [J]. EIB Papers, 2010, 15 (1): 70 – 105.

[107] Inderst G, Della C R. Pension Fund Investment in Infrastructure: A Comparison between Australia and Canada [R]. OECD Working Papers on Finance, Insurance and Private Pensions No. 32, 2013.

[108] Inderst G, Stewart F. Institutional Investment in Infrastructure in Emerging Markets and Developing Economies [J/OL]. PPIAF Publication, Available at SSRN: https://ssrn.com/abstract = 2494261, 2014.

[109] Kotlikoff L J. Simulating the Privatization of Social Security in General Equilibrium [R]. NBER Working Paper No. 5776, 1996.

[110] Kaminker C, Stewart F. The Role of Institutional Investors in Financing Clean Energy [R]. OECD Working Papers on Finance, Insurance and Private Pensions No. 23, 2012.

[111] Kaminker C. Institutional Investors and Green Infrastructure Investments: Selected Case Studies [R]. OECD Working Papers on Finance, Insurance and Private Pensions No. 35, 2013.

[112] Kornejew M G M, Rentschler J E M, Hallegatte S. Well Spent: How Governance Determines the Effectiveness of Infrastructure Investments [R]. World Bank Policy Research Working Paper No. 8894, 2019.

[113] Limkriangkrai M, Koh S, Durand R. Environmental, Social, and Governance Profiles, Stock Returns, and Financial Policy: Australian Evidence [J]. International Review of Finance, 2017, 17 (3): 461 – 471.

[114] Lipshitz C, Walter I. Bridging Public Pension Funds and Infrastructure Investing [J/OL]. Available at SSRN: https://ssrn.com/abstract = 3319497, 2019.

[115] Martin F. Social Security, Induced Retirement and Aggregate Capital Formation [J]. Journal of Political Economy, 1974, 82 (5): 905 – 926.

[116] Martin F, Liebman J B. Social Security [R]. NBER Working Paper No. 8541, 2000.

[117] Martin F. Rethinking Social Insurance [R]. NBER Working Paper No. 11250, 2005.

［118］Mervelskemper L, Streit D. Enhancing Market Valuation of ESG Performance: Is Integrated Reporting Keeping its Promise? ［J］. Business Strategy and the Environment, 2017, 26 (4): 536 – 549.

［119］Newell G, Peng H W. The role of US Infrastructure in Investment Portfolios ［J］. Journal of Real Estate Portfolio Management, 2008, 14 (1): 21 – 33.

［120］Newell G, Chau K W, Wong S K. The Significance and Performance of Infrastructure in China ［J］. Journal of Property Investment & Finance, 2008, 27 (2): 180 – 202.

［121］Nishiyama S. The Joint Labor Supply Decision of Married Couples and the Social Security Pension System ［R］. Michigan Retirement Research Center Research Paper No. 229, 2010.

［122］Oyedele J B, McGreal S. Performance of Global Listed Infrastructure Investments in a Mixed Asset Portfolio ［J］. Journal of Property Research, 2012, 16 (4): 1 – 25.

［123］OECD. Annual Survey of Large Pension Funds and Public Pension Reserve Funds ［R/OL］. Available at SSRN: http://www. oecd. org/pensions/survey-large-pension-funds. htm, 2019.

［124］Peng H W, Newell G. The Significance of Infrastructure in Australian Investment Portfolios ［J］. Pacific Rim Property Research Journal, 2007, 13 (4): 423 – 450.

［125］Rudolph H P, Sabat J. Building Long-Term Portfolio Benchmarks for Pension Funds in Emerging Economies ［R］. World Bank Policy Research Working Paper No. 7784, 2016.

［126］Stewart F, Yermo J. Infrastructure Investment in New Markets: Challenges and Opportunities for Pension Funds ［R］. OECD Working Papers on Finance, Insurance and Private Pensions No. 26, 2012.

［127］Sawant R. Emerging Market Infrastructure Project Bonds: Their Risks and Returns ［J］. The Journal of Structured Finance, 2010, 15 (4): 75 – 83.

［128］Yoshino N, Hendriyetty N S, Lakhia S. Quality Infrastructure Investment: Ways to Increase the Rate of Return for Infrastructure Investments ［R］. ADBI Working Paper No. 932, 2019.